共同富裕目标下水电移民搬迁与可持续生计

——基于对川西高原地区水电移民的考察

张海霞　杨　浩 等◎著

中国农业出版社
农村设物出版社
北　京

图书在版编目（CIP）数据

共同富裕目标下水电移民搬迁与可持续生计：基于对川西高原地区水电移民的考察 / 张海霞等著. —北京：中国农业出版社，2023.12
ISBN 978-7-109-31544-0

Ⅰ.①共… Ⅱ.①张… Ⅲ.①水利水电工程—移民安置—研究—四川 Ⅳ.①D632.4

中国国家版本馆 CIP 数据核字（2023）第 241061 号

共同富裕目标下水电移民搬迁与可持续生计
GONGTONG FUYU MUBIAO XIA SHUIDIAN YIMIN BANQIAN YU KECHIXU SHENGJI

中国农业出版社出版
地址：北京市朝阳区麦子店街 18 号楼
邮编：100125
责任编辑：潘洪洋
版式设计：王 晨　　责任校对：张雯婷
印刷：北京通州皇家印刷厂
版次：2023 年 12 月第 1 版
印次：2023 年 12 月北京第 1 次印刷
发行：新华书店北京发行所
开本：700mm×1000mm　1/16
印张：14.25
字数：226 千字
定价：68.00 元

本研究得到了国家社科基金项目（17CMZ035）“四川涉藏地区水电移民可持续生计调查及扶持政策研究”资助。

前 言

FOREWORD

水电在我国能源清洁低碳转型中具有特殊优势，对于我国实现碳达峰碳中和作用极其关键。水电移民是水电开发的重要组成部分，实现移民生计可持续是推进我国水电事业高质量发展的必然选择。新中国成立以来，我国高度重视水电资源开发和移民生计发展，出台了以《国务院关于完善大中型水库移民后期扶持政策的意见》（国发〔2006〕17号）为代表的一系列移民后期扶持政策，尤其是党的十八大以来，在精准扶贫方略的高位推进下，历史遗留的水电移民绝对贫困问题全面消除。当前，水电移民已经迈入巩固拓展脱贫攻坚成果衔接乡村振兴和扎实推进共同富裕的新征程，在新阶段，一些水电移民安置区发展的不平衡不充分问题仍然比较突出，一些困扰水库移民长远发展的问题依然存在。2021年5月，习近平总书记在推进南水北调后续工程高质量发展座谈会上指出："吃水不忘挖井人，要继续加大对库区的支持帮扶。……要继续做好移民安置后续帮扶工作，全面推进乡村振兴，种田务农、外出务工、发展新业态一起抓，多措并举畅通增收渠道，确保搬迁群众稳得住、能发展、可致富。"我国水电开发与移民发展已站上新的历史方位，统筹移民发展与水电开发，促进水电移民生计可持续发展，不仅对于促进"双碳"目标下水电事业高质量发展具有重要意义，而且对于确保水电移民与全国人民一起实现共同富裕尤为重要。

川西高原地处我国青藏高原东部与横断山脉的交汇处，是横断山区高山峡谷向青藏高原过渡的地带，以及长江和黄河水系重要的水源涵养地，是我国重要的水电资源富集区，同时也是生态脆弱区、民族聚居区，集政治地理上的敏感性、经济地理上的边缘性、社会地理上的复杂性、自然地理上的脆弱性于一体，水电移民生计发展具有特殊性和复杂性。深入调查川西高原地区水电移民生计发展现状，剖析水电移民生计可持续发展内在机理，厘清水电移民生计可持续发展的有效路径，对于其他地区移民后续生计扶持具有重要借鉴意义，有助于丰富和拓展移民生计发展理论。对于实现移民“能发展、可致富”，扎实推动移民共同富裕和实现水电事业高质量发展具有重要的现实价值。

本研究聚焦共同富裕目标下水电移民的生计可持续发展，基于川西高原地区水电移民特殊的宏观生计发展基础，围绕川西高原地区水电移民家庭可持续生计发展这一核心问题，遵循“理论研究—现状刻画—实证检验—模式分析”和“宏观分析—微观考察—个案解析”的研究思路，厘清水电移民可持续生计的概念内涵，总结分析川西高原地区水电移民生计发展基础，量化评价川西高原地区水电移民生计发展现状，深入解析川西高原地区水电移民生计发展影响机制，分析测度川西高原地区水电移民后期扶持政策实施成效，总结凝练水电移民后期扶持的国内外典型经验模式，提出川西高原地区水电移民生计可持续发展的政策优化建议。主要研究内容和结论如下：

第一，基于移民户与非移民户的对比分析，对川西高原地区水电移民可持续生计发展基础与现状进行了评价分析。

（1）川西高原地区水电移民生计发展具有复杂性和特殊性。川西高原地区水能资源丰富，是四川重要的水电基地，水电开发带来了大量的移民人口；同时也是生态脆弱区、少数民族聚居区、原深度贫困地区，是国家和四川省乡村振兴重点帮扶地区，水电移民后续生计发展面临生态、经济、文化等多重制约，生态环境、民族宗教、经济地理等对移民生计发展影响深远，推进水电移民生计发展具有复杂性和特殊性。

(2) 川西高原地区水电移民户生计资本发展不均衡，生计稳定性处于中下水平，生计耦合度为初级协调状态。基于量化测算发现，一是川西高原地区库区农户整体生计资本由高到低分别为金融资本、人力资本、物质资本、社会资本以及自然资本，对应的资本水平分别是0.700、0.583、0.452、0.416、0.153，移民户除物质资本外，其余生计资本水平均低于非移民户，其中两者都是金融资本水平最高，自然资本水平最低。二是移民户生计稳定性处于中下水平，非移民户生计稳定性高于移民户。具体表现为移民户收入多样性指数值低于非移民户，虽然移民户在非农收入的来源以及收入差距情况上优于非移民户，但其对于工资性收入依赖度高，生计稳定性较弱。三是川西高原地区库区农户总体生计耦合度为中级协调状态，其中移民户生计耦合度为初级协调状态，非移民户生计耦合度为中级协调状态。移民户生计资本不均衡、收入来源单一以及依赖性强是导致移民户生计稳定性不足的主要因素。

第二，引入数字信息等要素，实证解析了川西高原地区水电移民生计发展影响机制。

(1) 水电移民搬迁显著影响了移民户生计策略，电商发展、信息素养等对水电移民搬迁的影响效应具有异质性。在生产类生计策略方面，移民户生计策略非农化明显，水电移民搬迁对于农户家庭从事农业的人数具有显著负向影响，具有互联网使用经历的库区农户，水电移民搬迁对其家庭农业就业具有显著的负向影响。在生态类生计策略方面，水电移民搬迁显著促进了移民户家庭清洁能源消费，提升数字信息素养抑制了传统能源消费、提升了清洁能源消费。在生活类生计策略方面，水电移民搬迁显著促进了移民户食物消费质量提升。同时，水电移民搬迁显著增加了移民户能源消费和食物消费支出，对移民户的生计影响因家庭禀赋特征等不同而具有异质性。

(2) 水电移民搬迁对移民户生计可持续具有促进作用，显著促进了移民户收入增加和脆弱性降低。一是水电移民搬迁显著正向影响移民户家庭人均收入，促进了移民户收入增加。水电移民搬迁对移民户不同类型收入的影响具有差异性，对移民户工资性收入和转移性收入具有显著的正向影响，对农业收入和财产性收入的影响则不显著。二是水电移民搬迁显著负向影响移民户家庭生计脆弱性。水电移民搬迁对农户生计脆弱性的抑制效应主要是在社会网络的非正式保障作用下产生的。

(3) 川西高原地区水电移民的社会融入程度整体较好，经济融入、生活融入程度较好，公共服务融入和文化环境融入相对较弱。从经济融入、生活融入、文化环境融入、公共服务融入 4 个维度构建水电移民的社会融入综合评价指标体系，利用改善后的 A-F 测量法进行了水电移民社会融入现状评价分析，研究结果显示：水电移民户经济融入、生活融入程度较好，公共服务融入和文化环境融入相对较弱。其中，文化活动场所有限、教育资源倾斜力度不足、就业技能培训较少等是造成公共服务和文化环境融入相对较弱的主要原因。

第三，深入总结分析了川西高原地区水电移民后期扶持政策及其成效，并结合国内外典型经验提出针对性政策建议。

(1) 伴随国家水电移民后期扶持政策演变，川西高原地区水电移民后期扶持政策进行了一系列探索创新。我国水电移民后期扶持政策经历了扶持方式由救济式向开发式转变、扶持内容由经济扶持向社会扶持转变、扶持重点由扶贫解困到共同富裕转变。四川省水电移民后期扶持政策在贯彻落实国家相关政策基础上，进行了后期扶持与养老保障相结合、后期扶持与移民水电发展利益共享相补充、后期扶持与扶贫开发相统筹的主要探索。川西高原地区结合地方实际情况，探索出了后期扶持与扶贫解困相结合、藏区新居建设与移民美丽家园建设相结合的特色路径，形成了顺势而为的水库旅游发展“雅江天龙湖”模式、借势而上的电商辐射“丹巴甲居藏寨”模式、聚势而强的产业升级“道孚特色农牧业”模式等川西高原地区水电移民后期扶持典型模式。

(2) 基于共同富裕视域对川西高原地区水电移民后期扶持成效进行了评价，发现川西高原地区库区扶持成效具有区域差异。基于共同富裕的科学内涵构建水电移民后期扶持成效评价指标体系，通过熵值法测度川西高原地区库区的后期扶持成效，研究结论显示：阿坝藏族羌族自治州库区后期扶持成效得分较高，甘孜藏族自治州库区后期扶持成效得分较低。

(3) 总结了国内外水电移民后期扶持的典型经验和模式，提出了川西高原地区水电移民后期扶持的政策建议。总结提炼了国内的乌东德水电站积极发展亲环境产业、白鹤滩水电站精准帮扶移民就业、三峡水电站对口帮扶提升基本公共服务质量的典型模式，以及美国移民群体与水电企业合作、巴西水电移民多元化后期扶持等国际经验，提出着眼后期发展进行前期安置补偿、鼓励移民在当地水电项目就业关注“移二代”发展等川西高原地区水电移民后期扶持政策优化启示。

本书调研数据主要来源于田野调查和实地调研，在掌握川西高原地区水电移民大样本数据或时序数据方面有不足，研究中部分存在以某一时间点或局部区域状况来反映整体状况的情况。水电移民的生计资本、生计环境、生计策略、社会融入和生计结果是一个有机系统，各部分之间既有联系又有区别，需要进一步从整体把握与研究。我国已经全面消除绝对贫困，进入扎实推动共同富裕的新征程，在巩固拓展脱贫攻坚成果与乡村全面振兴过程中，水电移民生计发展研究，需调动各领域的专家学者、政策制定者和实践者的力量，带动各界专业人士广泛参与，进行深入挖掘研究，并积极分享成果，为实现水电移民共同富裕和水电事业高质量发展做出积极贡献。

目 录

CONTENTS

1 导　　论

1.1 研究背景与意义

1.1.1 研究背景

(1) 水电在我国能源清洁低碳转型中具有特殊优势，对于我国实现碳达峰碳中和作用极其关键。

水电是全球公认的清洁、优质、灵活的可再生能源电力（周建平等，2021），提供了世界总电力的16%和所有可再生电力的45%（杨子儒等，2022），且其灵活性和储能性优良，在世界能源清洁化发展中发挥着重要作用。我国是世界水电大国和水电强国，水能资源蕴藏量居世界之首（董维娜，2019）。国家能源局发布的2021年全国电力工业统计数据显示，2021年我国水力发电量约为全国总发电量的14.6%，占可再生能源发电量的48.8%，水力发电是可再生能源发电的主力军。与风电、太阳能等能源比较，水电是平抑风能和太阳能间歇性和波动性的理想电源，对建立水、风、光互补的清洁能源结构具有关键作用。加之水电开发兼具江河治理、供水安全保障、生态安全保障以及自然灾害防治等功能，尤其是在脱贫攻坚阶段，水电开发还发挥了带动地方经济发展、帮助移民脱贫的功能，水电在未来能源清洁低碳转型中具有独特优势。伴随温室气体排放对全球气候变化和人类可持续发展带来的深刻影响，我国做出了“力争2030年前实现碳达峰，2060年前实现碳中和”的庄严承诺，开启了清洁可再生能源创新发展新时代。我国作为世界上最大的发展中国家，实现“双碳”目标意味着要在逐渐与化石能源脱钩的同时重构能源体系，同时还要在向社会主义现代化强国迈进关键期做好能源保障，这对我国清洁可再生能源发展提出了新要求。电能是我国清洁低碳能源体系的重要组成部分，2022年6月工业和信息化部、国家发展改革委、财政部等六部门联合印发的《工业能效提升行动计划》显示，到2025年，我国电能占工业终端能源消费比重将达到30%左右，将在能源生产环节实现以清洁能源替代化石能源发电的“清洁能源替代”，以及在能源消费环节实现以清洁电能替代煤炭、石油和天然气的“电能替代”（卢纯，2021）。水电是我国电能的重要增长极，我国水电资源禀赋好、技术成熟、经济性强，是调度灵活的电网“稳定器”和“压舱石”，是我国低碳发电的支柱和新能源体系中不可替代的力量，将在未来很长时期内作为我国清洁低碳能源主力，对于我国实现“双碳”目标具有极其重要的作用。

（2）水电移民是水电开发的重要组成部分，实现移民生计可持续是推进我国水电事业高质量发展的必然选择。

水电移民是水电工程建设的重要组成部分，是水电开发的重点和难点。截至2019年底，我国已建成各类水库（水电站）98 000多座，由此产生水库移民共计2 486万人（姚玉琴，2020）。水电移民的生产生活方式、社会交往与社会心理、基础设施与公共设施、社会关系网络、收入与支出、就业与生计模式等由于搬迁受到影响，其搬迁安置后生计能否持续发展，不仅关系水电工程的顺利建设，更与移民切身利益和社会和谐稳定紧密相关。新中国成立以来，我国高度重视水电资源开发和移民生计发展，移民后期扶持政策不断完善，尤其是十八大以来，在精准扶贫方略的高位推进下，历史遗留的水电移民绝对贫困问题被全面消除，但是一些水电移民安置区发展的不平衡不充分问题仍然比较突出，移民生活水平仍然偏低，一些困扰水库移民长远发展的问题依然存在。2021年5月，习近平总书记在推进南水北调后续工程高质量发展座谈会上指出：“吃水不忘挖井人，要继续加大对库区的支持帮扶。……要继续做好移民安置后续帮扶工作，全面推进乡村振兴，种田务农、外出务工、发展新业态一起抓，多措并举畅通增收渠道，确保搬迁群众稳得住、能发展、可致富。”在新时代“双碳”背景下，我国水电发展已站上新的历史方位，要统筹移民发展与水电开发，充分发挥水电开发对库区和安置区经济发展的支撑作用。“建好一座电站、带动一方经济、改善一片环境、造福一批移民”，通过农村水利水电的高质量发展，改善农民生产生活条件，促进农民增产增收，提高农民在生产、分配、流通、消费中的参与度，促进水电移民生计可持续发展与水电高质量发展协同推进。

(3) 川西高原地区水电资源富集与生态脆弱、民族集聚、经济落后重叠，水电移民生计发展对于我国实现共同富裕具有重要意义。

我国水能资源虽然蕴藏量居世界第一位，但开发利用程度与发达国家相比仍有较大差距，剩余待开发水电集中在西南地区。其中，四川、云南、西藏三省（区）是我国水资源最丰富的地区，理论蕴藏量占全国总量的 2/3，技术可开发量占全国总量的 71%（杨昆，2018）。四川全省水电技术可开发量居全国各省首位，其中近 50%位于川西高原地区（雳承玉等，2014）。世界级高土石坝、我国海拔最高的百万千瓦级水电站、西南六大水电基地投产的第一个龙头水电站、四川省内库容最大的水库电站——雅砻江两河口水电站就在川西高原地区境内，涉及 1 455 户 7 160 人①。川西高原地区水电基地大多位于我国第二大藏族聚居区——高山峡谷区，该区水电移民生计发展对于中华民族共同体建设，以及推动各民族共享发展成果具有重要意义。川西高原地区也是我国重要的生态功能区，其水电移民生计可持续发展对于筑牢长江黄河上游生态屏障具有重要价值，是推动长江黄河流域高质量发展的重要微观基础。川西高原地区还是原深度贫困地区，是国家和四川省乡村振兴重点帮扶地区，当地居民生计方式独特，水电移民后续生计发展面临生态、经济、文化等多重制约，生态环境、民族宗教、经济地理等对移民生计发展影响深远，推进水电移民生计发展具有复杂性和特殊性，水电移民返贫风险高，实现水电移民生计可持续对于当地巩固拓展脱贫攻坚成果及全面推进乡村振兴极具价值，川西高原地区水电移民是扎实推动共同富裕不可忽视的重要群体，其生计发展对于我国实现共同富裕具有重要意义。

1.1.2 研究意义

对完善水电工程高质量发展配套政策具有重要现实意义和启示价值。我国未来水电开发的重点在川、滇、藏，这些地区地理环境特殊、生态环

① 甘孜藏族自治州水利局．我州做好两河口水电站移民安置工作［EB/OL］．（2022－09－26）［2022－12－17］．http：//slj.gzz.gov.cn/gzzslj/c101451/202209/d619b6d16f9545e4b5c376cf162445ba.shtml.

境脆弱、少数民族聚集、经济社会发展相对滞后，水电移民安置及后续扶持具有特殊性和复杂性。尤其是进入新发展阶段，水电移民日益增长的美好生活需要与库区和安置区发展不平衡不充分之间的矛盾日益突出，水电移民收入结构出现分化，传统的扶持政策亟待进一步转型完善。西南地区也是我国易地扶贫搬迁移民分布的主要地区，深入调查川西高原地区水电移民生计发展的现状，剖析移民搬迁对水电移民生计可持续发展的影响及其内在机理，厘清水电移民生计可持续发展的有效路径，不仅对健全和完善水电移民安置补偿及后期扶持政策具有重要启示价值，而且对于其他类型移民后续生计扶持具有重要借鉴意义，对于实现移民“能发展、可致富”，扎实推动移民共同富裕和实现水电事业高质量发展具有重要的现实意义。

对于丰富和拓展移民生计发展理论具有重要的价值。一直以来，移民搬迁后如何实现稳定持续发展都是移民理论研究的难点和重点。由于独特的生计环境和发展模式，川西高原地区水电移民的生计可持续发展内在规律和典型特征具有异质性。已有的基于非民族地区移民生计发展的理论研究，难以为川西高原地区水电移民生计发展提供科学依据。同时，虽然水电发展对于我国能源清洁低碳转型的重要性已被广泛认识，但对水电开发的技术问题，以及水电开发过程中移民的前期补偿安置问题研究相对较多，对于水电移民安置后生计发展问题的系统性和针对性研究还较少。通过系统解析水电移民后续生计可持续发展的内在机理，在分析川西高原地区水电移民生计发展个性问题的同时，总结提炼水电移民生计可持续发展的共性规律，对于丰富和拓展移民生计发展理论具有重要的价值。

1.2 研究思路与内容

1.2.1 研究思路

本研究聚焦水电移民生计可持续发展目标，基于川西高原地区水电移民特殊的宏观生计发展基础，围绕川西高原地区水电移民家庭可持续生计发展这一核心问题，遵循“理论研究—现状刻画—实证检验—模式分析”和“宏观分析—微观考察—个案解析”的研究思路，厘清水电移民可持续生计的概念内涵，总结分析川西高原地区水电移民生计发展基础，量化评价川西高原地区水电移民生计发展现状，深入解析川西高原地区水电移民生计发展影响机制，分析测度川西高原地区水电移民后期扶持政策实施成效，参考借鉴水电移民后期扶持的国内外典型经验模式，提出川西高原地区水电移民生计可持续发展的扶持政策优化完善建议。

具体研究思路如图 1－1 所示。

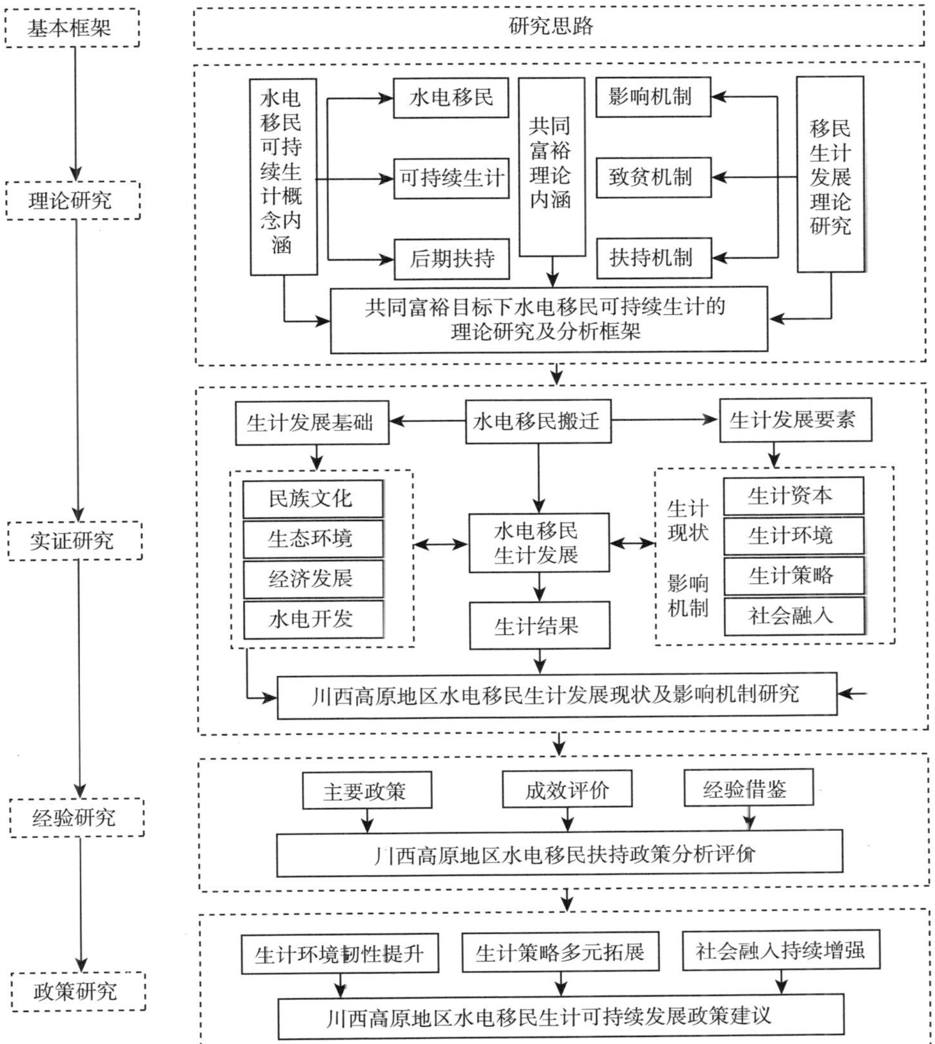

图 1－1 研究框架与思路

1.2.2 研究内容

本研究在梳理国内外移民可持续生计概念内涵和相关研究的基础上，将川西高原地区作为研究区域，采用规范研究与实证研究的方法，重点研究了以下六方面的内容：

第一，川西高原地区水电移民生计发展基础分析。首先从区域自然环境、经济环境、社会环境、水电开发四方面，分析川西高原地区水电移民生计发展的基础，从区域宏观背景深入分析川西高原地区水电移民生计发展的生态、文化、经济等特殊性和复杂性。

第二，川西高原地区水电移民生计发展的现状评价。以“生计资本—生计环境—生计策略—社会融入—生计结果”五大可持续生计发展的要素为主线，从生计稳定性视角对川西高原地区水电移民生计现状进行了评价分析，对水电移民的生计环境韧性进行了量化评价。

第三，川西高原地区水电移民生计发展影响机制研究。首先，深入解析了水电移民搬迁对移民户“生产—生态—生活”三类生计策略带来的影响，并实证检验了其内在影响机制和传导路径。其次，量化测度了川西高原地区水电移民多维社会融入程度，进一步分析了社会融入的障碍因素。最后，从增加收入和降低脆弱性两方面，实证检验了水电移民搬迁对农户生计结果的影响。

第四，川西高原地区水电移民后期扶持政策评价。首先深入分析总结川西高原地区水电移民后期扶持政策的实施情况。其次从实现共同富裕的宏阔视野出发，构建川西高原地区水电移民后期扶持政策评价指标体系。最后运用微观调研数据，对川西高原地区水电移民后期扶持成效进行评价和对比分析。

第五，国内外水电移民后期扶持的典型模式总结和经验借鉴。总结凝练扶持产业转型升级、就业帮扶、公共服务提质等模式，借鉴分析了水电移民后期扶持的巴西模式、美国模式，并深入分析了各种模式的内涵、典型案例和经验启示。

第六，川西高原地区水电移民生计可持续发展的政策建议。在深入总结研究结论的基础上，从提升生计环境韧性、加强就业帮扶、推进社会融入等方面提出政策建议。

1.2.3 研究方法

（1）规范分析法。通过广泛搜集已有相关研究文献资料，梳理相关理论和文献，构建川西高原地区水电移民生计可持续发展分析的理论框架。通过对川西高原地区及国内外水电移民后期扶持典型经验的归纳、总结，构建川西高原地区水电移民后期扶持的有效路径。

（2）实证分析法。①田野工作法。通过访谈、发放调查问卷、专题调查等形式，深入了解川西高原地区水电移民生计现状、水电移民搬迁对水电移民家庭生计发展的内在影响机理，掌握一手的资料与数据。②计量分析法。利用所获得宏观和微观一手数据，一方面对川西高原地区水电移民生计现状进行描述性统计分析，另一方面运用可持续生计分析框架与 OLS、Logit、Tobit 模型对水电移民家庭生计可持续的内在机制进行分析验证。③案例分析法。通过典型案例，分析总结水电移民后期扶持的典型模式。

（3）文献研究法。搜集水电移民生计发展相关文献研究资料，并在此基础上，对川西高原地区水电移民可持续生计的相关研究成果和进展进行系统、全面的述评，提炼中心，突出重点。结合现有文献，分析水电移民生计发展后期扶持的实践模式。

（4）比较分析法。将相互联系的数据以及案例进行比较分析可以有效考察事物的本质规律。本研究运用比较分析法，将移民户与非移民户的比较分析作为移民生计研究的重要切入点和创新点，将移民户和非移民户的对比研究贯穿全书，深入对比分析移民户和非移民户生计发展的差异性，以期总结分析水电移民家庭生计发展的规律特征。

（5）实地调查法。为了从实证的角度检验水电移民搬迁对水电移民家庭的内在影响机制，量化评价川西高原地区水电移民后期扶持成效，本研究采用问卷调查法来收集相关数据。根据研究框架和主要研究内容，结合数据的可得性，设计村级和户级调查问卷，采用分层随机抽样的方法，对川西高原地区库区水电移民户和非移民户进行实地调查，获取代表性较强的调查数据。

1.2.4 数据来源

本研究所用数据主要分两大类：第一类是来源于宏观统计数据或报告；第二类是来源于川西高原地区库区农户微观调研数据。

（1）宏观统计数据或报告。主要包括：《全国大中型水库移民后期扶持政策实施情况中期评估（2006—2015年）》《中国电力统计年鉴2021》《四川电力年鉴2021》《四川省大中型水库移民后期扶持“十四五”规划（2021—2025年）》《四川统计年鉴2021》《2021年四川省国民经济和社会发展统计公报》《凉山年鉴2020》《阿坝藏族羌族自治州2021年国民经济和社会发展统计公报》《甘孜藏族自治州2021年国民经济和社会发展统计公报》等。

（2）微观调研数据。课题组2017年11月、2020年1—5月、2021年1—5月，选取川西高原地区库区农户进行预调研及详细数据采集。具体选取了甘孜藏族自治州丹巴县、雅江县、泸定县、炉霍县，阿坝藏族羌族自治州理县、黑水县、小金县、九寨沟县，凉山彝族自治州木里藏族自治县进行了线上线下访谈和数据采集。在每个县库区通过简单随机抽样，选取水电移民户和非移民户进行问卷调查。调查问卷回答者为家庭户主或家庭生产和消费行为决策者。调研中共发放问卷442份，回收有效问卷433份，问卷有效率为97.96%。其中，水电移民户125份，普通农户308份。调查和访谈的主要内容包括：家庭医疗、土地、固定资产等家庭禀赋特征、生活设施状况、就业及家庭经营、社会服务与支持、水电移民搬迁影响、家庭收支、移民搬迁后期主观态度等。

1.3 研究创新与不足

1.3.1 研究创新

与当前国内外同类研究进行比较，本研究在研究选题、理论拓展、学术观点等方面独具特色，创新性、先进性集中体现在：

一是系统调查分析了川西高原地区水电移民生计发展，弥补了已有移民研究较少关注民族地区的不足，丰富和拓展了移民理论，具有理论创新性。围绕生计资本、生计环境、生计策略、社会融入、生计结果等生计发展要素，对川西高原地区库区移民户和非移民户的家庭禀赋特征、生活设施状况、就业及家庭经营、社会服务与支持、水电移民搬迁影响、家庭收支、移民搬迁后期主观态度等进行了抽样调查，掌握了民族地区水电移民生计发展的一手调研资料，弥补了已有民族地区移民生计发展理论研究滞后于实践需求的不足，对后续开展民族地区移民研究具有重要价值。

二是深入分析了川西高原地区水电移民生计发展的内在机制，率先开展了川西高原地区移民户与非移民户的生计比较分析，创新引入信息要素、电商发展等新生产要素，分析其对移民户生计发展的影响，具有实践指向性。采用 OLS 回归、Tobit 模型实证分析了水电移民搬迁对移民户生计策略和生计结果的影响，研究结果表明：在影响效应方面，水电移民搬迁对于农户家庭从事农业的人数具有显著的负向影响，显著促进了移民户家庭清洁能源消费，显著促进了农户家庭食物消费品质提升，促进了移民户收入增加，降低了移民户生计脆弱性。同时，水电移民搬迁显著增加了移民户能源消费和食物消费支出，研究结论为厘清水电移民搬迁对移民户的生计影响提供了决策支撑。在影响机制方面，具有互联网使用经历的库区农户，水电移民搬迁对其家庭农业就业具有显著的负向影响；提升数字信息素养抑制了传统能源消费、提升了清洁能源消费；通过水电移民搬迁促进非农就业是其促进移民户收入增长的重要途径；增加移民户社会资本有助于降低移民户生计脆弱性。研究结论为在数字经济背景下开展水电移民后期扶持的路径创新提供了科学依据。

三是创新构建了川西高原地区水电移民生计稳定性评价、生计环境韧性指标体系、多维社会融入指数、共同富裕视域的后期扶持成效评价体系等量化评价方法，具有工具先进性。使用收入多样性、收入依赖性以及资源依赖性构建了生计稳定性评价模型，并进一步建立了生计资本与生计稳定性的耦合协调模型，为从风险防范视角评价移民户生计可持续性提供了可借鉴的方法。从经济环境韧性、社会环境韧性、生态环境韧性、设施环境韧性 4 个维度评价了川西高原地区水电移民生计环境韧性水平，为移民生计环境评价提供了新视角。利用改善后的 A－F 测量法构建了移民多维社会融入指数，为移民社会融入综合评价提供了方法支撑。基于共同富裕视域构建了水电移民后期扶持成效评价指标体系，为前瞻评价水电移民后期扶持成效提供了研判工具。

1.3.2 研究不足

第一，调研数据主要来源于田野调查和实地调研，在掌握川西高原地区水电移民大样本数据或时序数据方面有不足，研究中部分存在以某一时间点或局部区域状况来反映整体状况的情况。

第二，水电移民的生计资本、生计环境、生计策略、社会融入和生计结果是一个有机系统，各部分之间既有联系又有区别，需要进一步从整体把握与研究。我国已经全面消除绝对贫困，进入扎实推动共同富裕的新征程，在巩固拓展脱贫攻坚成果与乡村全面振兴过程中，民族地区水电移民生计发展研究，需调动各领域的专家学者、政策制定者和实践者的力量，带动各界专业人士广泛参与，进行深入挖掘研究，并积极分享成果，为实现民族地区高质量发展和水电事业高质量发展做出积极贡献。

2 概念界定与文献综述

2.1 概念界定

2.1.1 水电移民

移民，与人类的迁徙活动紧密相关，梳理已有的关于移民的定义，《中国大百科全书（社会学）》将移民定义为人们离开原住地，超过一定行政界限，到另一个地方居住的移动，将实行迁徙的人口称为移民。这一定义包括了移民的行为及行为主体两方面的内涵。《大美百科全书》《社会科学大辞典》对"离开原住地"的时间和空间做出了更加详细的说明，即"个人或一群人穿越相当的距离而作的永久性移动"，强调了空间的"特定距离"和时间的"永久性"。澳大利亚移民研究学者斯蒂芬·卡斯尔斯（Stephen Castles）、著名移民问题专家托马斯·哈马尔和格瑞特·布罗克曼进一步提出移民的特定距离是"超越行政单元边界""移居到另一个国家"，居住"特定时间"，如 3 个月。进一步依据迁徙是否跨越国界，将移民区分为国内移民和国际移民。从迁移的意愿来看，移民还包括自愿移民和非自愿移民。从迁移的原因看，国内移民包括工程移民、生态移民、扶贫移民、灾害移民等。水电移民是因水电工程建设引发的较大规模、有组织的人口迁移，是一项具有非自愿性质的国内移民。由于我国水电建设往往具有水利功能，水电水利建设导致的水库移民也多属于水电移民。水电移民既包括农村居民，也包括城镇居民，由于川西高原地区水电移民主要以农村居民为主，本书水电移民主要指因为水电工程建设需要离开原居住地到新地方长期居住的农村户籍人口。

2.1.2 可持续生计

所谓生计，在词典中被解释为“一种谋生的手段或方式”（苏芳等，2009），其建立在能力（Capabilities）、资本（Assets）和活动（Activities）的基础之上。20 世纪 80 年代以来，国外研究者和国际组织开展了大量关于生计问题的研究。AmartyaSen（1981）、Chambers（1991）和 Scoones（1998）进一步丰富了生计的内涵，认为生计是谋生的方式，由生活所需要的能力、有形和无形的资本以及活动组成（金莲等，2015）。1991 年的世界环境和发展委员会报告中出现了可持续生计概念，1992 年，Chambers R 和 Conway G 首次明确提出可持续生计概念，即生计由谋生的能力、财产和生活所需的活动构成，生计具有可持续性，这种可持续性一方面表现为对冲击的应对和缓解恢复能力，另一方面表现为维持或增加生计能力和生计资本，以及后代可以实现生计持续发展的能力（Chambers，1991）。可持续生计框架（SLA）是对农户生计问题，特别是导致农户贫困问题的复杂因素进行梳理、分析的一种方法。这一类分析方法中，英国海外发展署（DFID）提出的可持续生计分析框架最为典型并被广泛运用。该框架包括五部分内容：脆弱性背景，生计资本，政策、结构和过程，生计策略以及生计结果。在一个脆弱性背景中，人们运用生计资本生存或谋生，同时受到生计环境的冲击、趋势等的支持或约束，在政策、制度、文化等因素的综合影响下，农户决定自己的生计策略，从而带来生计结果，生计结果进一步又会影响生计资本的积累，农户所处社区的制度、文化等又会影响生计背景（环境）的变迁，各要素之间相互影响，形成农户生计发展的有机系统（图 2－1）。

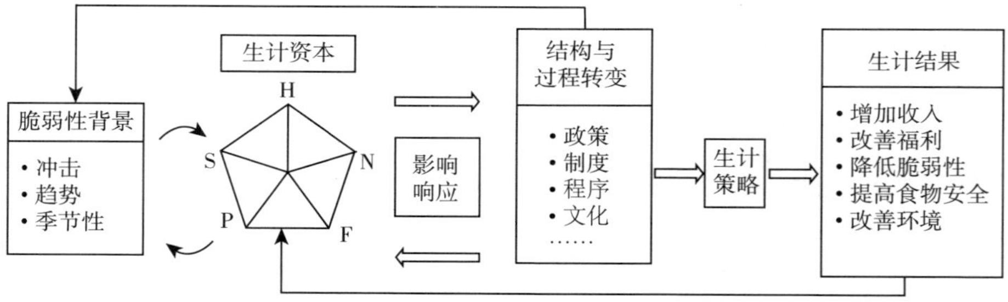

H：人力资本　S：社会资本　N：自然资本　P：物质资本　F：金融资本

图 2－1　农户生计发展有机系统

本研究借鉴可持续生计分析框架，将移民可持续生计定义为移民家庭所拥有的能够在当前和未来保持乃至加强，同时又不损坏自然资源基础的谋生能力、资产和活动，其核心要素主要包括生计环境、生计资本、生计策略、社会融入、生计结果等。

2.1.3 后期扶持

后期扶持是针对移民迁移后期生计发展提出的政策概念，最初是为了解决新中国成立初期大兴水利水电建设，由于相对缺乏科学合理的水库移民安置规划，以及偏低的补偿标准和有限的补偿范围，造成的移民生计恢复缓慢、能力滞后甚至贫困的客观历史遗留问题而提出的特殊性、倾斜的政策（孙良顺，2019a）。其相关内容最早体现在财政部、电力工业部于1981年联合颁布的《关于从水电站发电成本中提取库区维护基金的通知》（电财字〔81〕第56号），之后，1985年国务院颁布的《水利工程水费核订、计收和管理办法》进一步明确“扶助移民发展生产”，但并未有“后期扶持”的直接表述，到1996年，国家计委、财政部、电力工业部、水利部联合颁布《关于设立水电站和水库库区后期扶持基金的通知》（计建设〔1996〕56号），“后期扶持”被正式提及并运用在后续相关政策文件中。其中“后期”主要指移民迁出安置之后的迁出中后期，“扶持”主要是在开发性移民理念下对移民生计发展需要的基础设施、生产项目等进行帮扶。

2.2 文献综述

移民问题由于涉及贫困、地区差距、社会稳定、生态问题等，一直以来受到学界广泛关注。实现移民生计可持续发展是破解移民问题的关键所在，已有的关于移民生计发展、移民贫困问题以及移民后期扶持的相关研究，为本研究提供了重要借鉴。

2.2.1 移民生计发展影响因素及机制研究

水电移民属于非自愿移民，故非自愿移民生计发展的相关研究是本研究的重要借鉴，且由于水电移民是问题最为复杂、影响最为深远、涉及面最广、实施难度最大，涉及“人口—资源—环境—社会—经济”的系统问题（施国庆等，2011），关于水电移民生计发展的研究也是非自愿移民研究的主要组成部分。此外，对易地扶贫搬迁移民、生态移民等其他类型移民生计发展的研究对本研究也具有一定的启发借鉴性。已有关于移民生计发展的相关研究，主要集中在以下几个方面。

2.2.1.1 生计发展水平评价研究

对移民搬迁引起的移民生计变化进行量化评价是移民生计发展研究的基础，以生计资本、生计策略、生计结果等为核心要素的可持续生计分析框架在移民生计分析研究中被广泛运用。一是对搬迁前后的生计资本进行量化比较研究。如严登才（2011）、何思好等（2019）对搬迁前后水库移民生计资本进行实证对比，进而分析移民需要扶持和补足的生计资本。二是对移民户和非移民户生计资本的对比分析。如李健瑜等（2018）对生态移民工程影响的移民户和非移民户的生计资本变化进行对比，发现移民的生计资本平均水平略高于非移民户，且不同维度的生计资本变化情况有差异。三是对移民生计发展水平的综合评价。如对家庭脆弱性的评价（杨烁晨等，2020）、可持续发展能力评价研究（黄海燕等，2018）、不同生计模式下移民生计资本耦合协调评价（段小红等，2022）、移民生计水平的代际差异比较（胡江霞等，2019）。

2.2.1.2 生计发展影响机制研究

针对移民生计发展影响机制的深入分析是促进移民生计可持续的科学依据。一是深入分析移民搬迁对移民生计的影响。学者们从收入（李丹等，2015；王湛晨等，2018）、幸福感（孙海兵等，2016）、老年移民农业生产及家庭养老（严登才，2013a）、不同年龄阶段移民的福利变化（陈银蓉等，2017）、生产技术采用（邹海霞等，2019）、耕地利用状况（冯应斌等，2020；王倩等，2019）、非农型生计（郭华等，2019）、生计策略转型和减贫效应（马明等，2021）等多方面分析了移民搬迁对移民生计发展的影响。二是移民生计可持续的影响因素。如非自愿性移民安置控制权的分配（魏珊等，2009）、家庭因素和户主个人因素（石智雷等，2009；杨孝良等，2015）、非农就业（李晓涛等，2021）等。三是移民生计发展的内在影响机制。第一类为生计能力影响机制。一些学者将生计能力视为影响移民脱贫致富的重要机制，认为搬迁对移民家庭生计的影响路径主要是搬迁过程中生计能力的损失甚至失灵（高华云等，2013），不同安置模式对移民能力损失的影响具有差异（石智雷等，2009），搬迁后生计能力结构差异催生生计策略的变迁和适应性变化（李雪萍等，2020；魏爱春等，2020）。造成生计能力损失和失灵的根源在于搬迁中人力资本积累的断裂和损失（胡静等，2009；石智雷等，2011）。第二类为生计分化机制。一些学者揭示了移民搬迁过程中不同家庭生计分化的生成机制，认为移民家庭生计受到多种因素影响，进而呈现移民家庭的分层分化。由于以“家”“家族”为核心的传统网络关系被打破、削弱甚至被摧毁，非自愿移民的生计分化被重启并急剧变化（徐波波，2020），具有不同个体特征和社区特征的移民农户在搬迁后会产生收入分化效应（刘富华等，2021），这种分层分化效应在经济分层与社会隔离的继承性和遗传性的影响下，进一步影响了非自愿搬迁移民家庭内职业的代际流动（滕祥河等，2020）。第三类为生计资本生计策略互作综合机制。一些学者基于可持续生计分析框架中生计资本的核心作用以及生计资本对生计策略的影响机制，分析了可持续生计的内在影响机制。一方面集中对人力资本、社会资本生计可持续发展进行了深入研究。冯伟林等（2016）分析了人力资本和社会资本在移民社会适应中的影响差异及其对生计发展的影响。程广帅等（2013）发现非自愿移民带来的强制社会变迁，引致移民家庭人力资本失灵，在人力资本失灵马太效应作用下，低收入群体中人力资本失灵现象更为严重，导致了移民家庭收入分层。程广帅等（2011）发现社会资本具有补充移民扶持政策等不完善的正式制度的作用，对移民经济地位的获得具有相当显著的积极影响。另一方面对生计资本和生计策略的互作机制进行了分析。包括对生计资本影响生计风险、生计风险影响生计策略的研究（胡江霞等，2021；胡江霞等，2018；金莲等，2020；王娅等，2022），以及生计资本直接影响生计策略的研究（胡继然等，2019；王沛沛等，2013）。

2.2.1.3 民族地区水电移民生计发展研究

由于西部民族地区日益成为我国水电开发的重点区域，故民族地区水电移民生计发展成为移民生计发展研究的重要内容。一是学界对水电移民安置补偿和后期扶持中关注民族性的重要性达成了共识。庄万禄等（2007）较早针对四川甘孜州移民工作由主体特殊、地域特殊、文化特殊、宗教信仰等诸多因素导致的特殊性和复杂性进行了研究。刘进等（2012）针对藏族地区征地移民受教育程度低、宗教信仰多样、建筑物特色浓郁、生产生活方式独特等特点，对藏族移民安置方式进行了探讨。耿言虎等（2015）、王海飞（2016）等提出需要关注少数民族人地关系与生计、少数民族宗教信仰与文化习俗及其恢复补偿、少数民族移民可持续发展等。二是对移民搬迁对民族文化、民族人口的影响进行了针对性研究。如水电工程移民对人口发展环境、人口数量结构、职业结构、民族结构及人口可持续发展的影响（包广静等，2009）。三是探索了基于民族差异的生计扶持路径。刘朝晖（2005）对比分析了对汉族、苗族、彝族人民不同的生计安置和适应策略，郃秀军等（2017）对比分析了回族、蒙古族、汉族人民在生计重建中的差异。蒋建东（2013）针对西部民族地区人地矛盾突出、生态环境脆弱、可用耕地少等典型特征，提出以土地为本、农业为主的安置方式需要转型，应探索长效补偿机制和养老保障安置。

2.2.2 移民贫困问题研究

移民贫困是其生计不可持续的极端表征，由于历史遗留的水库移民贫困问题的典型性和突出性，已有文献对移民贫困问题的研究主要聚焦水库移民，与此相关的研究成果也是本研究的重要借鉴。相关研究其主要集中在以下三方面。

2.2.2.1 移民致贫机理研究

厘清致贫机理是科学有效开展减贫的基础。已有关于水库移民等移民贫困致贫机理的研究主要可以归纳为以下几方面：一是介入型或次生型因素研究。由于水库水电移民具有非自愿性，其区别于其他群体的典型特点就是外力介入带来的介入型贫困和次生型贫困。著名的移民专家 Michael M. Cernea 提出贫困、风险与重建模型（Impoverishment Risksand Reconstruction Model）即 IRR 模型，从 8 个方面总结了移民贫困的原因，即失地、失业、失去家园、边缘化、高发病率和死亡率、食品缺乏保障、失去享有公共资源的权利、社会组织网解体等（Michael M. Cernea，1996）。陈绍军等（2003）较早以水库移民为主体进行了我国非自愿移民的贫困分析。在学界对水库水电移民介入型贫困达成广泛共识的基础上，杨云彦等（2008）研究发现，移民搬迁通过影响人力资本而使移民能力受损，最终导致贫困，赵旭等（2018）研究进一步发现，非自愿迁移导致的能力受损使得隐性贫困和消费贫困趋于严重，这一介入因素与经济社会转型耦合会导致移民贫困出现异化。二是能力或禀赋因素研究。一些学者从移民自身禀赋和能力角度出发，分析移民贫困的致贫机理。胡静（2010）认为，“能力禀赋”对移民的贫困产生显著的影响。石智雷等（2013）进一步发现，迁移对农户造成的冲击因农户的搬迁实践、农户自身风险态度和社会资本等而有差异。何家军等（2016）从相对贫困视角展开研究，发现不同迁移阶段移民家庭的致贫主因具有差异。三是社会排斥因素研究。付少平等（2015）研究认为，生计空间整体的改变带来的生计空间排斥和挤压是移民贫困产生的原因。滕祥河等（2021）研究发现，非自愿搬迁移民多维资产贫困状况较原居民严重的原因在于二者正式社会支持和非正式社会支持具有差异。李聪等（2020）发现家庭人员外出务工的减贫效应在搬迁户群体中更为显著。四是扶持因素研究。一些学者从致贫角度对扶持因素进行了分析。盛济川等（2008）从经济学视角揭示了移民的货币补偿不足以弥补移民的福利损失是导致移民贫困的根本原因。严登才（2013b）从主体、供体和载体的角度分析了库区移民持续贫困的原因。孙良顺（2016）认为“以失定补”补偿方式的局限是水库移民贫困的主因。汪洋等（2017）提出迁入地条件、后期扶持政策皆对工程移民贫困影响显著。一些学者从减贫角度分析了扶持对移民贫困的影响。李聪等（2020）研究发现，搬迁一方面显著降低了家庭贫困发生率、贫困深度和强度，帮助家庭跨越了“贫困陷阱”，另一方面也打破了原来的低水平均衡，可能伴生移民收入分异的问题。赵旭等（2021）研究发现，水库移民虽已摆脱高维度贫困，但仍陷入低维度贫困，水电开发没能有效地缓解持久型贫困。

2.2.2.2 移民贫困类型

一些学者对不同的贫困类型进行了针对性研究。如对三峡库区移民过渡期贫困（陆远权，2002）、工程移民中妇女贫困（周莺，2007）、三峡农村老年移民贫困（向常春，2007）、返库移民贫困（陈阿江等，2016）、非农业户口水库移民贫困（孙良顺，2017）等进行了针对性研究。随着我国脱贫攻坚战的全面胜利，移民的绝对贫困得以消除，移民的相对贫困问题也日益得到重视。施国庆等（2018）、古安琪等（2019）从非自愿移民

"七阶层图式"切入，提供了移民的相对贫困分析视角，王湛晨等（2021）总结发现，移民群体相对贫困特征主要表现为发展性贫困与消费型贫困，卢义桦等（2018）发现移民的贫困主要是关系资本的相对贫困。

2.2.2.3 移民减贫路径研究

针对移民贫困的特殊性和复杂性，学者们对移民减贫路径的研究对于本研究有很好的借鉴参考价值。一是在安置阶段统筹考虑移民后续生计发展。通过提高安置时的"意愿度"（陈阿江，2006）、安置时增加移民农户生计资本（孔凡斌等，2017）、再造移民生计资本（束锡红等，2017）、推动移民安置社区从过渡型逐渐转变为发展共同体（王蒙，2019），实现移民贫困户长效减贫。二是提升移民家庭内在生计能力。通过增权（徐孝昶等，2013），畅通生计资本转换路径（李晓明，2017），易地扶贫搬迁（刘伟等，2019），精准扶贫移民发展能力（王振振等，2019），政府部门、水库移民社区、水库移民自身以及其他社会资源的有效配合（孙良顺，2016），就业帮扶（张健等，2021），增加农户收入流动（李聪等，2022），家庭生计可持续发展（王湛晨等，2022）实现减贫。

2.2.3 移民后期扶持研究

2.2.3.1 后期扶持政策变迁历程分析

一些学者针对后期扶持政策的发展历程进行了梳理分析，王湛晨等（2022）将后期扶持政策变迁历程分为水库移民萌芽期（1949—1957 年）、水库移民跃进期（1958—1977 年）、水库移民转折期（1978—1990 年）、水库移民法制期（1991 年至今）4 个阶段。孙良顺（2019a）将水库移民后期扶持政策分为起步（1981—1985 年）、确立（1986—1990 年）、发展（1991—2006 年）和完善（2007 年以来）4 个阶段。杜春林等（2021）分析水库移民政策从强制性制度变迁逐步向诱致性制度变迁转变、制度形成从自上而下到自下而上、运行机制从激进型到渐进型以及制度效用从生存导向到发展导向的转变逻辑。

2.2.3.2 后期扶持政策成效评价及影响分析

对后期扶持政策产生的影响及其成效进行科学评价是优化后期扶持政策的基础。孙海兵等（2013）、王沛沛（2015）、张少龙等（2022）分别从生计资本、生计策略及生计结果等方面分析了后期扶持对水库移民生计的影响。在后期扶持成效评价内容方面，郑瑞强（2012）从移民发展环境、移民生产生活水平、库区及安置区经济社会发展水平三方面评价分析了移民后期扶持成效，焦红波等（2020）从经济、社会、管理和机构能力建设4个方面构建了评价体系，郑瑞强（2013）、何思好等（2018）对后期扶持满意度及其影响因素进行了评价分析，许桂生等（2021）对水库移民生产生活水平进行了综合评价。在后期扶持成效评价方法方面，已有研究成果运用层次分析法、模糊综合评判法、多层次灰色综合评价方法（刘雨等，2016）、基于突变理论的分层突变评价法（杨琛等，2016）、非对称贴近度的移民后期扶持效果评价模型（郑凯鑫等，2021）、面板数据模型（焦红波等，2021）、熵值法（高博发等，2022）等对后期扶持政策的量化评价方法进行了实证探讨。针对个体贫困与水库社区发展并存等悖论现象，一些学者（孙良顺，2019a）针对后期扶持政策执行偏差进行了解析，陈绍军等（2022）系统梳理了水库移民后期扶持政策非预期后果的实践形态及产生的深层原因。孙良顺等学者研究发现，县级移民管理机构对水库移民社区真正需求的遮掩、替代或异化是水库移民后期扶持项目供给"失准"的原因（孙良顺，2018a；孙良顺，2019b），"关系"要素与政策执行偏差具有内在联系（孙良顺，2018b；孙良顺，2020；孙良顺，2019c）。

2.2.3.3 后期扶持具体方式

针对后期扶持的具体方式，王韬等（2018）对资金直补、项目扶持、技能扶持、生产扶持、对户扶持、"双转移"基地扶持6种大中型水库移民后期扶持方式进行了比较分析，张春美等（2007）对水库移民后期扶持范围问题进行探讨，沈际勇等（2008）提出应提高移民发展能力和优化安置地市场环境，郑瑞强等（2013）提出水库移民后期扶持关键在于资源整合，黎爱华等（2016）提出移民受益机制设计是水库移民生产发展扶持效益实现的关键，黄邦炜等（2021）提出水库移民后期扶持应该进行产业转型升级。

2.2.4 文献述评

综上所述，已有国内外文献为本研究提供了丰富的研究视野，奠定了坚实的理论基础。可持续生计框架的构成要素主要为生计资本、生计环境、生计策略、社会融入、生计结果等，这为本研究的框架设计和思路构建提供了重要基础。关于生计水平及扶持成效的评价方法为本研究提供了工具借鉴。关于农户可持续生计的内在影响机制研究主要从生计资本等生计要素角度出发展开，对民族地区水电移民的研究日益增多，这为本研究提供了重要参考。但是，对民族地区水电移民的研究以定性分析为主，鲜有对民族地区水电移民生计的系统深入研究，这与民族地区在我国水电开发中的独特战略地位不相匹配。对农户家庭生计发展的影响机制研究，主要以对生计资本等传统生计发展要素的分析为主，缺乏对新阶段信息、数字等新的生产要素的关注。对移民户生计的研究主要集中在移民户搬迁前后的生计变迁对比，缺乏在共同富裕视域下，从移民户与非移民户的对比出发进行切实考量。基于此，本研究结合国家重大战略部署，立足川西高原地区水电移民生计发展的特殊战略意义，认为以下问题还需进一步发展和突破：

一是川西高原地区水电移民生计发展水平的调查评价。我国未来的水电开发主要集中在西南民族地区，尤其是川西高原地区。川西高原地区在我国生态保护、经济发展、政治稳定方面具有重要的战略意义。川西高原地区水电移民的可持续生计发展，不仅关乎水电事业的高质量发展，也对我国巩固拓展脱贫攻坚成果、全面推进乡村振兴具有重要的现实意义。已有关于水电移民的研究主要是对移民搬迁安置的定性分析，鲜有对川西高原地区水电移民后续生计的定量评价和系统分析。急需对川西高原地区水电移民的生计资本、生计环境、生计策略、生计结果等进行全面的调查和评价分析。

二是新生产要素对川西高原地区水电移民生计发展的影响研究。新一轮科技革命和产业变革有力推动了经济发展，现代信息技术等新的生产要素对农户就业和收入分配带来深刻影响，必然也会对川西高原地区水电移民生计发展带来深远影响。已有研究多数从生计分析框架出发分析水电移民生计发展的内在机制，缺乏对信息技术等生产要素影响的深入研究，急需进行信息技术等对川西高原地区水电移民生计发展影响的相关研究。

三是移民户与非移民户生计发展的深入对比研究。当前，我国社会的主要矛盾已经转化为人民日益增长的美好生活需要和不平衡不充分的发展之间的矛盾，我国水电移民绝对贫困已经全面消除，水电移民生计发展的需求，已经从摆脱贫困转变为创造美好生活，对水电移民生计发展的研究不仅需要关注其搬迁前后的生计变迁，更需要关注其与非移民户的相对发展差距，为扎实推动水电移民共同富裕提供决策支撑。

2.3 共同富裕目标下水电移民可持续生计分析框架

2.3.1 共同富裕的理论内涵

党的二十大报告明确指出，中国式现代化是全体人民共同富裕的现代化。“实现全体人民共同富裕”是中国特色社会主义的内在要求和中国共产党的历史使命，是中国式现代化的重要特征，是习近平新时代中国特色社会主义思想的重要内容，具有丰富的理论内涵。

“共同”和“富裕”是生产关系和生产力的对立统一。“富裕”是社会生产力发展水平的集中体现，是社会对财富拥有的集中体现。“共同”则体现了全体社会成员对财富的拥有方式，反映了社会生产关系的性质。“共同富裕”是在财富源源不断增长的“富裕”基础上追求“共同”。实现共同富裕，既需要以社会生产力的巨大发展为前提，又离不开与之相适应的生产关系。同时生产关系的实现形式不能无视生产力的现实状况。要“富裕”代表着社会生产力的不断发展、社会财富的极大增加，实现共同富裕首先要大力发展生产，为共同富裕积累丰富的物质财富。“共同”则更多体现在在“富裕”的基础上对“富裕”起来的财富的分配上，要切实维护社会各成员之间的“公平”。在生产力不发达的条件下，一味追求“平等”的“公平”最终带来的是“均贫”而不是“共富”。与生产力发展水平相适应的生产关系，才有利于生产力的发展，生产力的发展则推动共同富裕更快实现。

“共同”是发展的“共享”和发展的“协同”。“共”是对所有地区、所有人群全覆盖，是经济、政治、文化、社会、生态等方面全面共享。“共同”不是“相同”，习近平总书记强调：“不同人群不仅实现富裕的程度有高有低，时间上也会有先有后，不同地区富裕程度还会存在一定差异。”共同富裕在发展程度上具有非同步性。在实现共同富裕的过程中，会有些人先富起来，有些人后富起来，有些人富裕的程度高一些，有些人富裕的程度低一些。共同富裕的“同”是指协调地、合理地、有差别地、普遍地、长期地发展，不是整齐划一的平均主义和均等地发展，也不是通过短期的集中攻坚就可以取得实质进展，而是要在动态发展过程中逐步推进，渐进发展。

“富裕”是物质生活和精神生活全面发展的“富裕”，是因时间和空间而异的“富裕”。物质生活和精神生活是人民群众提高生活水平的两个方面。随着经济的增长，人民群众的物质生活水平不断提高，例如，人均GDP水平、城乡居民人均可支配收入水平以及人均住房水平等不断提高。另一方面，随着物质生活水平的提高，人民群众的精神生活水平也应同步提高，后者的基础是前者，二者相互促进，反映的是相应的物质文明与精神文明，其中，精神文明日益成为巩固和发展物质文明的条件，对物质文明的发展方向具有很大的影响作用。

2.3.2 共同富裕目标下水电移民可持续生计分析框架

（1）发展内涵：移民与非移民实现经济社会多元共享发展。水电移民在搬迁移民安置过程中可能面临资产损耗、生产技能失效、原有生产生活环境丧失、发展资源缺失等生计困境，在搬迁后新的居住区（安置区）实现“稳得住、能致富”，是水电移民共同富裕的基础。由于移民搬迁导致移民生计重构，其“共同富裕”的“共同性”最直接的体现就是与安置区（新居住地）居民即非移民发展的“共享性”。一方面，搬迁移民实现搬迁后生计提升是其“搬得出、稳得住”的重要保障，非移民生计发展状况是移民“是否搬迁”以及“搬迁前后”生计对比的重要参照；另一方面，搬迁移民与当地居民生计的协同融合程度，就是搬迁移民与当地居民发展共享性的重要体现。本研究以非移民为重要参照，将移民与非移民的对比作为考察水电移民共同富裕的重要内容。

共同富裕是物质生活和精神生活全面发展的富裕，其在水电移民生计发展中的体现，就是水电移民在新的生计环境中实现生计稳定、社会融入和收入增加，进而降低生计脆弱性，实现生计的可持续发展。生计稳定性是农户生计遇到外界或家庭自身变故时，抵御风险的能力，是农户维持基本生活的重要指标之一，是水电移民实现共同富裕的基础。社会融入是搬迁户与原居民在迁入地相互适应并融合，是决定移民搬迁是否可持续的关键因素，是搬迁移民在迁入地实现公平正义的社会基础，影响着移民的精神文化建设，是水电移民实现共同富裕的保障。收入增加是水电移民生计发展的最直接体现，是物质富裕实现程度的直观表征。搬迁移民在新的生计环境中的经济社会融入、生计稳定、收入增加等是本研究中水电移民共同富裕的重要内涵。

（2）生成机制：以“生计资本—生计策略—生计结果”的影响链条为主线。弱势人群最显著的特质就是受到生计脆弱所诱发的物质和精神双重束缚与压抑，这一特质使得生计分析成为促进弱势群体发展的重要研究范式（唐丽霞等，2010；李雪萍，2016），生计的可持续发展也成为搬迁移民共同富裕的重要生成机制。生计的可持续发展，是人们运用生计资本生存或谋生，同时受到生计环境的冲击、趋势等的支持或约束，在政策、制度、文化等因素的综合影响下，决定自己的生计策略，从而带来生计结果，生计结果进一步又会影响生计资本的积累，所处的社区制度、文化等又会影响生计背景（环境）的变迁，各要素之间相互影响，形成的农户生计发展的有机系统。本研究中的水电移民，在受到水电移民搬迁这一外在冲击之后，生计环境和生计资本发生变迁，进而产生适应性的生计策略调试，最终产生收入和生计脆弱性变化等生计结果，对其物质富裕和精神富裕产生影响。这一影响链条循环往复，在生计发展层面形成水电移民共同富裕的生成机制。

（3）实现路径：外部政策扶持与内在自我发展协同推进。水电移民实现共同富裕，需要充分发挥外部帮扶作用与内在自我发展能力。一方面，由于移民在搬迁中生计资本易受到损耗，其自身拥有的生产技能难以适应新的生产方式，在产业、就业、生活、社区治理参与等方面需要外部的支持和帮扶。改革开放以来，我国制定了一系列水库移民后期扶持政策，从现实经验和政策效应来看，过去数十年来的水库移民后期扶持政策为我国水利水电事业的良性运行和长远发展提供了有力保障，在实践中对水库移民的妥善安置以及生计恢复与发展起到了重要作用，尤其在水库移民权益保障、生计恢复、公共服务、社会适应、代际流动、贫困治理等多方面均起到了显著成效，是水电移民实现共同富裕的重要路径之一。另一方面，移民的绝对贫困已经消除，移民面临的主要问题已成为在逐步减少对外部扶持依赖的前提下，提升自身发展能力，加快缩小与其他群体的收入差距的问题，因此，如何激发移民自我发展的内生动力、使移民具备良性循环的自我发展能力，是水电移民实现共同富裕的关键所在。

共同富裕目标下水电移民可持续生计分析框架如图 2-2 所示。

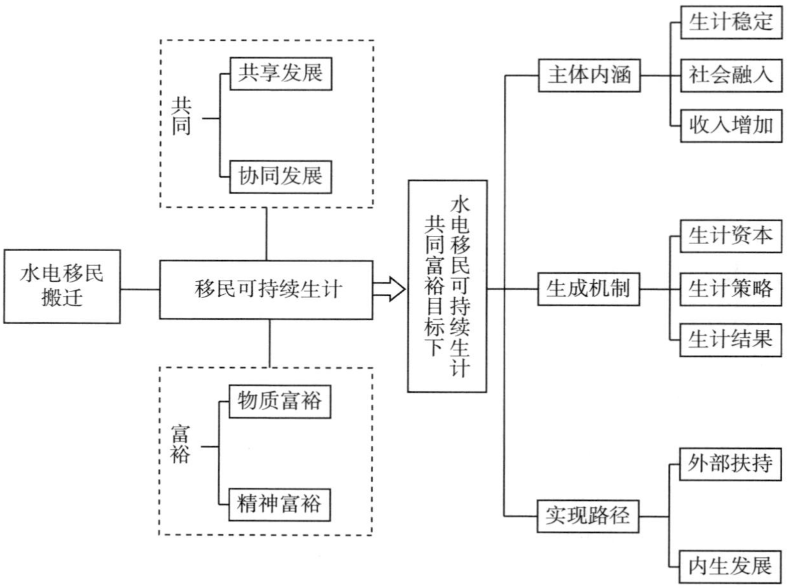

图 2-2　共同富裕目标下水电移民可持续生计分析框架

3 川西高原地区水电移民生计发展基础

川西高原地处四川盆地以西、青藏高原东南缘、四川盆地和青藏高原过渡带，是横断山脉和青藏高原的一部分，分为川西山地和川西北高原。关于川西高原的具体范围，目前学界没有统一的界定，主要的划分有两种，一种是仅包括甘孜藏族自治州与阿坝藏族羌族自治州（喻树龙等，2012；郑勇等，2020），另一种是包括甘孜藏族自治州、阿坝藏族羌族自治州以及西南部的凉山彝族自治州、雅安市或者攀枝花市等地（汪双清等，2017）。木里藏族自治县虽然地处凉山彝族自治州，但其在自然地理环境、风俗文化、农牧户生计模式等方面与川西高原的主体区域相似，而凉山彝族自治州除木里县之外的其他县域，以及攀枝花等地，与川西高原的经济社会发展具有显著差异。基于研究的可比性，本研究将川西高原范围界定为甘孜藏族自治州、阿坝藏族羌族自治州与凉山彝族自治州木里藏族自治县。

3.1 自然资源与生态环境情况

3.1.1 自然地理环境

本书研究区域包括甘孜藏族自治州、阿坝藏族羌族自治州和凉山彝族自治州的木里藏族自治县，面积 245 838.6 平方公里（表 3-1），占四川全省面积的 50.58%。2020 年共有 2 个县级市、29 个县、1 个民族自治县，共有 294 个乡（其中 9 个民族乡）、196 个镇、2 个街道，是我国第二大藏族聚居区。

川西高原地区位于青藏高原东南缘、四川省西部，区域地形地貌复杂，以高原和高山峡谷为主，气候复杂多样。甘孜藏族自治州地势北高南低，中部凸起，平均海拔 3 500 米，大多数地区年平均气温在 8℃以下。西北部的丘状高原，冬季酷寒，夏季凉寒；山原地带，冬春严寒，夏季温凉，气候垂直变化，高山潮湿寒冷，河谷干燥温凉；高山峡谷地带，气温随海拔高度的增加而垂直下降，海拔 2 500 米以下属亚热带，海拔 4 100 米以上长年严寒酷冷，属寒带。木里藏族自治县隶属凉山彝族自治州，是全国仅有的两个藏族自治县之一，坐落于四川省西南边缘、凉山彝族自治州的西北方向，地质结构复杂，环境恶劣，属高原气候，常年冷热两季交替，平均气温 14℃。

表 3-1 研究区域行政区划与面积

区域	县（市、区）数量（个）					乡、镇、街道数量（个）					面积（平方公里）
	合计	市辖区	县级市	县	自治县	合计	乡	其中：民族乡	镇	街道	
四川全省	183	55	18	106	4	3 230	793	83	1 978	459	486 052.3
研究区域整体	32		2	29	1	492	294	9	196	2	245 838.6
阿坝藏族羌族自治州	13		1	12		174	92	1	82		83 016.3
甘孜藏族自治州	18		1	17		289	177	3	110	2	149 599.3
木里藏族自治县	1				1	29	25	5	4		13 223.0

资料来源：根据《四川统计年鉴 2021》《凉山年鉴 2020》整理，四川全省、阿坝州、甘孜州数据为 2020 年数据，木里县数据为 2019 年数据。

川西高原地区地处偏远，距离四川省会成都较远，交通不便，未通高铁，高速路覆盖范围很小。甘孜州州府康定市距离省会成都 260 余公里，州内第一条高速公路雅康高速 2018 年 12 月 31 日才全线试通车，马尔康市到省会成都通过“雅康高速—成雅高速”相连；阿坝州州府马尔康市距离省会成都 320 余公里，从马尔康到省会成都的高速公路“汶马高速—都汶高速—成灌高速”主要路段“都汶高速”2020 年 12 月才全线通车；木里县政府驻地距离省会成都 650 余公里，距离州府西昌市 230 余公里，目前县政府到州府西昌市尚未通高速，西昌市到省会成都通过“雅西高速—成雅高速”相连。甘孜州境内有康定机场（4C 级）、稻城亚丁机场（4C 级）、格萨尔机场（4C 级）；阿坝州境内有九寨黄龙机场（4D级）和红原机场；木里县境内无机场，距离西昌青山机场（4D级）89.5公里。

3.1.2 资源环境

川西高原地区水能资源极其丰富，是国家重要的水电基地。甘孜州地处长江、黄河源头，金沙江、雅砻江、大渡河流经全州96%的区域。甘孜州水能理论蕴藏量超过5 000万千瓦，可开发量4 130万千瓦，均高居四川省第一位，金沙江、雅砻江、大渡河“三江”水电基地是四川重点水电开发区域。阿坝州水能资源同样十分丰富，长江上游主要支流岷江、大渡河纵贯阿坝州全境，是黄河上游的重要水源地，全州共有530多条河流，多年平均水资源总量446亿立方米。水能理论蕴藏量、可开发量分别有1 933万千瓦、1 400万千瓦，分别占四川省的14%、11%。凉山州木里县2020年水资源总量为418.78亿立方米，境内水能理论蕴藏量为467.37万千瓦，可开发水能资源有109处，木里县是凉山州水能资源重点分布县。因具备丰富的水能资源，川西高原地区在国家水电开发布局中有着重要地位。

川西高原地区生物资源十分丰富，是我国重要的生物基因库，动植物种类繁多，也是我国重要的天然物种基因库，被誉为“绿色生态屏障”和“珍贵生物基因宝库”。境内有大熊猫、小熊猫、金丝猴、白唇鹿、黑颈鹤、梅花鹿、猕猴、牛羚等珍稀保护野生动物，松茸、白菌、花椒、核桃、雪山大豆等特色农副特产品，特别是松茸等珍贵野生菌类资源，成为当地农牧民增收的重要来源。

川西高原地区因地理气候环境独特。汉藏药材资源丰富，这些宝贵的资源成为当地农牧民重要的经济收入来源。甘孜州有药用动植物共计2 378种，有虫草、贝母、当归、黄芪等名贵中药材。阿坝州有野生中药材共1 960余种，占四川省的50%，有虫草、羌活、甘松、刀党、黄芪等名贵药材，被赋予“天然药库”之名。木里县共有972种野生中药材，年均产量可达4 171.8吨，特别是虫草等珍稀名贵药材，是当地居民重要的经济收入来源。移民搬迁后，部分移民远离原先村庄的虫草山，挖虫草会变得更加困难，可能会影响其收入与生计。

川西高原地区矿产资源丰富，有力地促进了区域经济发展。甘孜州有锂、大理石、花岗岩等矿产资源。阿坝州矿种共计 54 个，大中小型矿床共计 60 处，有金、花岗石、大理石、石榴子石等优势矿产资源。木里县有金属矿种 17 种，非金属矿种 16 种，分别占矿产总数的 51.5%、48.5%，中小型矿床共计 17 处。

川西高原地区耕地资源稀缺，农区和农牧交错区人地矛盾极为突出。川西高原地区草原和森林面积大，耕地及后备资源都很少。根据《四川统计年鉴 2021》数据，2018 年研究区域年末实有耕地面积 20.21 万公顷（表 3－2），仅占全省耕地面积的 3.01%，占区域土地面积的 0.82%；其中阿坝州耕地面积 8.33 万公顷，仅占全州土地面积的 1.00%，甘孜州耕地面积 10.23 万公顷，仅占全州土地面积的 0.68%，木里县耕地面积 1.65 万公顷，仅占全县土地面积的 1.25%。川西高原地区耕地不仅数量少，而且主要分布在河谷地带，而河谷区域正是大中型水电站开发的淹没地带。土地的这种分布特征，意味着本就稀缺的耕地资源极易在水电开发中受到影响，人地矛盾将更加突出。

表 3－2　川西高原地区土地资源情况

区域	耕地		草原		森林	
	面积（万公顷）	占全省比例（%）	面积（万公顷）	占全省比例（%）	面积（万公顷）	占全省比例（%）
四川全省	672.28	100.00	2 038.04	100.00	1 945.84	100.00
研究区域整体	20.21	3.01	1 434.71	70.40	848.16	43.59
阿坝藏族羌族自治州	8.33	1.24	452.20	22.19	219.78	11.29
甘孜藏族自治州	10.23	1.52	944.92	46.36	535.80	27.54
木里藏族自治县	1.65	0.25	37.59	1.84	92.58	4.76

注：耕地面积为 2018 年末实有耕地面积，数据来自《四川统计年鉴 2021》；草原面积和森林面积根据公开资料整理。

3.1.3　生态环境

川西高原地区生态环境地位极为重要。川西高原是国家“两屏三带”生态安全格局中“青藏高原生态屏障”和“黄土高原—川滇生态屏障”的重要组成部分，是长江、黄河上游重要水源涵养地、水量补给区和“中华水塔”的重要组成部分，是中国水资源保护的核心区域，长江、黄河上游重要生态屏障，是世界生物多样性宝库，也是长江经济带发展的保障，在国家生态安全格局中占据举足轻重的地位。川西高原地区有岷江、大渡河、嘉陵江、涪江、黄河等五大水系，河流众多，其水质状况关乎下游成都市等多个城市的生产生活用水安全。川西高原地区是我国重要的天然湿地保护区之一，若尔盖湿地被列入国际重要湿地名录，黄河上游水量的30%来源于此。

川西高原地区生态环境敏感脆弱。川西高原地区是四川生态系统最敏感的地区，是典型的生态与环境脆弱带，也是全球气候变化敏感区和世界物种保护的关键地区。区域生态多样性复杂性、地质脆弱性灾害性、发展艰巨性繁重性并存。以阿坝州为例，全州草原退化“两化三害”面积4 000.87万亩，占可利用草原面积的69%；牛羊是阿坝州牧民的主要生产资料，超载过牧长期存在，2020年阿坝州实际载畜量994.05万羊单位，超载率7.05%，生态容量空间压力持续加大。全州水土流失面积约1.03万平方公里，占全州面积的12.1%；若尔盖县黄河源头河岸冲刷严重，水力侵蚀造成岸线形态改变，河水泥沙含量增加；红原县白河河道受水流切割、风沙侵蚀，裸露河床及滩地成为冬春季节的主要沙源地。

川西高原地区自然灾害多发频发。由于川西高原地区特殊的地理生态条件，自然灾害种类多、发生频率高。主要自然灾害种类包括：干旱、低温霜冻、暴雨洪涝、雪灾、滑坡、地震等。低温霜冻是川西高原地区的主要灾害性天气之一，低温霜冻天气分布地域广，初霜出现早，晚霜终止迟，强度大，危害严重。川西高原牧区雪灾多发，影响范围大，出现次数多。川西高原地区地处中国南北地震带中环，境内有龙门山、岷江、阿坝、东昆仑等多条活动断带，是全国少有的地震高烈度区和地震高发区。2008年汶川8.0级地震、2014年康定6.3级地震、2017年九寨沟7.0级地震给川西高原地区生态环境造成了严重的损失。

川西高原地区生态保护修复难度大。川西高原地区平均海拔较高，区域年均气温低、冰冻期长，生态环境敏感脆弱，高原冰川、草原植被、湿地生态极易遭受破坏，自然生态恢复和人工修复难度较大。境内山高坡陡、沟壑纵横，地质灾害频发，水土流失严重。生态系统质量功能问题突出，草地存在“三多三少”（鼠虫害多、“三化”草地多、自然灾害多，草地可载量少、可食牧草种类少、草地肥力恢复少）问题，“黑土滩”严重，退化草地缺乏足够的蓄水和涵养水源能力。森林生态系统结构质量较差，水土保持、调节气候、生物多样性保护等生态服务功能低下。加之历史生态欠账，生态保护和修复系统性不足，生态脆弱区治理难度大。

3.2 经济发展情况

3.2.1 经济发展

川西高原地区地理位置偏远，交通基础设施相对落后，经济社会发展水平相对较低。在脱贫攻坚期间，四川 45 个深度贫困县中，川西高原地区 32 个县（市）全部在列，即阿坝州全部 13 个县（市）、甘孜州全部 18 个县（市）和木里县。我国全面打赢脱贫攻坚战后，四川 25 个国家乡村振兴重点帮扶县中，川西高原地区占了 15 个，包括阿坝州的壤塘县、若尔盖县、红原县、阿坝县、金川县、黑水县，甘孜州的石渠县、色达县、理塘县、德格县、甘孜县、新龙县、白玉县、炉霍县、道孚县；25 个四川省乡村振兴重点帮扶县中，川西高原地区占了 17 个，包括阿坝州的小金县、松潘县、理县、九寨沟县、茂县、马尔康市、汶川县，甘孜州的雅江县、得荣县、巴塘县、丹巴县、乡城县、稻城县、九龙县、康定市、泸定县和木里县。

川西高原地区经济总量较低，在四川全省经济版图中占比较低。2021 年，研究区域地区生产总值为 951.4 亿元，其中第一产业增加值 177.0 亿元，占比为 18.61%，第二产业增加值为 250.9 亿元，占比为 26.38%，第三产业增加值为 523.4 亿元，占比为 55.02%（表 3-3）。2021 年研究区域地区生产总值占全省的 1.77%，其中第一产业增加值占全省的 3.13%，第二产业增加值占全省的 12.61%，第三产业增加值占全省的 1.85%。从三次产业结构来看，研究区域第一产业占比较全省平均水平高 8.1 个百分点，第二产业占比较全省平均水平低 10.58 个百分点，第三产业占比较全省平均水平高 2.49 个百分点。川西高原地区作为生态保护区，第二产业发展相对受限，除木里县外，阿坝州和甘孜州的第二产业占比明显低于全省平均水平。

表 3-3 川西高原地区 2021 年经济发展情况

区域	地区生产总值（亿元）	第一产业		第二产业		第三产业	
		增加值（亿元）	占比（%）	增加值（亿元）	占比（%）	增加值（亿元）	占比（%）
四川全省	53 850.8	5 661.9	10.51	19 901.4	36.96	28 287.5	52.53
研究区域整体	951.4	177.0	18.61	250.9	26.38	523.4	55.02
阿坝藏族羌族自治州	449.6	88.3	19.64	108.1	24.05	253.2	56.31
甘孜藏族自治州	447.0	79.4	17.75	116.9	26.16	250.8	56.09
木里藏族自治县	54.7	9.4	17.11	25.9	47.29	19.5	35.59

资料来源：根据《2021 年四川省国民经济和社会发展统计公报》《阿坝藏族羌族自治州 2021 年国民经济和社会发展统计公报》《甘孜藏族自治州 2021 年国民经济和社会发展统计公报》和凉山彝族自治州发展和改革委员会网站公开资料整理。

3.2.2 人民生活

由于区域经济发展相对滞后，川西高原地区人民生活水平相对省内其他区域偏低。2021 年阿坝州、甘孜州和木里县城乡居民人均可支配收入以及分城乡的城镇居民人均可支配收入、农村居民人均可支配收入皆低于全省平均水平，阿坝州和甘孜州城镇居民人均消费支出、农村居民人均消费支出也都低于全省平均水平。2021 年阿坝州城乡居民可支配收入比全省平均水平少 3 029 元，低 10.42%；甘孜州城乡居民可支配收入比全省平均水平少 7 139 元，低 24.55%；木里县差距更大，城乡居民可支配收入比全省平均水平少 12 347 元，低 42.45%（表 3-4）。分城乡来看：2021 年阿坝州城镇居民可支配收入比全省平均水平少 1 312 元，低 3.17%；甘孜州城镇居民可支配收入比全省平均水平少 1 947 元，低 4.70%；木里县城镇居民可支配收入比全省平均水平少 7 876 元，低 19.00%。2021 年阿坝州农村居民可支配收入比全省平均水平少 414 元，低 2.36%；甘孜州农村居民可支配收入比全省平均水平少 2 196 元，低 12.50%；木里县农村居民可支配收入比全省平均水平少 3 962 元，低 22.54%。

从城乡收入差距来看，2021 年阿坝州城镇居民人均可支配收入是农村居民的 2.34 倍，甘孜州城镇居民人均可支配收入是农村居民的 2.57 倍，木里县城镇居民人均可支配收入是农村居民的 2.47 倍，除阿坝州城乡收入差距略低于全省平均水平外，甘孜州和木里县城乡收入差距较全省平均水平更大。

表 3-4　川西高原地区 2021 年人民生活情况

区域	城乡居民可支配收入（元）	城镇居民		农村居民	
		人均可支配收入（元）	人均消费支出（元）	人均可支配收入（元）	人均消费支出（元）
四川全省	29 080	41 444	26 971	17 575	16 444
阿坝藏族羌族自治州	26 051	40 132	22 505	17 161	13 199
甘孜藏族自治州	21 941	39 497	23 962	15 379	10 784
木里藏族自治县	16 733	33 568	—	13 613	—

资料来源：根据《2021 年四川省国民经济和社会发展统计公报》《阿坝藏族羌族自治州 2021 年国民经济和社会发展统计公报》《甘孜藏族自治州 2021 年国民经济和社会发展统计公报》和凉山彝族自治州发展和改革委员会网站公开资料整理，木里县 2021 年居民消费数据暂时缺失。

从消费水平来看，川西高原地区居民消费水平较全省平均水平偏低。2021 年阿坝州城镇居民人均消费支出比全省平均水平少 4 466 元，低 16.56%；农村居民人均消费支出比全省平均水平少 3 245 元，低 19.73%。2021 年甘孜州城镇居民人均消费支出比全省平均水平少 3 009 元，低 11.16%；农村居民人均消费支出比全省平均水平少 5 660 元，低 34.42%。

恩格尔系数是反映居民生活水平的重要指标。从恩格尔系数来看，川西高原地区居民生活水平总体偏低，阿坝州城镇居民和农村居民恩格尔系数与全省平均水平差距不大，但甘孜州城镇居民和农村居民恩格尔系数与全省平均水平有较大差距。2020 年，阿坝州城镇居民恩格尔系数为 34.6%，比全省城镇居民平均水平高 0.1 个百分点；农村居民恩格尔系数为 38.1%，比全省农村居民平均水平高 1.5 个百分点。2020 年，甘孜州城镇居民恩格尔系数为 38.2%，比全省城镇居民平均水平高 3.7 个百分点；农村居民恩格尔系数为 46.1%，比全省农村居民平均水平高 9.5 个百分点①。

① 2021 年，甘孜州城镇居民恩格尔系数为 37.8%，比全省城镇居民平均水平高 3.5 个百分点；农村居民恩格尔系数为 45.3%，比全省农村居民平均水平高 9 个百分点。城乡居民生活水平相对全省来说，仍然有较大差距，特别是农村居民生活水平，与全省差距较大。

3.3 人口与社会文化情况

3.3.1 人口

2020 年末，研究区域常住人口 205.4 万人，常住人口总数占全省的 2.45%。其中，阿坝州常住人口 82.3 万人，占研究区域人口总数的 40.07%；甘孜州常住人口 110.8 万人，占研究区域人口总数的 53.94%；木里县常住人口 12.3 万人，占研究区域人口总数的 5.99%（表 3-5）。

表 3-5 川西高原地区 2020 年人口状况

区域	常住人口（万人）	城镇人口（万人）	农村人口（万人）	城镇化率（%）
四川全省	8 371.0	4 748.9	3 622.1	56.7
研究区域整体	205.4	71.3	134.1	34.7
阿坝藏族羌族自治州	82.3	34.1	48.2	41.4
甘孜藏族自治州	110.8	34.4	76.4	31.0
木里藏族自治县	12.3	2.8	9.5	23.1

资料来源：根据《四川统计年鉴 2021》整理。

2020 年末，研究区域城镇常住人口 71.3 万人，农村常住人口 134.1 万人，城镇化率为 34.7%，比全省平均水平低 22 个百分点。分区域看，阿坝州城镇化率为 41.4%，比全省平均水平低 15.3 个百分点；甘孜州城镇化率仅为 31.0%，比全省平均水平低 25.7 个百分点；木里县城镇化率最低，仅为 23.1%，比全省平均水平低 33.6 个百分点。

藏族人口占川西高原地区人口总数的 70%以上。分区域来看，据第七次全国人口普查统计，2020 年末甘孜州常住人口由藏族、汉族、回族、彝族、羌族、纳西族等 41 个民族组成，其中藏族共 87.5 万人、汉族共 18.9 万人、其他民族人口共 4.34 万人，占总人口的比例分别为 79.01%、17.07%、3.92%。《阿坝藏族羌族自治州 2021 年国民经济和社会发展统计公报》数据显示：2021 年末阿坝州户籍人口共 89.66 万人，主要由四大民族人口构成，其中：藏族人口最多，共有 53.71 万人，占比 59.9%；羌族人口位列第二，共 16.65 万人，占比 18.6%；汉族人口位于第三，共 16.36 万人，占比 18.2%；回族人口较少，共 2.77 万人，占比 3.1%；其他民族有 0.17 万人，占比 0.1%。木里藏族自治县是一个多民族县，有多达 21 个民族，包括藏族、彝族、汉族、蒙古族、纳西族、回族、苗族等民族，其中，以藏族为主，藏族人口约占全县总人口的 33.21%，其次是彝族人口，约占全县总人口的 31.49%，然后是汉族人口，约占全县总人口的 17.51%。

3.3.2 社会文化

川西高原地区由于藏族人口占多数，具有典型的藏族宗教与文化特色。区域宗教文化氛围浓厚、历史底蕴深厚，深刻地嵌入区域广大群众的日常生活之中。区域群众信教人数众多，多民族、多宗教的特殊社会文化环境，一方面赋予地方特殊的人文资源，另一方面移民搬迁也受到文化环境及宗教习俗影响，具有特殊性。

3.4 水电开发情况

3.4.1 中国水电资源开发

中国水能资源十分丰富，蕴藏量高居世界第一位（韩冬等，2022）。中国水能资源技术可开发装机容量约 6.87 亿千瓦，年均发电量约 3 万亿千瓦时（周建平等，2021）。水电在中国电力供应中具有重要地位，是仅次于火电的第二大电源、我国可再生能源发电的主力军。截至 2020 年底，中国水电装机容量为 3.7 亿千瓦（其中常规水电装机容量约 3.4 亿千瓦），高居世界第一位，约占全国发电总装机容量的 16.8%，占可再生能源发电装机容量的 39.6%；水电发电量约为 13 553 亿千瓦时，占全部发电量的 17.8%，占全部可再生能源发电量的 61.6%①。截至 2020 年底，我国水电总装机容量占全国理论蕴藏量和技术可开发量的比重分别约为 48.8%和 49.3%；水电年发电量占全国理论蕴藏量和技术可开发量的比重分别约为 22.9%和 45.2%（杨永江等，2021）。当前和今后一个时期，

① 根据《“十四五”可再生能源发展规划》(发改能源〔2021〕1445 号)，截至 2020 年底，我国可再生能源发电装机容量达到 9.34 亿千瓦，2020 年可再生能源发电量 2.21 万亿千瓦时。

水电仍将是可再生能源发电的主力军。根据《"十四五"现代能源体系规划》(发改能源〔2022〕210号),2025年,我国常规水电装机容量将达到3.8亿千瓦左右。根据中国水电发展远景规划:到2030年我国水电装机容量约为5.2亿千瓦,其中常规水电4.2亿千瓦;到2060年,水电装机容量约为7.0亿千瓦,其中常规水电5.0亿千瓦①。中国历年水电装机容量如表3-6所示。

表3-6 中国历年水电装机容量

年份	发电装机容量及比重			历年发电量及比重		
	总发电装机容量(万千瓦)	水电		总发电量(亿千瓦时)	水电	
		容量(万千瓦)	比重(%)		发电量(亿千瓦时)	比重(%)
1978	5 712	1 728	30.3	2 566	446	17.4
1979	6 302	1 911	30.3	2 820	501	17.8
1980	6 587	2 032	30.8	3 006	582	19.4
1985	8 705	2 641	30.3	4 107	924	22.5
1990	13 789	3 605	26.1	6 213	1 263	20.3
1995	21 722	5 218	24.0	10 069	1 868	18.6
2000	31 932	7 935	24.8	13 685	2 431	17.8
2001	33 849	8 301	24.5	14 839	2 611	17.6
2002	35 657	8 607	24.1	16 542	2 746	16.6
2003	39 141	9 490	24.2	19 052	2 813	14.8
2004	44 239	10 524	23.8	21 944	3 310	15.1
2005	51 718	11 739	22.7	24 975	3 964	15.9
2006	62 370	13 029	20.9	28 499	4 148	14.6
2007	71 822	14 823	20.6	32 644	4 714	14.4
2008	79 273	17 260	21.8	34 510	5 655	16.4
2009	87 410	19 629	22.5	36 812	5 717	15.5
2010	96 641	21 606	22.4	42 278	6 867	16.2
2011	106 253	23 298	21.9	47 306	6 681	14.1

① 郑声安,彭程,等.改革开放四十年中国可再生能源发展成就与展望[R].北京:水电水利规划设计总院,2018.转引自:周建平,杜效鹄,周兴波."十四五"水电开发形势分析、预测与对策措施[J].水电与抽水蓄能,2021,7(1):1-5.

（续）

年份	发电装机容量及比重			历年发电量及比重		
	总发电装机容量（万千瓦）	水电		总发电量（亿千瓦时）	水电	
		容量（万千瓦）	比重（%）		发电量（亿千瓦时）	比重（%）
2012	114 676	24 947	21.8	49 865	8 556	17.2
2013	125 768	28 044	22.3	53 721	8 921	16.6
2014	137 887	30 486	22.1	56 801	10 601	18.7
2015	152 527	31 954	20.9	57 400	11 127	19.4
2016	165 051	33 207	20.1	60 228	11 748	19.5
2017	178 451	34 411	19.3	64 529	11 947	18.5
2018	190 012	35 259	18.6	69 947	12 321	17.6
2019	201 006	35 804	17.8	73 269	13 021	17.8
2020	220 204	37 028	16.8	76 264	13 553	17.8

资料来源：《中国电力统计年鉴 2021》。

西部地区是我国水电资源最丰富的地区。其中西南地区水电资源技术可开发量约为 4.76 亿千瓦，占全国的 69.3%，主要集中在金沙江、雅砻江、澜沧江、怒江、雅鲁藏布江、大渡河等“五江一河”流域；其他区域，西北地区占 9.6%，华中地区占 8.3%，华南地区占 4.5%，华东地区占 4.4%，东北地区占 2.6%，华北地区占 1.3%（韩冬等，2022）。

2000 年以来，根据中国水能资源分布情况和开发利用条件，逐步形成了十三大水电基地，包括金沙江水电基地、雅砻江水电基地、大渡河水电基地、乌江水电基地、长江上游水电基地、南盘江红水河水电基地、澜沧江干流水电基地、黄河上游水电基地、黄河北干流水电基地、湘西水电基地、闽浙赣水电基地、东北水电基地和怒江水电基地。截至 2021 年 12 月，中国大陆地区已建成 5 万千瓦以上常规水电站共计 632 座（含水利工程），其中装机容量在 100 万千瓦以上电站 55 座，总装机容量达到了 1.64 亿千瓦，装机容量在 30 万千瓦以上电站 139 座，总装机容量为 2.08 亿千瓦（韩冬等，2022）。

3.4.2 四川水电资源开发

四川省位于中国西南部，地处长江上游，素有“天府之国”的美誉。

四川介于东经 92°21′—108°12′和北纬 26°03′—34°19′之间，东西长 1 075 公里，南北宽 921 公里。东连重庆，南邻云南、贵州，西接西藏，北界青海、甘肃、陕西三省。四川面积 48.6 万平方公里，居全国第五位。

四川境内河流众多，多属长江水系，伴存少量黄河水系。主要有金沙江、岷江、嘉陵江、沱江、长江上游干流等流域，其中岷江流域、金沙江流域水流量最大。

四川是全国水能资源最丰富的地区，全省水电资源技术可开发量约 1.48 亿千瓦，占全国总量的 21.2%，居全国首位。“十三五”以来，金沙江、雅砻江、大渡河“三江”水电基地加快建设，白鹤滩、叶巴滩等一批大型水电项目核准开工，猴子岩、长河坝等水电站建成投产。2020 年，全省电力装机 10 295 万千瓦、发电量 4 140 亿千瓦时，分别比 2015 年增长 21.6%、34.3%，其中水电装机 8 082 万千瓦，水电发电量 3 514 亿千瓦时，均居全国第 1 位[①]。《四川省“十四五”能源发展规划》（川府发〔2022〕8 号）提出，到 2025 年，全省电力总装机 1.5 亿千瓦左右，其中水电装机容量 1.05 亿千瓦左右。重点推进金沙江、雅砻江、大渡河“三江”水电基地建设，建成投产金沙江白鹤滩、苏洼龙、巴塘、金沙、银江、雅砻江两河口、杨房沟、大渡河双江口、金川、硬梁包、巴拉、绰斯甲河绰斯甲等电站，加快推进金沙江叶巴滩、拉哇，雅砻江卡拉，大渡河枕头坝二级、沙坪一级等电站建设，核准建设金沙江旭龙、昌波、岗托、波罗、奔子栏、雅砻江孟底沟、牙根一级、牙根二级、大渡河丹巴、安宁、巴底、老鹰岩一级、老鹰岩二级、脚木足河达维、卜寺沟等电站。在中型水电方面，建成投产天全河锅浪跷、硕曲河古瓦等电站，加快推进庆大河格拉基等电站建设，核准建设金顶、观音桥等中型电站。根据《四川省“十四五”能源发展规划》，“十四五”期间全省核准水电建设规模 1 200 万千瓦以上，新增投产水电装机规模 2 400 万千瓦左右。四川省发电设备装机容量分年度统计、四川省年发电总量和四川典型流域水电开发情况如表 3-7～表 3-9 所示。

① 该数据来源于《四川省“十四五”能源发展规划》（川府发〔2022〕8 号）与《四川电力年鉴 2021》数据略有出入。截至 2021 年底，四川省已建水电装机容量为 8 887 万千瓦，同样居全国首位。

表 3-7 四川省发电设备装机容量分年度统计（1949—2020 年）

年份	发电装机容量			其中：水电	
	总装机容量（万千瓦）	年增长率（%）	占全国比重（%）	总装机容量（万千瓦）	占比（%）
1949	4.57		2.47	0.18	3.90
1950	4.66	1.97	2.50	0.24	5.20
1951	5.36	15.20	2.85	0.39	7.30
1952	6.60	23.13	3.36	0.57	8.60
1953	7.80	18.18	3.32	0.57	7.30
1954	10.00	28.21	3.85	0.57	5.70
1955	10.80	8.08	3.60	0.76	7.00
1956	13.60	25.93	3.50	3.30	24.30
1957	18.60	36.76	4.01	7.11	38.20
1958	32.29	73.60	5.14	11.88	36.80
1959	42.76	32.42	4.48	13.21	30.90
1960	66.44	55.38	5.57	15.88	23.90
1961	72.07	8.47	5.61	15.90	22.06
1962	73.71	2.28	5.65	17.09	23.19
1963	75.35	2.22	5.65	17.89	23.74
1964	76.66	1.74	5.45	19.52	25.46
1965	83.47	8.88	5.54	22.39	26.80
1966	98.47	17.97	5.79	23.33	23.70
1967	104.67	6.30	5.82	23.33	22.29
1968	117.17	11.94	6.11	23.33	19.91
1969	128.77	9.90	6.12	24.33	18.90
1970	152.40	18.35	6.41	26.40	17.30
1971	185.70	21.85	7.56	60.40	32.50
1972	218.60	17.72	7.64	81.50	37.30
1973	246.90	12.95	7.50	102.00	41.30
1974	265.60	7.57	7.16	107.20	40.40
1975	289.02	5.87	6.66	127.20	44.01
1976	303.96	5.17	6.45	141.03	46.40
1977	333.99	9.88	6.49	159.96	47.89
1978	361.41	8.21	6.33	177.08	49.00

（续）

年份	发电装机容量			其中：水电	
	总装机容量（万千瓦）	年增长率（%）	占全国比重（%）	总装机容量（万千瓦）	占比（%）
1979	379.32	4.96	6.02	188.84	49.78
1980	396.81	4.61	6.02	200.16	50.44
1981	406.20	2.37	5.88	208.30	51.28
1982	415.85	2.38	5.75	215.03	51.71
1983	444.29	6.84	5.81	231.95	52.21
1984	451.00	1.51	5.63	238.45	52.87
1985	462.63	2.58	5.31	244.90	52.94
1986	504.86	9.13	5.38	264.31	52.35
1987	560.59	11.04	5.45	289.81	51.70
1988	604.81	7.89	5.24	305.42	50.50
1989	657.56	8.72	5.19	320.18	48.70
1990	748.97	13.90	5.43	342.74	45.76
1991	869.08	16.04	5.74	370.99	42.69
1992	956.53	10.06	5.74	408.88	42.75
1993	1 052.71	10.06	5.76	455.89	43.31
1994	1 137.59	8.06	5.69	505.43	44.43
1995	1 215.16	6.82	5.59	559.04	46.01
1996	1 356.94	11.67	5.74	642.42	47.34
1997	1 110.74	−18.14	4.37	608.24	54.76
1998	1 284.09	15.60	4.62	770.59	60.01
1999	1 600.89	24.67	5.35	1 034.37	64.61
2000	1 709.84	6.81	5.05	1 100.83	64.38
2001	1 790.85	4.74	5.29	1 153.15	64.40
2002	1 799.66	0.50	5.09	1 185.46	65.87
2003	1 841.44	2.32	4.79	1 231.10	66.86
2004	2 028.32	10.15	4.60	1 338.29	65.98
2005	2 245.55	10.71	4.42	1 495.96	66.62
2006	2 717.74	21.03	4.37	1 765.27	64.95
2007	3 185.80	17.22	4.47	1 985.67	62.32
2008	3 560.17	9.87	4.49	2 223.67	62.53

（续）

年份	发电装机容量			其中：水电	
	总装机容量（万千瓦）	年增长率（%）	占全国比重（%）	总装机容量（万千瓦）	占比（%）
2009	3 912.59	11.78	4.48	2 676.09	68.40
2010	4 327.25	10.46	4.48	3 069.64	70.49
2011	4 787.47	10.63	4.51	3 342.29	69.81
2012	5 458.84	14.02	4.78	3 964.21	72.62
2013	6 862.35	25.71	5.51	5 266.23	76.74
2014	7 874.68	14.76	5.79	6 292.91	79.91
2015	8 672.88	10.14	5.75	6 939.30	80.01
2016	9 108.35	5.02	5.53	7 245.53	79.55
2017	9 721.42	6.73	5.47	7 714.36	79.35
2018	9 832.67	1.14	5.18	7 823.95	79.57
2019	9 929.02	0.98	4.94	7 846.13	79.02
2020	10 104.95	1.77	4.59	7 891.95	78.10

资料来源：《四川电力年鉴 2021》。

表 3-8　四川省年发电总量（1949—2020 年）

年份	年发电总量			其中：水电	
	年发电总量（亿千瓦时）	年增长率（%）	占全国比重（%）	发电量（亿千瓦时）	占比（%）
1949	1.47		3.41	0.19	12.93
1950	1.25	−14.97	2.75	0.09	7.20
1951	1.47	17.60	3.41	0.19	12.93
1952	1.25	−14.97	2.75	0.09	7.20
1953	2.05	64.00	3.57	0.23	11.22
1954	2.49	21.46	3.43	0.28	11.24
1955	3.16	26.91	3.44	0.38	12.03
1956	3.87	22.47	3.52	0.54	13.95
1957	4.50	16.28	3.67	0.55	12.22
1958	6.09	35.33	3.67	0.70	11.49
1959	6.78	11.33	3.51	1.88	27.73
1960	10.73	58.26	3.90	3.22	30.01

（续）

年份	年发电总量			其中：水电	
	年发电总量（亿千瓦时）	年增长率（%）	占全国比重（%）	发电量（亿千瓦时）	占比（%）
1961	24.20	−9.84	5.04	3.57	14.75
1962	20.08	−17.07	4.38	5.07	25.25
1963	19.28	−3.98	3.94	6.61	34.28
1964	22.98	18.72	4.09	7.74	33.68
1965	28.94	26.43	4.28	8.26	28.54
1966	39.05	34.93	4.73	8.28	21.20
1967	39.09	0.10	5.05	9.80	25.07
1968	26.81	−31.41	3.75	9.99	37.26
1969	37.19	38.72	3.96	12.85	34.55
1970	54.09	45.44	4.67	13.14	24.29
1971	77.39	43.08	5.59	16.57	21.41
1972	84.02	8.57	5.51	25.42	30.25
1973	88.39	5.20	5.30	36.52	41.32
1974	86.32	−2.34	5.51	44.25	51.26
1975	107.94	25.05	5.51	51.55	47.76
1976	102.76	−4.08	5.06	45.68	44.45
1977	118.84	15.65	5.32	53.85	45.31
1978	139.30	17.22	5.43	54.78	39.33
1979	156.39	12.27	5.55	64.17	41.03
1980	163.72	4.69	5.45	73.53	44.91
1981	164.08	0.22	5.31	76.61	46.69
1982	171.96	4.80	5.25	82.37	47.90
1983	187.81	9.22	5.34	90.79	48.34
1984	199.86	6.42	5.30	98.10	49.08
1985	221.42	10.79	5.39	109.45	49.43
1986	236.99	7.03	5.27	111.99	47.26
1987	262.87	10.92	5.29	116.04	44.14
1988	294.02	11.85	5.39	131.52	44.73
1989	326.95	11.20	5.59	146.84	44.91
1990	345.65	5.72	5.56	148.54	42.97

（续）

年份	年发电总量			其中：水电	
	年发电总量（亿千瓦时）	年增长率（%）	占全国比重（%）	发电量（亿千瓦时）	占比（%）
1991	379.58	9.82	5.60	155.06	40.85
1992	419.40	10.49	5.56	168.30	40.13
1993	470.87	12.27	5.63	195.86	41.60
1994	525.18	11.53	5.66	209.54	39.90
1995	575.94	9.97	5.72	245.34	42.60
1996	618.00	7.30	5.78	268.00	43.37
1997	491.96	−20.39	4.38	245.12	49.83
1998	475.75	−3.29	4.11	252.88	53.15
1999	492.16	3.45	3.99	303.52	61.67
2000	556.38	13.05	3.75	369.05	0.66
2001	636.47	14.39	4.28	428.38	67.31
2002	735.10	15.17	4.48	456.31	62.07
2003	827.83	12.61	4.33	500.00	60.40
2004	935.29	12.98	4.28	589.02	62.98
2005	1 018.76	10.89	4.12	653.64	64.16
2006	1 120.38	9.97	4.07	684.45	61.09
2007	1 226.31	9.45	3.76	755.39	61.60
2008	1 235.88	7.80	3.66	835.51	67.60
2009	1 487.47	20.36	4.14	981.37	65.98
2010	1 704.37	14.58	4.03	1 139.82	66.88
2011	1 857.05	8.98	3.93	1 260.68	67.89
2012	2 129.49	14.67	4.27	1 545.20	72.56
2013	2 616.99	22.89	4.90	2 023.41	77.32
2014	3 129.57	19.59	5.64	2 578.28	82.38
2015	3 208.54	2.52	5.72	2 767.44	86.25
2016	3 369.84	5.03	5.63	2 988.71	88.69
2017	3 569.11	5.91	5.57	3 163.72	88.64
2018	3 760.84	5.37	5.38	3 249.10	86.39
2019	3 902.95	3.78	5.33	3 316.01	84.96
2020	4 167.30	6.77	5.47	3 541.38	84.98

资料来源：《四川电力年鉴 2021》。

表 3-9 四川典型流域水电开发情况（部分）（截至 2021 年 10 月）

流域	已建水电站数量（座）	总装机容量（万千瓦）
大渡河流域	103	2 463
雅砻江流域	49	2 070
金沙江流域	29	1 963
岷江流域	59	573
嘉陵江流域	52	523

资料来源：罗晓伊、刘文勇、杨洋，《水电大省的“电”去哪儿了?》，http://sc.people.com.cn/n2/2022/0811/c379470-40076702.html。

截至 2020 年 12 月底，全省大中型水利水电工程 508 个。按工程规模分，大型 103 个、中型 405 个；按工程类型分，水利 230 个、水电 278 个；按阶段分，规划阶段 32 个、实施阶段 217 个、后扶阶段 259 个（表 3-10）。

表 3-10 全省大中型水利水电工程建设情况统计

工程	合计（个）	按工作阶段统计（个）			装机容量（万千瓦）	总库容（亿立方米）
		规划阶段	实施阶段	后扶阶段		
总计	508	32	217	259	14 855.09	1 387.80
大型水电工程	69	20	42	7	12 475.50	1 066.72
大型水利工程	34	9	18	7	238.63	115.46
中型水电工程	209	1	85	123	2 058.42	146.97
中型水利工程	196	2	72	122	82.54	58.66

资料来源：《四川省大中型水库移民后期扶持“十四五”规划（2021—2025 年）》。

3.4.3 川西高原地区水电资源开发

川西高原地区地处长江、黄河源头，高山峡谷沟河纵横，水能资源十分丰富，四川全省近 50%的水电资源位于川西高原地区（劳承玉等，2014）。全国十三大水电基地中，金沙江水电基地、雅砻江水电基地、大渡河水电基地都涉及川西高原地区。“三江”水电基地开发情况、在建大型水电站基本情况如表 3-11、表 3-12 所示。

截至 2022 年 5 月，甘孜州建成水电站 212 座，累计装机 1 553 万千瓦，占技术可开发量 4 130 万千瓦的 37.6%，约占四川省水电开发总量的 17.4%；水电装机占全州发电总装机容量 1 590 万千瓦的 97.7%。到 2026

年，全州将新增水电装机 500 万千瓦以上，水电装机将超 1 700 万千瓦，位居全省前列。

表 3-11　2021 年金沙江、雅砻江、大渡河“三江”水电基地开发情况

基地	基地规模（万千瓦）	已建（万千瓦）	已建比例（%）	在建（万千瓦）	在建比例（%）	已建、在建（万千瓦）	已建、在建比例（%）
金沙江	8 167	4 312	52.8	2 258	27.6	6 570	80.4
雅砻江	2 881	1 620	56.2	642	22.3	2 262	78.5
大渡河	2 496	1 737	69.6	464	18.6	2 201	88.2
合计	13 544	7 669	56.6	3 364	24.8	11 033	81.5

资料来源：根据韩冬、赵增海、严秉忠等（2021）整理，已建、在建项目按电站统计。见：韩冬，赵增海，严秉忠，等.2021 年中国常规水电发展现状与展望［J］. 水力发电，2022，48（6）：1-5，72.

表 3-12　2021 年金沙江、雅砻江、大渡河“三江”水电基地在建大型水电站基本情况

基地	基地规模（万千瓦）	在建规模（万千瓦）
金沙江	叶巴滩、拉哇、巴塘、苏洼龙、银江、白鹤滩	1 658
雅砻江	两河口、孟底沟、卡拉	392
大渡河	巴拉、双江口、金川、硬梁包、绰斯甲、沙坪一级、枕头坝二级	578

资料来源：韩冬，赵增海，严秉忠，等.2021 年中国常规水电发展现状与展望［J］. 水力发电，2022，48（6）：1-5，72.

3.5　水电移民情况

3.5.1　中国水电移民概况

自新中国成立以来，我国持续开展了大规模水利水电工程建设，水电事业的发展取得了长足进步。经过长期而巨大的投入，中国已经成为世界首屈一指的水电开发大国。1949 年新中国成立前，我国水电总装机仅 36 万千瓦，年发电量仅 12 亿千瓦时。2021 年全国水电装机容量和发电量分别为 35 453 万千瓦和 13 011 亿千瓦时，分别是新中国成立初期的 985 倍和 1 084 倍。

伴随着大规模的水电建设，出现了大规模的水电移民。从 1949 年到 2019 年，我国水利水电工程水库移民人数累计达 2 486.16 万人（包括新中国成立初期搬迁移民的后代，详见表 3-13）（姚玉琴，2020）。

表 3-13 不同历史时期中国水利水电工程移民人数

年份	人数（万人）
1950—1959	344.94
1960—1969	954.98
1970—1979	389.88
1980—1989	145.02
1990—1999	146.13
2000—2009	342.52
2010—2019	162.69
合计	2 486.16

资料来源：姚玉琴．水利水电工程征地移民 70 年［J］．水力发电，2020，46（5）：8-12，55.

3.5.2 四川水电移民概况

作为水电大省，四川水电建设工程众多，涉及的水电移民数量规模庞大。截至 2020 年 12 月底，四川全省大中型水利水电工程 508 个，规划移民人口近 200 万人（表 3-14）。

表 3-14 全省大中型水利水电工程建设规划移民情况统计表

工程	合计（个）	规划移民人口（人）	
		生产安置	搬迁安置
总计	508	931 805	981 485
大型水电工程	69	383 319	438 429
大型水利工程	34	183 054	269 761
中型水电工程	209	168 516	66 896
中型水利工程	196	196 916	206 399

资料来源：《四川省大中型水库移民后期扶持“十四五”规划（2021—2025 年）》。

截至 2020 年 12 月，全省纳入后期扶持政策范围的农村移民共 111.4 万人（表 3-15），分布在 21 个市（州）、179 个县（市、区）、12 564 个村（社区）。其中，移民后期扶持人口 100 人以下县（市、区）有 26 个、100 人至 1 000 人有 25 个、1 000 人至 1 万人有 91 个、1 万人以上有 37 个。

表 3-15 四川省 2020 年底后期扶持人口

市（州）	后扶人口（人）
四川省合计	1 113 631
成都市	76 262
自贡市	14 915
攀枝花市	26 341
泸州市	20 996
德阳市	18 387
绵阳市	45 082
广元市	66 347
遂宁市	73 398
内江市	26 834
乐山市	62 717
南充市	112 173
眉山市	59 356
宜宾市	40 414
广安市	166 705
达州市	69 472
雅安市	72 620
巴中市	26 747
资阳市	38 388
阿坝藏族羌族自治州	11 479
甘孜藏族自治州	9 932
凉山彝族自治州	75 066

资料来源：《四川省大中型水库移民后期扶持“十四五”规划（2021—2025 年）》。

“十三五”期间，四川坚定以习近平新时代中国特色社会主义思想为指导，认真贯彻落实各级党委、政府决策部署，突出“补短板、夯弱项、解难题、促发展”工作主线，大力实施移民美丽家园建设、移民脱贫攻坚等行动，水库移民后期扶持工作取得显著成效。全省累计完成投资 235.92 亿元，其中移民后期扶持资金 122.45 亿元、地方配套 76.71 亿元、其他 36.76 亿元，分别占“十三五”水库移民后期扶持规划投资的 90.94%、92.59%、99.60%、73.29%。移民人均可支配收入从 9 574 元增加到 15 462 元，年平均增幅 12.3%，高于同期全省 11.1%的年平均增幅，实现了移民“搬得出、稳得住、逐步能致富”的阶段性目标，在提高全省移民收入、为移民创造幸福生活方面取得显著成效。截至 2020 年 12 月底，四川全省有实施阶段、后扶阶段的大中型水利水电工程 476 个，全省纳入移民后期扶持政策范围 111.4 万人。

3.5.3 川西高原地区水电移民概况

由于川西高原地区水电开发力度大，水利水电工程淹没区大，带来了大量的移民人口。根据既有研究①，仅金沙江干流、雅砻江干流和大渡河干流水电开发规划就涉及淹没耕地 59.26 万亩、人口 40.19 万人（表 3-16）。2005—2020 年，四川阿坝州和甘孜州水电开发涉及的移民人数高达 76 385 人，其中少数民族移民 63 284 人，占移民总数的 82.85%（表 3-17）。

表 3-16 川西高原地区主要水电开发规划河段水库淹没指标（不含已开发项目）

主要水电开发规划河段	装机容量（万千瓦）	人口（万人）	耕地（万亩）	备注
金沙江干流上游	1 462	1.58	3.16	
金沙江干流中游	1 950	11.23	21.58	
金沙江干流下游	3 800	21.93	16.92	
雅砻江干流	2 201	1.77	14.17	未包含上游河段
大渡河干流	2 340	3.68	3.43	
合计	11 753	40.19	59.26	

资料来源：何思好，等. 水库移民多维治理与可持续发展：理论、实证与路径［M］. 北京：经济科学出版社，2021：112-113.

表 3-17 2005—2020 年川西高原地区水电开发量与移民构成

地区	装机容量（万千瓦）	移民人数（人）	少数民族移民人数（人）	少数民族移民占比（%）	备注
阿坝藏族羌族自治州	977	53 246	47 063	88.39	藏族为主、部分羌族
甘孜藏族自治州	4 602	23 139	16 221	70.10	藏族为主
合计	5 579	76 385	63 284	82.85	

资料来源：何思好，等. 水库移民多维治理与可持续发展：理论、实证与路径［M］. 北京：经济科学出版社，2021：112-113.

① 何思好，等. 水库移民多维治理与可持续发展：理论、实证与路径［M］. 北京：经济科学出版社，2021：112-113.

2022 年 3 月 18 日，位于川西高原地区雅砻江的两河口水电站全部投产发电。两河口水电站建设征地涉及甘孜州 1 455 户 7 160 人，涉及雅江、道孚、理塘、新龙四县，本次移民涉及面积广、人数多，是甘孜有史以来任务最艰巨的一次大移民。特别是雅江县，两河口水电站淹没影响区涉及雅江县普巴绒、木绒、瓦多 3 个乡、13 个村，其中至规划水平年涉及生产安置人口 3 104 人、搬迁安置人口 3 334 人。

截至 2020 年 12 月：阿坝州纳入后期扶持政策范围的移民人口为 11 479 人，占全省总数的 1.03%；甘孜州纳入后期扶持政策范围的移民人口为 9 932 人，占全省总数的 0.89%[①]。根据阿坝州、甘孜州在建、拟建工程情况，预计“十四五”期间：阿坝州新增移民后期扶持人口 9 079 人，占全省新增数的 3.52%，总人数达到 20 558 人，占全省总数的 1.50%；甘孜州新增移民后期扶持人口 23 659 人，占全省新增数的 9.17%，总人数达到 33 591 人，占全省总数的 2.45%（表 3－18）。

表 3－18　川西高原地区“十四五”移民后期扶持人口预测

区域	总人数（人）	占全省比重（%）	2020 年底核定人数（人）	占全省比重（%）	“十四五”期间增加人数（人）	占全省比重（%）
四川全省	1 371 624	100.00	1 113 631	100.00	257 993	100.00
阿坝藏族羌族自治州	20 558	1.50	11 479	1.03	9 079	3.52
甘孜藏族自治州	33 591	2.45	9 932	0.89	23 659	9.17

资料来源：根据《四川省大中型水库移民后期扶持“十四五”规划（2021—2025 年）》整理计算。

3.6　本章小结

川西高原地区位于青藏高原东南缘、四川省西部，地理位置相对偏远，生物资源、水能资源丰富，耕地资源较为稀缺，牧业资源较多。川西高原地区是“青藏高原生态屏障”和“黄土高原—川滇生态屏障”的重要组成部分，是长江、黄河上游重要生态屏障，生态环境地位极为重要而又敏感脆弱。区域经济总量总体较小，经济发展相对滞后，人民生活

① 数据来源于《四川省大中型水库移民后期扶持“十四五”规划（2021—2025 年）》。

水平与全省平均水平相比有一定差距。川西高原地区是我国第二大藏族聚居区，水能资源丰富，是四川重要的水电基地。川西高原地区库区内人口以藏族人口为主体，宗教文化和生计方式独特，也是生态脆弱区和原深度贫困地区，是国家和四川省乡村振兴重点帮扶地区，水电移民后续生计发展面临生态、经济、文化等多重制约，生态环境、民族宗教、经济地理等对移民生计发展影响深远，推进水电移民生计发展具有复杂性和特殊性。

4 水电移民家庭生计资本现状及其生计稳定性评价分析

生计资本在可持续生计分析框架中处于核心地位，并对生计活动产生直接影响（范乔希等，2021），是降低生计脆弱性、提升风险抵御力的基础所在。生计稳定性是指农户生计在受到内外因素冲击时，抵御风险的能力，是农户维系基本生活的保障，是评价生计可持续的重要指标（Holtz et al.，2008），也是衡量自然资源占有量以及家庭经济收入结构的重要指标（吴孔森等，2016）。脆弱性框架下生计资本的增长是可持续生计的首要前提，但在生计环境受到外在条件约束时可持续生计发展则强调的是生计稳定性的增长，只有生计资本与生计稳定性协调发展才能有效实现可持续生计。在水电移民搬迁所带来的外部风险冲击下，深入了解川西高原地区库区农户家庭的生计资本变动以及生计稳定性状况，有利于及时掌握库区内农户家庭的生计现状，可为库区内农户家庭增强可持续生计能力提供决策参考。

4.1 川西高原地区水电移民家庭生计资本现状

为了进一步分析川西高原地区库区农户生计现状，按照英国国际发展署（DFID）构建的框架，把生计资本分为自然资本、金融资本、物质资本、人力资本和社会资本，从五大维度来进行综合分析。根据实地调研所掌握的数据，本节按照可持续生计框架，选取相应指标来测度农户所拥有的生计资本状况。自然资本选取农户实际承包的家庭耕地面积、林地面积、牧草地面积以及可以采摘松茸、虫草、菌菇等高原特色林下产品的林地面积来进行综合指代；人力资本按照已有研究的做法选取户主的受教育程度以及身体健康状况进行指代；社会资本主要衡量的是农户自身社会关系网络状况，考虑到乡土社会的特殊性，选取“当您家急需大笔开支时（如婚嫁生病及经营）估计可向多少户家庭寻求帮助”“您家亲戚朋友中村干部等公职人员的数量”以及“您家是否有人担任村干部”来衡量；物质资本则主要表现为农户所拥有的不动产状况，主要包括自有住房以及生产性固定资产；金融资本选取家庭人均年收入、农业收入占比以及非农收入占比来进行综合衡量。具体指标及含义如表 4－1 所示。

表 4－1　生计资本指标及含义

生计资本	具体指标	含义
自然资本	家庭耕地面积	农户实际承包的耕地面积（单位：亩）
	家庭林地面积	农户实际承包的林地面积（单位：亩）
	家庭牧草地面积	农户实际承包的牧草地面积（单位：亩）
	家庭可采林下产品面积	农户实际可摘的面积（单位：亩）
人力资本	户主受教育程度	户主的受教育程度（小学以下＝1；小学＝2；初中＝3；高中＝4；大学及以上＝5）
	户主健康状况	户主的健康状况（很不健康＝1；比较不健康＝2；一般＝3；比较健康＝4；很健康＝5）
社会资本	社会网络	可寻求帮助的家庭户数 家庭公职人员的数量
	社会地位	家庭是否有村干部（否＝1；是＝0）
物质资本	住房	住房现值（单位：元）
	生产性固定资产	年终生产性固定资产价值（单位：元）
金融资本	家庭人均年收入	家庭当年人均纯收入（单位：元）
	农业收入占比	从事农业的家庭成员年总收入占家庭年收入的比重（%）
	非农收入占比	从事非农职业的家庭成员年总收入占家庭年收入的比重（%）

4.1.1　自然资本状况

从表 4－2 中可以得知，川西高原地区库区农户自然资本中，各指标的标准差较大，说明农户之间的自然资本禀赋差异较大。其中农户家庭耕地面积平均为 5.39 亩、家庭林地面积平均为 1.58 亩、家庭牧草地面积平均为 7.14 亩、家庭可采林下产品面积平均为 800.3 亩，农户家庭自然资本构成以家庭牧草地和家庭可采林下产品地为主。非移民户家庭的自然资本中，家庭耕地面积平均为 6.58 亩、家庭林地面积平均为 1.71 亩、家庭牧草地面积平均为 8.20 亩、家庭可采林下产品面积平均为 994.0 亩，相较于总体农户自然资本而言，非移民户的自然资本禀赋更优。而在移民户家庭的自然资本中，家庭耕地面积平均为 2.47 亩、家庭林地面积平均为 1.25 亩、家庭牧草地面积平均为 4.54 亩、家庭可采林下产品面积平均为 20.57 亩，相较于总体农户以及非移民户自然资本而言，移民农户的自然资本处于相对缺失的状况，尤其是家庭耕地面积、牧草地面积以及可采林下产品面积。

表 4-2　川西高原地区水电移民家庭自然资本状况

指标	总体		非移民		移民	
	均值	标准差	均值	标准差	均值	标准差
家庭耕地面积（亩）	5.39	6.36	6.58	6.57	2.47	4.66
家庭林地面积（亩）	1.58	3.08	1.71	3.10	1.25	3.03
家庭牧草地面积（亩）	7.14	18.05	8.20	19.33	4.54	14.13
家庭可采林下产品面积（亩）	800.3	2 578	994.0	2 848	20.57	110.2

4.1.2　人力资本状况

从表 4-3 中可以得知，川西高原地区库区农户人力资本中，户主的平均受教育程度达到小学以上，表明川西高原地区库区农户脱盲教育普及程度较高，且户主的平均健康状况为 3.61，户主健康状况处于中等偏上。非移民户家庭的人力资本中，户主平均受教育程度达到 2.96，健康程度为 3.78，均高于总体平均水平，说明非移民户具备更优的人力资本。而在移民户家庭的人力资本中，户主平均受教育程度达到 2.56，健康程度为 3.18，相较于总体以及非移民户而言人力资本处于较低水平，表明移民户家庭的人力资本具有较大的提升空间。

表 4-3　川西高原地区水电移民家庭人力资本状况

指标	总体		非移民		移民	
	均值	标准差	均值	标准差	均值	标准差
户主受教育程度	2.85	1.45	2.96	1.50	2.56	1.28
户主健康状况	3.61	1.02	3.78	0.98	3.18	1.01

4.1.3 社会资本状况

从表4-4中可以得知，川西高原地区库区农户社会资本中，农户家庭可寻求帮助的家庭户数平均为8.47户，农户家庭公职人员的数量平均为1.43人，农户家庭中没有村干部的比例为88%。非移民户家庭的社会资本中，农户家庭可寻求帮助的家庭户数平均为8.52户，农户家庭中公职人员的数量平均为1.52人，农户家庭中没有村干部的比例为92%，其中除家庭是否有村干部之外，可求助户数以及公职人员数量均大于总体平均水平，表明这部分群体虽然社会资本仍然相对较低，但较总体而言具有更为完善的社会网络。而在移民户家庭的社会资本中，农户家庭可寻求帮助的家庭户数平均为8.35户，农户家庭中公职人员的数量平均为1.19人，农户家庭中没有村干部的比例为76%，除家庭是否有村干部外，其余皆低于总体和非移民户的平均水平，而家庭是否有村干部水平高于总体和非移民户平均水平的原因可能是相关政策的倾向性影响。

表4-4 川西高原地区水电移民家庭社会资本状况

指标	总体		非移民		移民	
	均值	标准差	均值	标准差	均值	标准差
可寻求帮助的家庭户数	8.47	5.15	8.52	5.16	8.35	5.12
家庭公职人员的数量	1.43	1.84	1.52	1.91	1.19	1.65
家庭是否有村干部	0.88	0.33	0.92	0.27	0.76	0.43

4.1.4 物质资本状况

从表4-5中可以得知，川西高原地区库区农户物质资本中，农户家庭的住房价值平均为240 000元，而所拥有的生产性固定资产价值平均为4 718元，住房即是农户所持有的大额不动产，资产结构具有单一性。非移民户家庭的物质资本中，农户家庭的住房价值平均为170 000元，而所拥有的生产性固定资产价值平均为4 696元，从物质资本结构来看与总体水平保持一致，但从生产性固定资产来看，非移民户的资本结构相对总体而言具有多元化的倾向。而在移民户家庭的物质资本中，农户家庭的住房价值平均为400 000元，这主要是因为水电移民住房多为新购或新修，所以价值较高，而所拥有的生产性固定资产价值平均为 2 901 元，其中住房价值远高于总体和非移民户的平均水平，而生产性固定资产水平低于总体和移民的平均水平（表 4－5）。

表 4－5　川西高原地区水电移民家庭物质资本状况

指标	总体		非移民		移民	
	均值	标准差	均值	标准差	均值	标准差
住房价值（元）	240 000	230 000	170 000	200 000	400 000	240 000
生产性固定资产（元）	4 718	6 123	4 696	6 278	2 901	5 543

4.1.5　金融资本状况

从表 4－6 中可以得知，川西高原地区库区农户金融资本中，家庭人均年收入为 18 161 元，略高于 2020 年全国农村居民人均收入（17 131 元），农业收入占比为 30%，非农收入占比为 70%，表明安置区农户家庭金融资本来源具有非农化倾向。非移民户家庭的金融资本中，家庭人均年收入为 16 024 元，仍然低于 2020 年全国农村居民人均收入，且农业收入占比为 34%，大于总体平均水平，非农收入占比 66%，低于总体平均水平，表明非移民户的生计策略更加的多元化，抵御金融风险的能力处于较高水平。而在移民户家庭的金融资本中，家庭人均年收入为 18 947 元，高于总体和非移民户的平均水平，而农业收入占比和非农收入占比分别为 17%和 83%，农业收入占比低于总体和非移民户的平均水平，非农收入占比高于总体和非移民户的平均水平，表明移民农户的收入来源主要为外出务工及非农经营活动（表 4－6）。

表 4－6　川西高原地区水电移民家庭金融资本状况

指标	总体		非移民		移民	
	均值	标准差	均值	标准差	均值	标准差
家庭人均年收入（元）	18 161	19 514	16 024	13 599	18 947	14 349
农业收入占比（%）	30	29	34	30	17	23
非农收入占比（%）	70	29	66	30	83	23

4.2 川西高原地区水电移民家庭生计资本分析

目前国内对生计资本的测算并没有统一的定量方法，测量方法具有多样性，主要包括熵值法（周丽等，2020）、熵值法和 AHP 模型结合的修正方法（马国璇等，2020）以及 K-means 聚类算法（范乔希等，2021）等。本章借鉴已有研究的测度方法，采用主观赋权的方法对研究指标体系进行相应调整（Liu et al.，2018；王昌海等，2021），通过前述生计资本指标选取构建符合本地实际情况的生计资本评价指标体系，同时对各项评价指标采用极差标准化方法进行数据处理，消除数据量纲影响（张成虎等，2021）。生计资本指标选取、赋值及计算说明如表 4-7 所示。

表 4-7 生计资本指标选取、赋值及计算说明

生计资本（LA）	量化标准
自然资本（NA）	$NA=0.4N_1+0.3N_2+0.2N_3+0.1N_4$
人均家庭耕地面积（N_1）	$N_1>5$（1）；$3<N_1\leqslant5$（0.8）；$2<N_1\leqslant3$（0.6）；$1<N_1\leqslant2$（0.4）；$0<N_1\leqslant1$（0.2）；$N_1=0$（0）
人均家庭林地面积（N_2）	$N_2>5$（1）；$3<N_2\leqslant5$（0.8）；$2<N_2\leqslant3$（0.6）；$1<N_2\leqslant2$（0.4）；$0<N_2\leqslant1$（0.2）；$N_2=0$（0）
人均家庭牧草地面积（N_3）	$N_3>5$（1）；$3<N_3\leqslant5$（0.8）；$2<N_3\leqslant3$（0.6）；$1<N_3\leqslant2$（0.4）；$0<N_3\leqslant1$（0.2）；$N_3=0$（0）
人均家庭可采林下产品面积（N_4）	$N_4>5$（1）；$3<N_4\leqslant5$（0.8）；$2<N_4\leqslant3$（0.6）；$1<N_4\leqslant2$（0.4）；$0<N_4\leqslant1$（0.2）；$N_4=0$（0）
人力资本（HA）	$HA=0.6H_1+0.4H_2$
户主受教育程度（H_1）	大学及以上（1）；高中（0.8）；初中（0.6）；小学（0.4）；小学以下（0）
户主健康状况（H_2）	很健康（1）；比较健康（0.8）；一般（0.5）；比较不健康（0.2）；很不健康（0）
社会资本（SA）	$SA=0.6S_1+0.4S_2$；$S_2=0.6S_{21}+0.4S_{22}$
社会网络（S_1）	可寻求帮助的家庭户数（S_1）： $S_1>20$（1）；$10<S_1\leqslant20$（0.8）；$5<S_1\leqslant10$（0.6）；$3<S_1\leqslant5$（0.4）；$0<S_1\leqslant3$（0.2）；$S_1=0$（0）

（续）

生计资本（LA）	量化标准
社会地位（S_2）	家庭公职人员的数量（S_{21}）： $S_{21}>7$（1）；$4<S_{21}\leqslant 7$（0.8）；$2<S_{21}\leqslant 4$（0.6）；$0<S_{21}\leqslant 2$（0.4）；$S_{21}=0$（0） 是否有村干部（S_{22}）：1=是；0=否
物质资本（PA）	$PA=0.6P_1+0.4P_2$
住房（P_1）	住房现值（万元）： $P_1>50$（1）；$20<P_1\leqslant 50$（0.8）；$15<P_1\leqslant 20$（0.6）；$10<P_1\leqslant 15$（0.4）；$5<P_1\leqslant 10$（0.2）；$1<P_1\leqslant 5$（0.1）；$P_1\leqslant 1$（0）
生产性固定资产（P_2）	年终生产性固定资产价值（万元）： $P_2>2$（1）；$1.5<P_2\leqslant 2$（0.8）；$0.5<P_2\leqslant 1.5$（0.6）；$0.2<P_2\leqslant 0.5$（0.4）；$0<P_2\leqslant 0.2$（0.2）；$P_2=0$（0）
金融资本（FA）	$FA=0.4F_1+0.3F_2+0.3F_3$
家庭人均年收入（F_1）	家庭当年人均纯收入（万元）： $F_1>5$（1）；$2<F_1\leqslant 5$（0.8）；$1<F_1\leqslant 2$（0.6）；$0.5<F_1\leqslant 1$（0.4）；$0<F_1\leqslant 0.5$（0.2）；$F_1=0$（0）
农业收入占比（F_2）	从事农业的家庭成员年总收入占家庭年收入的比重（%）： $F_2>0.8$（1）；$0.6<F_2\leqslant 0.8$（0.8）；$0.4<F_2\leqslant 0.6$（0.6）；$0.2<F_2\leqslant 0.4$（0.4）；$0<F_2\leqslant 0.2$（0.2）；$F_2=0$（0）
非农收入占比（F_3）	从事非农职业的家庭成员年总收入占家庭年收入的比重（%）： $F_3>0.8$（1）；$0.6<F_3\leqslant 0.8$（0.8）；$0.4<F_3\leqslant 0.6$（0.6）；$0.2<F_3\leqslant 0.4$（0.4）；$0<F_3\leqslant 0.2$（0.2）；$F_3=0$（0）

根据表 4-7 对各项指标进行赋权计算，将数据汇总整合后得到自然资本 V_1、人力资本 V_2、社会资本 V_3、物质资本 V_4 和金融资本 V_5，即每一资本的具体生计资本值，得到川西高原地区库区农户的生计资本综合值 f_t，计算公式如式（4-1）所示。

$$f_t=\sum_{P=1}^{Z}V_P/Z \qquad (4-1)$$

式中 V_P 代表第 P 项生计资本的得分值，Z 代表生计资本的组成个数，本章中生计资本由 5 项资本组成，因此 $Z=5$。

由图 4-1 可知川西高原地区库区移民户与非移民户之间的生计资本

状况，从生计资本得分的总体来看，可以明显发现移民户的生计资本低于非移民户，非移民户生计资本得分相较移民户而言多了0.05，总体而言两者之间的差距较小。首先，非移民户所获得的自然资本（0.18）远大于移民户所获得的自然资本（0.07）；其次，非移民户所获得的人力资本（0.61）大于移民户所获得的人力资本（0.49）；再次，移民户与非移民户具有极为接近的社会资本，两者分别为0.41与0.42；然后，移民户所获得物质资本（0.55）大于非移民户所获得的物质资本（0.42）；最后，非移民户的金融资本（0.74）远大于移民户的金融资本（0.56）。与前文描述性分析结论一致。总体而言，五种生计资本的分布均不平衡，不论是移民户还是非移民户，自然资本和社会资本都处于相对较低水平。

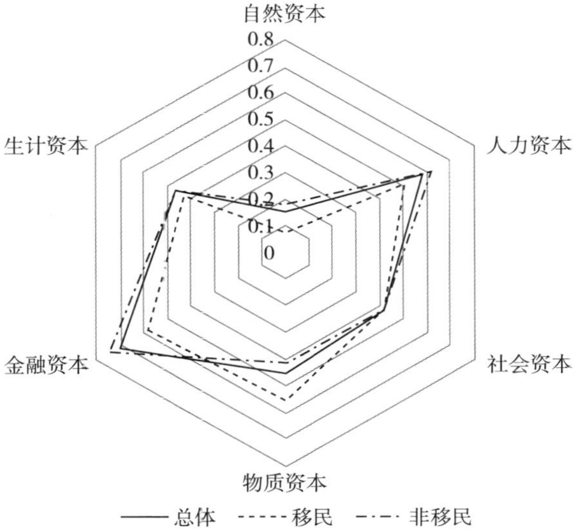

图4-1 川西高原地区库区农户生计资本指标值

4.3 川西高原地区水电移民家庭生计稳定性评价

对于生计脆弱性（Hahn et al.，2009；阎建忠等，2011）、生计韧性（Quandt，2018；李小云等，2022）、生计抗逆力（陈艾等，2015）学界已有较多研究，如何实现风险冲击下的生计稳定是学者们关注重点。已有研究对于生计稳定性评价进行了初步探讨，从使用生计多样性指数来表征农户的生计稳定性（喻忠磊等，2013），细化为通过收入多样性指数来综合衡量农户的生计稳定性（吴孔森等，2016）。由于农户对某一类型收入或资源的依赖程度过高，其将面临潜在的生计风险，如收入的不可持续以及自然灾害的影响，一些学者在生计稳定性的研究中引入了依赖性指数（徐爽等，2018）。

参考现有研究成果（范乔希等，2021；马国璇等，2020；徐爽等，2018），使用收入多样性、收入依赖性以及资源依赖性测度农户的生计稳定性。其中收入多样性的计算选择香农·威纳（Shannon Wiener）多样性测算方法（万金红等，2008），收入多样性指数越高，农民的收入来源就越多，各项收入占比就越均匀，农户对外在风险的抵御能力就越强，生计稳定性就越高（徐爽等，2018）。收入依赖性是指农户对某一类型收入的依赖程度，收入依赖性指数越高，表明农户对某种收入的依赖程度就越高，家庭收入结构就越单一，抗风险能力就越差，生计呈现不稳定性，需要拓宽家庭收入渠道或者缩小各类收入差距（万金红等，2008）。资源依赖性是指农户对自然资源的依赖程度，而农户对于自然资源的一般应用主要反映在农业经营性收入上（段伟等，2015），因此本章使用家庭农业经营性收入来表示农户对自然资源的依赖程度（Li et al.，2020），该指标主要包括粮食作物收入、经济作物收入、养殖收入以及林下产品采摘收入。综上所述，收入多样性指数、收入依赖性指数、资源依赖性指数的计算公式如式（4-2）～式（4-4）所示。

$$K_{inc} = -\sum_{n=1}^{s} P_n \times \ln P_n \tag{4-2}$$

$$D_{inc} = \sum_{n=1}^{s} \frac{X_n(X_n - 1)}{X(X-1)} \tag{4-3}$$

$$D_{sou} = \frac{N}{X} \tag{4-4}$$

式中 n 代表农户家庭第 n 种收入，s 代表农户家庭收入来源的种类，P_n 代表农户家庭第 n 种收入来源下的收入与农户家庭总收入的比值，X_n 代表农户家庭第 n 种收入来源下的收入，X 代表农户家庭的总收入，N 为农户家庭的农业经营性收入，K_{inc}、D_{inc}、D_{sou} 分别代表收入多样性指数、收入依赖性指数以及资源依赖性指数。

收入多样性是衡量生计稳定性的重要内容（徐爽等，2018）。移民户与非移民户收入多样性比较如表4-8所示。非移民户的收入多样性指数更高，表明非移民户的收入来源渠道更多，各类型收入之间的差距较小。非移民户的农业收入多样性指数高于移民户，主要是因为非移民户具有更多的自然资本，使得其各类型农业收入均高于移民户。相比之下，移民户的农作物种植、牲畜养殖相对较少，在农业收入上具有单一性和脆弱性。但是移民户的非农收入多样性指数高于非移民户，一方面是因为移民户基本生产要素受损使得这一群体选择外出务工或者非农经营等活动来弥补所损失要素的产出，另一方面则是安置区域距离城镇更近具有更多的务工机会，移民户可以更加便捷地兼顾务工与家庭。移民户因土地资源的占有量较少，在生计策略上更加倾向于向非农转化，以达到提高整体收入水平的目的，这使其增加了生计稳定性。

表4-8 移民户与非移民户收入多样性比较

农户类型	收入多样性	农业收入多样性	非农收入多样性
移民户	0.577	0.113	0.531
非移民户	0.593	0.214	0.428

移民户与非移民户务工收入依赖性及自然资源依赖性比较如表4-9所示。移民户与非移民户的务工收入依赖性与自然资源依赖性的差异明显，移民户的务工收入依赖性是自然资源依赖性的2.176倍，非移民户的自然资源依赖性是务工收入依赖性的1.387倍，表明移民户对务工收入的依赖程度较高，而非移民户对自然资源的依赖程度更高。统计数据显示，移民户的务工收入占整体收入的比例近37%，且务工收入远远大于非移民户，表明移民户对于务工收入的依赖程度较高。但外出务工容易受外部环境以及内部因素干扰，使得家庭收入不可持续，从而增加农户家庭生计风险，导致生计不稳定。而非移民户的自然资源依赖性远大于移民户，是

表4-9 移民户与非移民户务工收入依赖性及自然资源依赖性比较

农户类型	务工收入依赖性	自然资源依赖性
移民户	0.272	0.125
非移民户	0.248	0.344

移民户的2.752倍，农业生产抵御自然灾害的能力较差，区域环境的产出能力较弱，如果过度依赖自然资源，一旦发生自然灾害，农户的生计将面临巨大的挑战。

4.4 川西高原地区水电移民家庭生计资本和生计稳定性耦合

外部风险所造成的生计环境突变，使得传统的生计资本增长对可持续生计发展的效用降低，建立长效稳定的生计机制是突破生计环境约束的有效选择，因此生计资本与生计稳定性的协调发展是衡量可持续生计的重要指标。耦合协调模型是通过协同论发展延伸而来，是对系统之间关系的研究，揭示系统间或要素间相互作用的强弱和相互影响的程度（葛智超等，2014）。耦合度具体表现为两个或两个以上系统之间相互作用的强弱（马国璇等，2020）；耦合协调度则具体指相互影响的系统之间的耦合程度的大小以及耦合协调状态的好坏程度（葛智超等，2014）。因此，基于耦合协调模型，本章将生计资本与生计稳定性这两个系统进行耦合协调，两个系统的耦合协调度能有效衡量农户的可持续生计状况。计算公式如下：

$$C=\left\{\frac{f_u \times f_t}{((f_u+f_t)/2)^2}\right\}^{\frac{1}{2}} \quad (4-5)$$

$$D=\sqrt{C \cdot T}=\sqrt{C \times (\beta_1 f_t+\beta_2 f_u)} \quad (4-6)$$

式中 C 代表耦合度，f_t 代表农户生计资本的综合值，f_u 代表农户生计稳定性的综合值，D 代表耦合协调度，T 代表 f_t 与 f_u 两系统之间的综合评价得分。在本章中，生计资本与生计稳定性同样重要，因此赋值 $\beta_1=\beta_2=0.5$。

结合相关研究，将耦合协调度（取值在0和1之间）四等分，从低到高分别为勉强协调、初级协调、中级协调和高级协调，具体如表4-10所示。

生计资本和生计稳定性耦合协调度对比如表4-11所示。整体上川西高原地区库区农户生计资本与生计稳定性的耦合度接近1，移民户与非移民户的生计资本与生计稳定性的耦合度也处于较高水平，表明生计资本和生计稳定性在农户可持续生计中占据十分重要的地位。川西高原地区库区农户的耦合协调度为0.659，处于中级协调状态，即表明生计稳定性的提升速度小于生计资本的积累速度，但两者之间的差距不大。移民户的生计耦合协调度为0.590，处于初级协调状态，表明水电移民政策冲击下移民户的生计稳定性受到较大影响，生计稳定性的失调使得移民生计呈现出脆弱状况。而非移民户的生计耦合协调度为0.685，处于中级协调状态，表明非移民户的生计资本分布失衡，导致无法与生计稳定性协调提升，从而在一定程度上限制了可持续生计的发展。同时，非移民户的生计资本、生计稳定性、耦合度以及耦合协调度水平均高于移民户，表明当生计资本以同等速度增加时，非移民户的生计稳定性提升的速度高于移民户，主要原因在于外部环境的冲击使得移民户的生计资本受损，生计策略由多元化向单一化转变，收入多样性降低而收入依赖性提升，从而在整体上落后于非移民户。

表 4-10 耦合协调度等级划分标准

序号	耦合协调度区间	协调等级
1	(0～0.39]	勉强协调
2	(0.39～0.59]	初级协调
3	(0.59～0.79]	中级协调
4	(0.79～1]	高级协调

表 4-11 生计资本和生计稳定性耦合协调度对比

农户类型	生计资本	生计稳定性	耦合度	耦合协调度	协调等级
总体	0.461	0.464	0.955	0.659	中级协调
移民	0.428	0.383	0.890	0.590	初级协调
非移民	0.473	0.494	0.979	0.685	中级协调

综上所述，农户生计资本的提升有利于推动农户收入多样性指数的提高以及降低收入与资源依赖性指数，从而增加整体的生计稳定性，使得家庭生计水平达到可持续状况；同时，生计稳定性的提高，也会拓宽农户家庭的收入来源，缩小各类型收入之间的差距，降低收入依赖性以及资源依赖性，使得生计资本的积累达到最优配置，从而提升农户生计的可持续水平。

4.5 本章小结

本章基于可持续生计框架，建立了川西高原地区库区农户生计资本评价指标体系以及生计资本与生计稳定性的耦合协调分析框架，对库区农户的生计资本变化、生计稳定性以及可持续生计状况进行了相关分析，主要结论如下：

（1）川西高原地区库区农户生计资本发展不均衡，移民户与非移民户的生计资本差异较大。川西高原地区库区农户生计资本由高到低分别为金融资本、人力资本、物质资本、社会资本以及自然资本，对应的资本水平分别是0.700、0.583、0.452、0.416、0.153；移民户除物质资本外，其余生计资本水平均低于非移民户，其中两者都是金融资本水平最高，自然资本水平最低。川西高原地区域环境恶劣、生态脆弱、地形复杂、经济社会发展水平较低，农户很难通过自我调节以及经营来提升自身所拥有的生计资本，往往将家庭资源禀赋投入到具备相对优势的生计领域，从而使得农户整体生计资本分布不均。安置区内部农户生计资本差距主要表现为：非移民户拥有更多的耕地、草地以及特色产品采摘地；非移民户所处的社区环境更加完善，医疗教育等基础设施建设完备；非移民户居住地点与城镇中心距离较近，有利于农户拓展社交半径以及收入来源渠道。而移民户的物质资本较高，主要得益于水电移民搬迁对于房屋建设的投资以及政府的住房保障政策支持。

（2）川西高原地区库区农户生计稳定性处于中下水平，非移民户生计稳定性高于移民户。具体表现为移民户收入多样性指数值低于非移民户，非移民户在农业收入的来源以及收入差距情况上优于移民户，而移民户在非农收入的来源以及收入差距情况上优于非移民户，同时移民户对于工资性收入具有高度依赖，且对于自然资源的依赖度较低，而非移民户与之相反。非移民户生计策略总体上呈现多元化，兼业型发展策略符合农户的理性选择，而移民户的生计恢复需要一定的时间，自然资源依赖性的降低以及非农生计的多样化是拓宽农户收入来源渠道、提升农户家庭收入的有效途径。

（3）川西高原地区库区农户生计耦合度为中级协调状态，移民户生计耦合度为初级协调状态，非移民户生计耦合度为中级协调状态。农户生计资本积累速度大于生计稳定性提升速度，整体可持续生计水平处于中等水平。农户生计资本不均衡、收入单一性以及依赖性强是导致农户生计稳定性不足的主要因素，对农户可持续生计发展形成巨大挑战，因此加强农户生计资本的均衡发展以及提升收入多样性、降低收入依赖性有利于实现农户的可持续发展。

5 水电移民户家庭生计环境韧性评价及障碍因子分析研究

5.1 理论分析

生计环境是生计可持续发展框架的基础，对生活水平的持续性提高有重要意义。Scoones（1998）认为生计环境是农户生计所面临的自然、地理、历史、经济、贸易等各种外在条件。秦红增等（2011）指出任何农户的生计模式都不是固定不变的，而是随着一定的制度、设施、社会、经济、文化等外部环境变化而改变。如具有一定社会历史文化背景的村庄注重挖掘传统文化特色，打造生态文化旅游村，会带动本村住宿餐饮服务业、当地特色产品制作加工等一系列产业的发展，拉升本村经济，同时促使当地原来的以农耕为主的生计模式转变为以旅游为主的生计模式（周建新等，2008）。生计环境就是指生计方式改变依据的自然、经济、社会、制度等各种外在条件。可持续生计不是单纯的提高贫困者收入，而是在追求收入发展的同时还追求自身生存能力的提高、生计风险应对能力的提高（王三秀等，2013）。生计可持续性协调生计方式与环境之间的相互关系（卜诗洁等，2021），生计环境质量更好，使生计资本得到进一步积累，农户选择的生计模式相应更优，生活状态持续性改善，对可持续性生计有积极促进效应。

具备生计环境韧性是生计可持续发展的目标。"韧性"一词源于拉丁语"resilio"，即恢复到原先的状态。加拿大生态学家 Holling 最早提出了韧性的概念，即系统面对外界不确定性（如自然灾害）干扰和冲击时，持续不断地适应、学习并转型，抵抗负面影响并恢复的能力（Holling，1973）。可见韧性决定着系统内各维度关系的持久性、反映系统应对各种变化的能力。韧性是系统的固有属性，生计环境韧性是生计发展中各种外在条件如经济、社会、自然、生态等面对各种风险冲击时吸收风险、抵抗冲击、恢复原状以及适应转化成一种新的稳定状态的一系列能力的集合，系统内各维度的韧性能力相互作用，合力增强生计环境系统韧性水平。

英国海外发展部（DFID）的可持续生计分析框架（SLA）认为，社会可持续性与减少脆弱性紧密相关，而韧性作为脆弱性的对立面，受到经济、文化、社会等因素的影响。SLA 认为给生产生活带来不利影响的自然灾害（旱灾、雪灾、地震等）冲击、人类疾病（各种流行病等）冲击等，人口、市场、经济、政治等表现出来的不利于人类发展的趋势，以及脆弱的生计环境，直接影响五大生计资本积累，生计资本积累情况直接影响社会组织履行内部程序，从而影响农户生计策略的选择，最终影响生计结果。可见，生计环境与生计可持续发展息息相关，高韧性水平的生计环境，促进生计资本积累，促进农户选择最优生计策略，从而使生计结果改善，生计得到可持续发展；生计环境系统韧性是生计可持续发展的目标。

川西高原地区是典型的生态脆弱区，水电移民生计涉及经济发展问题、环境问题、社会稳定问题、地区差距问题等一系列问题（朱东恺等，2005）。水电移民户在非自愿搬迁这一冲击下，生产生活受到影响，生计环境突变，了解搬迁后的移民户生计环境韧性水平情况对解决水电移民问题具有重要意义。因此，本章基于韧性理论构建川西高原地区库区农户家庭生计环境韧性评价体系，采用熵值法对农户家庭生计环境韧性进行测度，并构建障碍度模型辨识影响农户家庭生计环境韧性的主要障碍因子，为因地制宜提升移民户家庭生计环境韧性水平提供参考，促进移民户生计的可持续发展。

5.2 指标体系构建

Hosseini 等（2016）认为韧性大体可以分为组织韧性、社会韧性、经济韧性、基础设施韧性这 4 个维度。Huang 等（2018）认为生态韧性是乡村韧性评价的一个重要维度，从基础设施、生态、经济和社会 4 个维度，测算了宅基地退出前后乡村韧性的变化。Wilson 等（2018）从经济韧性、社会韧性、文化韧性、政治韧性和生态韧性 5 个维度，测算了四川省青神县胡村的韧性。综上，韧性视角大致可以分为经济、社会、生态、基础设施、组织、文化、政治等多个维度。因此，本书基于韧性理论，在考虑川西高原地区生计环境特点基础上，将从经济环境韧性、社会环境韧性、生态环境韧性、设施环境韧性 4 个维度评价生计环境韧性水平，以此构建川西高原地区库区生计环境韧性评价体系，为生计环境评价体系研究提供新的视角和新的方法。

同时，在构建生计环境韧性评价体系的具体指标选取上还参考了大量人居环境质量评价的相关研究成果。主要原因有两点：一是生计环境和人居环境两者的概念含义相似。1950 年，道萨迪亚斯（Doxiadis）提出“人类聚居学”（Ekistics）的概念，强调把自然、人、社会等元素进行系统研究，受道萨迪亚斯研究的启发，我国吴良镛学者在 2001 年创立了“人居环境科学”理论，提出人居环境就是人类聚居生活的地方，是与人类生存活动密切相关的地表空间，是人类在大自然中赖以生存的基地，是人类利用自然、改造自然的主要场所。仔细揣摩生计环境和人居环境两者的概念含义，都可以解释为人的生存环境，人居环境更侧重人类追求更舒适便捷的生活所面对的各种外在条件，而生计环境更侧重人类追求更高收入的生计策略所面对的各种外部条件。二是现有关于生计环境的测量评价类研究比较薄弱，而目前国内外对人居环境质量进行测量评价的研究颇为丰富。

在经济环境韧性维度具体指标选取上，家庭人均可支配收入水平是最直接的衡量家庭物质生活质量的变量，家庭人均可支配收入越高，面临突如其来的风险冲击时，抵抗恢复能力就越强，越能维持稳定的生产生活（段进军等，2021）。农户家庭总收入由农业收入和非农收入组成，其中农民的农业收入部分比较稳定，非农收入是农民增收的关键部分（管永昊等，2020）。家庭非农收入占比越大，越可能说明家庭应对风险的能力更强。同时人均固定资产投资情况是农村产业发展动力的体现，产业发展带动经济发展、提升经济。因此，经济环境韧性维度选取家庭人均可支配收入、家庭非农收入占比、家庭人均固定资产投资值 3 个指标。

在社会环境韧性具体指标选取上，朱华友等（2021）在构建农村韧性综合指标评价体系时，社会资本维度中选取了养老保险参与率指标。社会保险参与率水平是社会保障功能的体现，社会保障体系更健全、更完善，社会保险参与率就更高。DFID 建立的可持续生计分析框架认为，生计资产中的社会资产主要是指亲朋邻里的互信互助关系以及其他社会组织等社会关系（汤青，2015）。干部与群众之间互相信任、关系密切，会使基层工作变得更加容易，群众诉求更易实现，更利于形成具有韧性的生产生活环境。文化环境也是社会环境的组成部分，文化的传承、交流有助于构建健康积极的社会环境。因此，社会环境韧性维度选取家庭医保参与率、干群关系密切程度、家庭社区文化活动中心拥有情况 3 个指标。

在生态环境韧性具体指标选取上，杨晴青等（2020）在乡村人居环境自然生态系统脆弱性维度中选取了林地比重指标来反映绿化率，造林绿化率越高，自然生态环境抵抗泥石流、洪水等自然灾害的能力越强，环境系统韧性水平越高。刘春艳等（2012）从生活垃圾处理、饮用水水质、人畜粪便处理、污水处理几个方面来衡量乡村人居生态环境，生活垃圾、污水集中统一处理，能减少环境污染，减少二氧化碳的排放，减少对土地的侵蚀，增强环境应对风险冲击的能力。故在生态环境韧性维度选取林地覆盖率、生活垃圾处理方式、生活污水处理方式 3 个指标。

在设施环境韧性具体指标选取上，鄂施璇（2021）选取自来水普及率、生活用电覆盖率、天然气入户率等反映家庭生活能源供给情况的指标，与农村道路硬化情况指标共同衡量整治后的农村人居环境基础设施维度韧性。道路设施、公共服务等外部环境更加完善，当地农户的生计方式也会变得更多元、更稳定。农村道路硬化，不仅给农户带来生活上的便利，而且促使家庭劳动力外出非农就业，进而提升家庭收入。家庭水电气的可持续获得是家庭正常生产生活的基础条件，家庭水电气即开即用，能满足家庭基本生活需求，更能体现家庭生活设施的完善。彭超等（2019）认为“厕所革命”指使用卫生厕所的比例和厕所粪污无害化处理的比例增加，可减轻农村面源污染、缓解农村环境“脏、乱、差”。因此，在设施环境韧性维度选取了家庭入户路硬化条件、水电气供给情况、家庭卫生厕所使用情况 3 个指标。

川西高原地区库区农户家庭生计环境韧性评价体系选取的具体指标、指标解释或赋值、指标正负性见表 5－1。

表 5-1 川西高原地区库区农户家庭生计环境韧性评价指标体系

目标层	准则层	指标层	指标解释或赋值	指标属性
生计环境韧性评价	经济环境韧性	家庭人均可支配收入	家庭可支配收入/家庭总人口	正
		家庭非农收入占比	家庭非农收入/家庭总收入	正
		家庭人均固定资产投资值	家庭固定资产投资总值/家庭总人口	正
	社会环境韧性	家庭医保参与率	家庭参保人数/家庭总人口	正
		干群关系密切程度	干群关系密切程度（1=非常不密切；2=比较不密切；3=一般；4=比较密切；5=非常密切）	正
		家庭社区文化活动中心拥有情况	家庭所在（村）社区是否有文化活动中心（1=是；0=否）	正
	生态环境韧性	林地覆盖率	家庭林地面积/家庭土地总面积	正
		生活垃圾处理方式	家庭固体垃圾是否随处乱扔（1=是；0=否）	负
		生活污水处理方式	家庭污水是否随处排放（1=是；0=否）	负
	设施环境韧性	家庭入户路硬化条件	入户路是否硬化（1=是；0=否）	正
		水电气供给情况	水电气是否能持续性获得（1=是；0=否）	正
		家庭卫生厕所使用情况	家庭是否有卫生厕所（1=是；0=否）	正

5.3 指标权重测度

5.3.1 评价方法

本章采用熵值法测度水电移民户家庭生计环境韧性评价指标权重，然后测算韧性综合得分。假设有 n 个家庭、m 个测度指标，则 x_{ij} 表示第 i 个家庭的第 j 个测度指标的值（$i=1, 2, 3, \cdots, n$；$j=1, 2, 3, \cdots, m$），熵值法的计算步骤如下：

（1）无量纲化处理。

对于正向指标，可按如下公式处理：

$$x'_{ij} = \frac{x_{ij} - m_j}{M_j - m_j}$$

其中，M_j 是第 j 个指标的最大值，m_j 是第 j 个指标的最小值。

对于逆向指标，可按如下公式处理：

$$x'_{ij} = \frac{M_j - x_{ij}}{M_j - m_j}$$

因 0 不能取对数，会对结果造成误差，故将无量纲化后的指标全部平移一个最小单位值即加 0.000 1，消除 0 不能取对数的影响，以此满足运算要求。

（2）计算第 j 个指标下，第 i 个家庭的特征比重或贡献度 p_{ij}。

$$p_{ij} = \frac{x'_{ij}}{\sum_{i=1}^{n} x_{ij}}$$

（3）熵值计算，计算第 j 项指标的熵值。

$$e_j = -\frac{1}{\ln n}\sum_{i=1}^{n} p_{ij\ln(p_{ij})}, \quad 0 \leqslant e_j \leqslant 1$$

（4）差异性系数计算。

$$g_j = 1 - e_j$$

（5）确定评价指标的权重 w_j。

$$w_j = \frac{g_j}{\sum_{i=1}^{m} g_j}, \quad j = 1, 2, 3, \cdots, m$$

（6）计算农户家庭生计环境韧性的综合得分值 s_i。

$$s_i = \sum_{j=1}^{m} w_j \times x'_{ij}$$

5.3.2 指标权重

基于上文熵值法步骤，川西高原地区库区农户家庭生计环境韧性评价指标权重和 4 个维度权重最终测度如表 5-2 所示。从各维度的权重大小看，经济环境韧性的权重（0.389 1）最大，社会环境韧性的权重（0.085 3）最小，表明经济环境韧性发展对生计环境韧性发展贡献最大，而社会环境韧性的发展贡献较小。从具体指标的权重大小看，按权重大小由高到低排序，前四位的指标分别是：家庭人均固定资产投资值（0.354 4）、林地覆盖率（0.268 7）、家庭卫生厕所使用情况（0.148 5）、水电气供给情况（0.052 2），说明这 4 个指标的发展对生计环境韧性发展有较大影响。排在末四位的指标分别是：家庭医保参与率（0.011 3）、生活污水处理方式（0.011 2）、生活垃圾处理方式（0.005 2）、家庭人均可支配收入（0.003 8），说明这 4 个指标的发展情况对生计环境韧性发展影响较小。

表 5-2　川西高原地区库区农户生计环境韧性指标权重

目标层	准则层	指标层	权重
生计环境韧性评价	经济环境韧性（0.389 1）	家庭人均可支配收入	0.003 8
		家庭非农收入占比	0.030 9
		家庭人均固定资产投资值	0.354 4
	社会环境韧性（0.085 3）	家庭医保参与率	0.011 3
		干群关系密切程度	0.025 0
		家庭社区文化活动中心拥有情况	0.047 0
	生态环境韧性（0.285 1）	林地覆盖率	0.268 7
		生活垃圾处理方式	0.005 2
		生活污水处理方式	0.011 2
	设施环境韧性（0.242 5）	家庭入户路硬化条件	0.041 8
		水电气供给情况	0.052 2
		家庭卫生厕所使用情况	0.148 5

5.4　评价结果分析

5.4.1　总体结果分析

在上文测算的各指标权重基础上，进一步测度川西高原地区库区农户家庭生计环境韧性综合得分，即韧性水平，测度结果见表 5-3。从生计环境总体韧性水平来看，库区农户家庭生计环境总体韧性水平均值为 0.373 6，是标准差（0.118 3）的 3 倍左右。表明库区农户家庭生计环境韧性水平较低，生计环境比较脆弱。从生计环境各维度的韧性水平来看，设施环境韧性水平最高（0.168 8），生态环境韧性水平次之（0.093 9），然后是社会环境韧性水平（0.067 5），经济环境韧性水平最低（0.043 4），且设施环境韧性水平是经济环境韧性水平的 4 倍左右。表明当前川西高原地区经济环境韧性是其生计韧性的关键制约短板。

表 5-3　川西高原地区库区农户家庭生计环境韧性水平

生计环境总体韧性		经济环境韧性		社会环境韧性		生态环境韧性		设施环境韧性	
均值	标准差	均值	标准差	均值	标准差	均值	标准差	均值	标准差
0.373 6	0.118 3	0.043 4	0.038 2	0.067 5	0.018 7	0.093 9	0.103 7	0.168 8	0.078 5

5.4.2 个体差异分析

将研究样本划分为移民户和非移民户两个子样本，探讨川西高原地区库区农户家庭生计环境韧性水平分布情况。由表 5-4 的结果可知，移民户家庭的生计环境总体韧性水平为 0.349 1，小于非移民户家庭的生计环境总体韧性水平 0.383 2，移民户家庭的生计环境韧性水平比非移民户低了 3.41%。移民户和非移民户两组数据都有标准差远小于平均值的特征，说明数据离散程度较小，移民户和非移民户的家庭生计环境总体韧性水平都比较稳定。川西高原地区库区移民户的家庭生计环境韧性总体水平较低，还需提升。

为了解移民户和非移民户生计环境总体韧性水平差异的主要表现，从生计环境各维度分析两个群体的韧性水平。由表 5-4 的分析结果可知，移民户家庭的经济环境韧性、生态环境韧性水平均比非移民户低，并分别低了 0.52%、4.12%。而移民户家庭的社会环境韧性、设施环境韧性水平均比非移民户高，并分别高了 0.45%、0.92%。表明与非移民户家庭相比，移民户家庭的经济环境和生态环境脆弱性较高，抵抗冲击能力较弱，而社会环境和设施环境韧性水平较高，更能稳健应对风险、适应冲击。

表 5-4 川西高原地区库区农户家庭生计环境韧性个体差异分布

对象	生计环境总体韧性		经济环境韧性		社会环境韧性		生态环境韧性		设施环境韧性	
	均值	标准差	均值	标准差	均值	标准差	均值	标准差	均值	标准差
移民户	0.349 1	0.099 6	0.039 6	0.041 1	0.070 7	0.016 6	0.064 3	0.062 1	0.174 7	0.082 9
非移民户	0.383 2	0.123 8	0.044 8	0.036 9	0.066 2	0.019 4	0.105 5	0.114 0	0.166 5	0.073 7

5.4.3 区域差异分析

为因地制宜提升生计环境韧性水平，需要了解研究区域的生计环境韧性水平。由表 5-5 中的农户部分分析结果可知，甘孜州、阿坝州、木里县的农户生计环境总体韧性水平分别位于第一位、第二位、第三位。甘孜州的生计环境总体韧性水平比阿坝州、木里县的分别高了 0.98%、2.95%。可以看出，三地生计环境总韧性水平有差距但是差距不大。在经济环境韧性方面，韧性水平排序为：木里县最高、阿坝州次之、甘孜州最低，而经济韧性水平最高的木里县仅比水平最低的甘孜州高了 0.16%。在社会环境韧性方面，韧性水平由高至低次序为：甘孜州、阿坝州、木里县。在生态环境韧性方面，木里县的韧性水平高于阿坝州，阿坝州高于甘孜州。在设施环境韧性方面，甘孜州、阿坝州、木里县的设施环境韧性水平排序分别是第一、第二、第三。

表 5-5　川西高原地区库区农户家庭生计环境韧性区域差异分布

对象	区域	生计环境总体韧性		经济环境韧性		社会环境韧性		生态环境韧性		设施环境韧性	
		均值	标准差	均值	标准差	均值	标准差	均值	标准差	均值	标准差
农户	阿坝州	0.368 9	0.129 5	0.043 3	0.029 2	0.067 7	0.018 7	0.104 5	0.119 3	0.152 4	0.793 1
	甘孜州	0.378 7	0.110 1	0.042 7	0.044 9	0.068 3	0.018 2	0.084 6	0.087 9	0.183 2	0.075 2
	木里县	0.349 2	0.104 0	0.044 3	0.015 5	0.052 3	0.023 2	0.111 8	0.123 6	0.140 8	0.077 8
移民户	阿坝州	0.357 0	0.053 7	0.036 0	0.131 0	0.074 7	0.010 7	0.021 5	0.024 4	0.224 8	0.047 2
	甘孜州	0.343 7	0.111 0	0.040 6	0.047 8	0.070 3	0.017 2	0.073 7	0.056 6	0.159 4	0.086 1
	木里县	0.459 0	0.016 7	0.055 0	0.018 8	0.030 1	0	0.279 7	0.002 1	0.094 1	0
非移民户	阿坝州	0.371 3	0.140 0	0.046 0	0.031 3	0.066 2	0.196 8	0.121 4	0.123 8	0.137 6	0.076 4
	甘孜州	0.399 8	0.104 3	0.043 9	0.043 3	0.067 1	0.018 7	0.091 2	0.101 9	0.197 6	0.063 9
	木里县	0.329 3	0.100 6	0.042 4	0.015 0	0.056 3	0.023 0	0.081 2	0.108 0	0.149 3	0.082 2

由表 5-5 中的移民户部分分析结果可知，移民户家庭生计环境总体韧性水平具有区域差异，木里县最高（0.459 0），比第二位的阿坝州（0.357 0）高了 0.102，比第三位的甘孜州（0.343 7）高了 0.115 3。从各维度结果看，经济环境韧性、社会环境韧性、生态环境韧性、设施环境韧性方面，韧性水平由高到低排序分别为：木里县、甘孜州、阿坝州，阿坝州、甘孜州、木里县，木里县、甘孜州、阿坝州，阿坝州、甘孜州、木里县。故阿坝州和甘孜州移民户家庭的生计环境脆弱性相对比较高，需要采取相应对策，提升农户生计环境韧性。由表 5-5 中非移民户部分分析结果可知，非移民户家庭的生计环境韧性水平同样具有区域特征。从总体韧性水平来看，甘孜州的生计环境总体韧性水平最高（0.399 8），其次是阿坝州（0.371 3），然后是木里县（0.329 3）。从生计环境各维度的韧性水平来看，三地在经济环境韧性、社会环境韧性、生态环境韧性、设施环境韧性四方面由高到低顺序分别为：阿坝州、甘孜州、木里县，甘孜州、

阿坝州、木里县，阿坝州、甘孜州、木里县，甘孜州、木里县、阿坝州。因此，阿坝州和木里县的非移民户家庭生计环境脆弱性较高。

对比移民户和非移民户的分析结果发现，区域特征仍较明显。在阿坝州，移民户家庭的生计环境总体韧性水平（0.357 0）低于非移民户（0.371 3）。移民户家庭的经济环境、生态环境韧性水平都低于非移民户，而移民户家庭的社会环境、设施环境韧性水平都高于非移民户。在甘孜州，相比非移民户来说，移民户家庭的生计环境总体韧性水平也较低。从维度层面看，移民户家庭的经济环境、生态环境韧性水平相比非移民户都偏低，而相比非移民户，移民户家庭的社会环境、设施环境韧性水平更高。在木里县，与非移民户相比，移民户家庭的生计环境韧性总体水平更高，移民户家庭的经济环境、生态环境韧性水平较高，而社会环境、设施环境韧性水平较低。

5.5 障碍因子诊断结果分析

5.5.1 分析方法

障碍因子诊断模型可以基于熵值法计算得到的权重，计算各评价指标的障碍度，辨别限制事物进一步发展的关键因素，能对症下药解决问题。本书采用因子贡献度 F_j（各指标对总目标的重要程度）、因子偏离度 I_j（各指标实际值与最优目标值之间的差值）和障碍度 O_j（表示层级或各指标对韧性影响程度的大小）对制约川西高原地区生计环境韧性发展的影响因子进行诊断（何正燕等，2022；靳春玲等，2022），计算步骤如下：

（1）计算因子偏离度 I_j。

$$I_j = 1 - x'_{ij}$$

（2）计算因子贡献度 F_j，即上文计算出来各评价指标的权重 w_j。

$$F_j = w_j$$

（3）计算障碍度 O_j。

$$O_j = \frac{I_j \times F_j}{\sum_{j=1}^{m} (I_j \times F_j)} \times 100\%$$

5.5.2 库区农户家庭生计环境韧性发展障碍因子分析

（1）维度层面障碍因子分析。根据障碍度模型计算得到的川西高原地区库区农户家庭生计环境韧性4个维度的障碍程度如表5-6所示。经济环境韧性障碍度高达56.88%，是阻碍川西高原地区库区农户家庭生计环境韧性发展的第一障碍因子，第二障碍因子是生态环境韧性，障碍度为29.28%，第三障碍因子是设施环境韧性。因此，要提升川西高原地区库区农户家庭生计环境韧性水平、实现农户生计可持续发展目的，提高经济环境、生态环境韧性至关重要，但也不能忽略设施环境和社会环境韧性。

表5-6 农户家庭生计环境韧性各维度障碍因子分析

主要障碍因子	障碍度（%）	排序
经济环境韧性	56.88	1
生态环境韧性	29.28	2
设施环境韧性	11.28	3
社会环境韧性	2.51	4

（2）要素层面障碍因子分析。为进一步分析阻碍川西高原地区库区农户家庭生计环境韧性发展的主要因素，选择障碍度排名前三位的要素作为主要障碍因子。如表5-7统计结果所示，家庭人均固定资产投资值障碍度55.25%，林地覆盖率障碍度29.19%，家庭卫生厕所使用情况障碍度9.02%。表明这三方面因素是阻碍川西高原地区库区生计环境韧性提升的重要因素。

表5-7 农户家庭生计环境韧性要素障碍因子分析

主要障碍因子	障碍度（%）	排序
家庭人均固定资产投资值	55.25	1
林地覆盖率	29.19	2
家庭卫生厕所使用情况	9.02	3

5.5.3 移民户家庭生计环境韧性发展障碍因子分析

（1）维度层面障碍因子分析。进一步分析阻碍川西高原地区库区移民户家庭生计环境韧性发展的障碍因子，结果如表 5-8 所示。经济环境韧性、生态环境韧性、设施环境韧性、社会环境韧性障碍度分别为 54.22%、34.26%、9.33%、1.95%。表明经济环境韧性是阻碍移民户家庭生计环境韧性水平提升的第一障碍因子，生态环境韧性是第二障碍因子，其后是设施环境韧性、社会环境韧性。此处主要障碍因子排序与川西高原地区库区农户家庭生计环境韧性发展的 4 个维度障碍因子分析结果一样，说明重视发展经济环境、生态环境对移民家庭生计环境韧性水平的提升具有正向效应，同样也不能忽视设施环境、社会环境的发展。

表 5-8　移民户家庭生计环境韧性各维度障碍因子分析

主要障碍因子	障碍度（%）	排序
经济环境韧性	54.22	1
生态环境韧性	34.26	2
设施环境韧性	9.33	3
社会环境韧性	1.95	4

（2）要素层面障碍因子分析。为分析阻碍川西高原地区库区移民户家庭生计环境韧性发展的具体要素，从要素层面分析主要障碍因子，结果如表 5-9 所示。家庭非农收入占比的障碍度是 53.25%，是移民户家庭生计环境韧性提升的最主要障碍，林地覆盖率障碍度是 34.21%，是第二障碍因子，家庭卫生厕所使用情况障碍度是 6.91%，是第三障碍因子。这三个因子是影响移民户家庭生计环境韧性提升的最普遍要素，表明提高家庭非农收入占比、林地覆盖率、家庭卫生厕所使用率对提高移民户家庭生计环境韧性水平具有促进积极效应。

表 5-9　移民户家庭生计环境韧性要素障碍因子分析

主要障碍因子	障碍度（%）	排序
家庭非农收入占比	53.25	1
林地覆盖率	34.21	2
家庭卫生厕所使用情况	6.91	3

（3）主要障碍因子的区域差异。为了解制约川西高原地区库区移民户家庭生计环境韧性发展关键要素的区域差异，根据前文障碍度模型，计算

出三个地方的移民户家庭生计环境韧性的指标障碍度，选取障碍度数值排在前两位的障碍指标，详见表 5-10。区域差异特征主要是：第一，制约阿坝州、甘孜州、木里县移民户家庭生计环境韧性提升的第一障碍因子始终是家庭人均固定资产投资值，该指标的障碍度高达 50%以上。可能的原因是三地的移民家庭固定资产投资较少，经济发展较为缓慢。第二，制约阿坝州、甘孜州移民户家庭生计环境韧性水平提升的第二障碍因子都是林地覆盖率，而制约木里县移民户家庭生计环境韧性水平提升的第二障碍因子是家庭卫生厕所使用情况。说明阿坝州和甘孜州的移民户家庭林地覆盖率较低，林地绿化不足，木里县使用卫生厕所的移民户家庭数量较少。

表 5-10　移民户家庭生计环境韧性发展障碍因子区域差异分析

地区	主要障碍因子	障碍度（%）	排序
阿坝州	家庭人均固定资产投资值	54.31	1
	林地覆盖率	40.95	2
甘孜州	家庭人均固定资产投资值	52.74	1
	林地覆盖率	32.70	2
木里县	家庭人均固定资产投资值	59.28	1
	家庭卫生厕所使用情况	27.45	2

5.6　本章小结

本章基于课题组调研数据，构建川西高原地区库区农户家庭生计环境韧性评价体系，运用熵值法和障碍度模型，对川西高原地区库区农户家庭生计环境韧性水平进行实证测度和制约因素研究，得到以下主要结论：

（1）川西高原地区库区农户家庭生计环境韧性水平较低，生计环境比较脆弱，这主要是由库区农户社会环境和经济环境韧性水平较低造成的。测度的库区农户家庭生计环境总体韧性水平均值仅为 0.373 6，经济环境、社会环境、生态环境、设施环境韧性水平分别为 0.043 4、0.067 5、0.093 9、0.168 8，经济环境、社会环境韧性水平分别比设施环境韧性水平低了 12.54%、10.13%。具有较高脆弱性的生计环境影响农户生计可持续发展，需要重视提升生计环境韧性水平，尤其是加强库区农户经济环境韧性等建设。

（2）川西高原地区库区农户家庭生计环境韧性水平情况具有个体差异特征，库区水电移民户家庭生计环境脆弱性比非移民户更高，抵抗风险冲击能力较弱。移民户、非移民户家庭的生计环境总体韧性水平分别为0.349 1、0.383 2，移民户家庭的生计环境韧性水平比非移民户低了3.41%。移民户家庭经济环境韧性和生态环境韧性水平比较低，均比非移民户低，分别低了0.52%、4.12%；但移民户家庭的社会环境韧性、设施环境韧性水平均比非移民户高，分别高了0.45%、0.92%。因此促进库区移民户家庭的经济和生态发展对提升库区移民户家庭生计环境韧性水平具有重要作用。

（3）川西高原地区库区农户家庭生计环境韧性水平具有区域差异特征。一是以库区所有农户家庭为对象分析发现，甘孜州、阿坝州、木里县的农户家庭生计环境总体韧性分别处于最高、第二、最低水平，三地的农户生计环境总韧性水平有差距但是差距不大。经济环境、社会环境、生态环境、设施环境韧性水平最高的地区分别是：木里县、甘孜州、木里县、甘孜州。二是以库区移民户家庭为研究对象分析可得，与木里县相比，阿坝州和甘孜州移民户家庭的生计环境韧性水平较低，生计环境应对风险冲击能力不足。在经济环境、社会环境、生态环境、设施环境韧性方面，韧性水平最高的地区分别是：木里县、阿坝州、木里县、阿坝州。三是以库区非移民户家庭为研究对象分析发现，与甘孜州相比，阿坝州和木里县的非移民户家庭生计环境具有较高的脆弱性。

（4）制约川西高原地区库区农户家庭生计环境韧性提升的第一障碍因素是经济环境韧性，第二障碍因素是生态环境韧性。进一步从要素层面分析障碍因子，发现家庭人均固定资产投资值、林地覆盖率、家庭卫生厕所使用情况这三方面因素是阻碍川西高原地区库区农户家庭生计环境韧性提升的重要因素。以库区移民户家庭为研究对象进行分析，发现阻碍库区水电移民户家庭生计环境韧性发展的主要因素是经济环境韧性维度中的家庭非农收入占比、生态环境韧性维度中的林地覆盖率、设施环境韧性维度中的家庭卫生厕所使用情况。因此本研究认为，应通过加强移民户家庭经济发展，尤其是增加非农收入，尽力保护移民户家庭生态环境，特别是保护林地面积，加大对移民户家庭生活设施的投入等，提升川西高原地区库区水电移民户家庭生计环境韧性水平，降低生计环境脆弱性，增强移民户应对风险冲击的能力。

（5）制约川西高原地区库区移民户家庭生计环境韧性提升的关键因素存在区域差异特征。制约阿坝州、甘孜州、木里县移民户家庭生计环境韧性提升的第一障碍因子均是家庭人均固定资产投资值，而制约三个地区生计环境韧性发展的第二障碍因子有差异，制约阿坝州、甘孜州移民户家庭生计环境韧性水平提升的第二障碍因子都是林地覆盖率，而制约木里县移民户家庭生计环境韧性水平提升的第二障碍因子则是家庭卫生厕所使用情况。阿坝州和甘孜州两地应加强经济发展和生态环境保护，木里县应加强经济发展和设施投入。同时，阿坝州、甘孜州、木里县三地也不能忽略社会发展，对移民户家庭的社会保障情况、社会关系网络、社会文化服务等也要重视。

6 移民搬迁对水电移民家庭生计策略的影响研究

生计策略的选择是农户家庭生计重构和恢复的关键所在，对川西高原地区库区农户生计的可持续发展具有重要影响。农户生计策略包括家庭生产决策和生活决策，也包括与外在自然环境相互作用的具有生态影响的生态类生计策略。水电移民搬迁对于库区农户的生计策略带来的影响，不仅体现在生产方面，也包括生态和生活方面，是全方面的影响。川西高原地区库区农户家庭生计策略调整是有效适应生产、生态和生活环境改变的重要途径，而生产、生态和生活的形式转变也是生计策略调整的客观展示，因此本章对水电移民搬迁对库区移民生产类、生态类和生活类生计策略的影响进行实证分析，以期为水电移民搬迁对库区农户生计策略转型的影响机制考察提供有益参考。

6.1 川西高原地区水电移民生计策略现状分析

生计策略是将自身所拥有的生计资本转化为积极的生计成果的过程，对于提升整体生活质量具有积极的影响（苏芳等，2009）。生计策略主要是指人们对资产的配置和经营活动的选择，以实现最优生计组合为目标。而对于川西高原地区库区农户来说，其生计策略具有明显的地方特色，在进行相关分析时要着重考虑地域及民族等影响因素。从已有研究中可以发现，目前对于生计策略的研究主要集中在农户的实际生产方式的区别上，具体集中在务农、养殖、经商和务工这四大方面（李聪等，2013）。本章对川西高原地区库区农户的生计策略主要从生产类、生活类、生态类三大方面进行研究。

从表 6-1 中可以得知，川西高原地区库区农户生计呈现多元化特征，其中 2020 年家庭经商收入和务工收入分别是 10 754 元和 27 530 元，生计重心有非农化倾向。在非移民中，农户的主要收入来源是务农和务工，整体生计结构有二元化倾向。而在移民户中，农户的收入来源主要是经商和务工，整体收入结构具有单一性。同时通过对移民户和非移民户的生计比较可以得知，移民户的生计策略更加偏向于非农业，务农收入和养殖收入占总体收入的比值较低；而非移民户虽然在一定程度上体现出非农倾向，但是农业收入仍然在家庭总收入中占据近 1/4 的比例。因此，水电移民搬迁对农户生计策略所造成的影响主要集中在非农化方面，从这一点也可以得知，水电移民搬迁减少了农户的传统生计资本——自然资本，使其不得不转变生计策略来维持自身家庭的可持续发展。

表 6-1 川西高原地区库区农户生计策略概况

单位：元

变量	总体	非移民	移民
2020 年家庭务农收入	9 445	10 539	5 041
2020 年家庭养殖收入	3 561	4 148	1 201
2020 年家庭经商收入	10 754	4 615	26 513
2020 年家庭务工收入	27 530	25 207	34 346

为了进一步论证分析结果的稳健性，按照中国社会科学院农村发展所（2002）对农户类型的划分标准，将非农业收入占家庭总收入的比重小于等于 10%的农户分为纯农户，10%～90%为兼业户，大于等于 90%为非农户。具体如表 6-2 所示。

表 6-2 川西高原地区库区农户类型划分依据

农户类型	非农收入占比	类型
纯农户	≤10%	Ⅰ
兼业户	10%～90%	Ⅱ
非农户	≥90%	Ⅲ

从表 6-3 中可以得知，川西高原地区库区农户类型有多元化倾向，且兼业户占据绝对比例。非移民户中农户类型主要为兼业户，但是纯农户占比仍然达到 31.37%，而移民户中农户类型主要为兼业户和非农户，分

别占比59.21%和22.37%。相较于总体样本以及非移民户而言，移民户农户类型更具非农化倾向，这进一步论证了上述生计策略的分析结果，表明移民户的生计选择更多转向非农层面。

表6-3 川西高原地区库区农户类型及占比

类型	总体占比（%）	非移民占比（%）	移民占比（%）
Ⅰ	28.80	31.37	18.42
Ⅱ	56.54	55.88	59.21
Ⅲ	14.66	12.75	22.37

6.2 生产类生计策略：移民搬迁对水电移民家庭就业的影响研究

6.2.1 理论分析与研究假设

农户生计策略的实施依赖于自身的存量资本并受到外部条件约束，而水电移民搬迁对川西高原地区库区农户的生计产生了深远影响，为其带来了机遇与挑战。机遇主要表现为：首先水电移民搬迁通过改善基础设施、集中安置和异地安置等方式增加了农户的公共资源，其次在水电建设过程中所产生的非农就业岗位也在一定程度上维持了农户的可持续生计，而后期的扶持政策包括移民搬迁补贴、基础设施建设、职业培训、金融支持等为农户发展自身生计提供了外部环境支撑。挑战主要表现为：水电移民搬迁属于非自愿性搬迁，在实施过程中不可避免地会改变农户原本的生计资本结构，尤其是对于易地搬迁的农户而言，一方面是原有的生计技能（如耕作、养殖等技能）与新的安置区域不匹配，另一方面则是生计资本受到挤压，新安置区域高质量的耕地、林地以及草地等已被原有的农户所占有，剩余土地资源质量低、规模小等问题严重制约了移民户的生计选择。同时，原有的社会结构被打破，造成社会关系网络的破碎化。而传统的农村社会属于人情社会，农民的自我发展与村庄联系紧密，水电移民搬迁所导致的社会关系问题主要体现为移民户的融入以及非移民户的接纳问题，社会资本的重构对于农户的生计多样性造成了一定的限制。总体而言，水电移民搬迁是一把“双刃剑”，政府的支持和自身潜力被激发在为农户带来资本积累的同时也带来了不利的影响（李聪等，2013），主要表现为自然资本的损失（李聪等，2014），而自然资本的变化是导致农户生计策略转变的主要原因。

在水电移民搬迁后农户的生计重构中，生计策略的选择对于生计的持续性发展具有至关重要的作用（李雪萍等，2020）。根据Chamber和Conway（1992）的定义，生计策略是指家庭根据自身资源禀赋，选择参与不同的生计活动并创造生存所需的收入水平（伍艳，2016）。而已有研究发现，农户生计资本的状况决定了农户的生计策略选择，外部环境改变（如产业扶贫政策改变）也会对农户生计策略产生影响（胡晗等，2018）。而在川西高原地区库区，资本的匮乏会制约农户生计活动的多样化，农户往往无法参与高回报的非农活动（孟越等，2019），这意味着农户不能获得充足的发展机会。而水电移民搬迁的实施为农户获得平等发展提供了外部环境。

基于上述分析，本书提出以下假设：

H1：水电移民搬迁对于川西高原地区库区农户从事农业生产活动的意愿具有显著的负向影响。

H2：水电移民搬迁对于川西高原地区库区农户从事非农生产活动的意愿具有积极的正向影响。

6.2.2 模型设定与变量定义

（1）模型设定。由于被解释变量为连续性变量，因此本章采用OLS模型来研究水电移民搬迁对农户生计策略的影响。具体模型如下：

$$Y_i = \alpha_0 + \beta_0 MG_i + \gamma CONTROLS_i + \varepsilon_i$$

模型中 i 代表农户家庭，Y_i 代表第 i 个家庭的生计策略，本章以问卷中农户家庭劳动力每年从事农业生产超过六个月的人数以及非农就业超过六个月的人数来衡量家庭的生计策略倾向。MG_i 是核心解释变量，为第 i 个家庭的水电移民状况，根据问卷中的题项“您家是否因水电开发而移民搬迁?”进行定义，“是”赋值为1，“否”赋值为0。$CONTROLS_i$ 是控制变量，包括户主个体和家庭两个层面的相关变量，户主个体层面包含户主年龄、民族、受教育程度、健康状况4个变量，家庭层面包含家庭人口特征（家庭总人口数、老年人口数、幼年人口数、社会关系网络）和经济特征（房屋价值、交通条件）共 6 个变量。α、β、γ 为估计参数，ε 为随机扰动项。

(2) 变量定义与描述。从表 6-4 中可以得知，非移民农业就业人数平均为 1.71 人，非农就业人数平均为 1.23 人，就生计结构而言，非移民户仍然以传统的农耕为主。而移民户的农业人数平均为 1.18 人，非农就业人数平均为 1.70 人，从事非农工作的人数远大于从事农业的人数，表明水电移民搬迁是移民户生计策略重构的重要原因。

表 6-4 移民与非移民生计策略差异

变量	非移民		移民	
	均值	标准差	均值	标准差
农业人数	1.71	0.94	1.18	1.30
非农人数	1.23	0.97	1.70	1.42

表 6-5 显示了各变量的定义、赋值与统计特征。就农业人数以及非农人数而言，川西高原地区库区农户生计结构仍然是以农业为主，其中农业人数整体平均为 1.60 人，非农人数平均为 1.33 人。户主个体特征中，民族均值为 0.8，表明移民户大部分为少数民族，而受教育程度以及健康状况与我国整体农民差距不大，仍然呈现出较低的受教育程度和中等偏上的健康状况。

表 6-5 变量说明与描述性统计分析

变量	变量定义及赋值	均值	标准差
农业人数	家庭劳动力每年从事农业生产超过六个月的人数（单位：人）	1.60	1.04
非农人数	家庭劳动力每年非农就业超过六个月的人数（单位：人）	1.33	1.09
水电移民搬迁	是=1；否=0	0.20	0.40
户主年龄	—	40.52	15.47
户主民族	少数民族=1；非少数民族=0	0.80	0.40
户主受教育程度	1=小学以下；2=小学；3=初中/中专；4=高中/职高；5=大学及以上	2.95	1.44
户主健康状况	自我评价身体健康状况：1=很不健康；2=比较不健康；3=一般；4=比较健康；5=很健康	3.74	0.99
家庭总人口	经济和生活与家庭连成一体的总人口数（单位：人）	4.13	1.50

（续）

变量	变量定义及赋值	均值	标准差
老年人口	家庭 64 周岁以上人数（单位：人）	0.55	0.75
幼年人口	家庭 16 周岁以下人数（单位：人）	0.55	0.78
房屋价值	家庭住房市值（单位：元）	11.62	1.68
社会关系网络	可寻求帮助户数（单位：户）	8.08	4.83
交通便利程度	与村主干道距离（单位：公里）	1.59	2.79

6.2.3 实证分析

（1）基准回归结果。考虑到特征变量与核心解释变量之间可能有多重共线性问题，在回归之前进行了多重共线性检验，结果显示方差膨胀因子（VIF）均值小于 5，可以认为模型中不存在严重的多重共线性问题。针对截面数据中存在的异方差问题，在实证中均采用稳健标准误进行估计。

表 6－6 是水电移民搬迁对农户家庭生计决策影响的基准回归结果。采用逐步回归的方式在模型中首先放入了核心解释变量，其次将所有解释变量逐步放入模型。其中（1）、（3）列中只放入核心解释变量水电移民搬迁，（2）、（4）列中加入控制变量。从第（1）列中可以得知，水电移民搬迁对农户家庭农业人数的影响在 1％的水平上显著为负，表明水电移民搬迁每增长一个单位，农业人数就会减少 52.5％，而在第（2）列中加入个体、家庭以及村庄特征后，水电移民搬迁仍然对农业人数具有显著的负向影响，但是影响程度降低了近 20％。在第（3）列中可以发现，水电移民搬迁对农户家庭非农就业人数的影响在 1％的水平上显著为正，表明水电移民搬迁每增长一个单位，非农就业人数就会增加 46.5％，而在第（4）列中加入个体、家庭以及村庄特征后，水电移民搬迁仍然对农户家庭非农就业人数具有显著的正向影响，但是影响程度只降低了 0.5％。总体而言，水电移民搬迁对于农户家庭从事农业的人数具有抑制作用，而对农户家庭非农就业人数具有促进作用，论证了 H1、H2 假设。

就控制变量而言。户主年龄对于农户家庭从事农业人数具有显著的正向影响，表明年龄越大越倾向于传统生计模式，可能的原因是：一方面年龄越大外出获得非农工作的机会越少，另一方面年龄越大对于新事物的接纳程度越低，思想越保守，越具有土地情结。户主受教育程度对农户家庭非农就业人数具有促进作用，可能的原因是受教育程度越高，所拥有的人力资本也就越多，越容易获得劳动报酬更高的非农工作。而家庭特征中，家庭总人数对农业就业人数以及非农就业人数均表现为正向影响，可能是因为农户根据理性人原则对于生计策略做出效用最大化的选择。家庭幼年人口数对农业就业人数具有显著的正向影响，这可能是因为父母为更好地照料儿童而选择在家务农。房屋价值对农业就业人数具有显著的负向影响，可能的原因是高价值的房屋需要更多的收入进行支撑，而农业收入相对非农收入而言较低，无法支撑高额消费与投资。村庄特征中，交通便利程度对于农业就业人数具有积极的正向影响，这与现有研究的发现有差异，可能的原因是水电移民搬迁农户对于生计策略进行多元化选择，交通的便利为农户提供了可行的外部条件，如农闲外出务工，农忙在家务农等。

表 6-6 基准回归

变量	(1) 农业人数	(2) 农业人数	(3) 非农人数	(4) 非农人数
水电移民搬迁	−0.525*** (0.158)	−0.325** (0.162)	0.465*** (0.172)	0.460** (0.212)
户主年龄		0.010** (0.005)		0.002 (0.005)
户主民族		0.204 (0.140)		−0.095 (0.126)
户主受教育程度		0.001 (0.049)		0.204*** (0.059)
户主健康程度		0.052 (0.051)		−0.104 (0.086)
家庭总人口		0.193*** (0.040)		0.079* (0.044)
老年人口		0.114 (0.074)		0.046 (0.089)
幼年人口		0.148* (0.087)		−0.138 (0.092)

（续）

变量	(1) 农业人数	(2) 农业人数	(3) 非农人数	(4) 非农人数
房屋价值		−0.073** (0.037)		0.035 (0.041)
社会关系网络		0.013 (0.011)		0.013 (0.010)
交通便利程度		0.034* (0.018)		−0.018 (0.022)
常数项	1.709*** (0.054)	0.646 (0.552)	1.233*** (0.056)	0.275 (0.730)
R - squared	0.041	0.240	0.029	0.111

注：括号内为标准误，*、**、*** 分别表示在10%、5%和1%水平下显著。

（2）基于互联网使用的异质性探讨。数字经济、数字乡村的不断发展，对农户个体及家庭产生了深远影响。而水电移民搬迁对移民与非移民所带来的机遇也是外部环境的变化，一方面是安置区域基础设施的不断完善，另一方面是信息要素的不断充分。为了进一步探讨数字信息技术在水电移民搬迁背景下对农户家庭生计决策的影响，本章以户主是否使用互联网为基准进行分类回归，结果如表6-7所示。从第（1）列的结果中可以得知，对具有互联网使用经历的农户而言，水电移民搬迁对农业就业人数具有显著的负向影响，而对非农就业人数影响并不显著。而在第（2）列的结果中，对于没有互联网使用经历的农户而言，水电移民搬迁对非农就业人数具有显著的正向影响，而对于农业就业人数影响并不显著。基于上述分析，可以得知互联网使用有利于农户获得更多的信息，对于家庭生计决策的制定与实施具有异质作用，相较于非农就业，其对传统农业就业的影响更加深刻。

表6-7　基于互联网使用的异质性探讨

变量	(1) 有互联网使用		(2) 无互联网使用	
	农业人数	非农人数	农业人数	非农人数
水电移民搬迁	−0.466*** (0.169)	0.178 (0.164)	0.994 (0.644)	2.093** (0.975)
控制变量	控制	控制	控制	控制

（续）

变量	(1) 有互联网使用		(2) 无互联网使用	
	农业人数	非农人数	农业人数	非农人数
常数项	0.721 (0.567)	−0.088 (0.567)	1.622 (2.311)	4.578 (5.529)
R - squared	0.262	0.098	0.330	0.513

(3) 稳健性检验。本章研究使用农业人数和非农就业人数来衡量农户家庭生计策略状况，为了使得本书的研究结果稳健，采用“农业收入”和“非农收入”来衡量农户的农业生计策略倾向，替换原有的核心解释变量；而由于农业人数以及非农就业人数中存在 0 值，因此变更原有回归模型，采用 Tobit 模型进行左归并回归，结果如表 6 - 8 所示。

从表 6 - 8 中（1）～（2）列可以得知，变更回归模型所得结果仍然与基准回归结果一致，水电移民搬迁对于农户家庭从事农业的人数具有抑制作用，而对农户家庭非农就业人数具有促进作用。而在（3）～（4）列中可以发现，水电移民搬迁对于农业收入以及非农收入分别具有显著的负向和正向影响，表明水电移民搬迁对农户生计策略倾向产生了显著的影响。综上所述，本章的结果是稳健可靠的。

表 6 - 8　稳健性检验

变量	(1) 农业人数	(2) 非农人数	(3) 农业收入	(4) 非农收入
水电移民搬迁	−0.534*** (0.162)	0.528*** (0.189)	−12 165.863*** (2 708.642)	15 100.216* (8 522.847)
控制变量	控制	控制	控制	控制
常数项	0.610 (0.630)	−0.428 (0.767)	11 228.257 (14 394.439)	−59 202.092* (33 765.386)
Pseudo R^2	0.090	0.040	—	—
R - squared	—	—	0.068	0.098

6.2.4 研究结论

本书采用 OLS 回归分析了水电移民搬迁对于农户家庭生计策略的影

响。研究结果表明：①水电移民搬迁对于农户家庭从事农业的人数具有显著的负向影响，政策冲击下农户传统生计模式产生改变，生计结构趋向多元化。②水电移民搬迁对于农户家庭非农就业的人数具有显著的正向影响，政策冲击下农户更加倾向于外出务工以及从事个体经营等。③数字信息化背景下，互联网使用有利于农户获得更多的信息，对于家庭生计决策的制定与实施具有异质作用，相较于非农就业，其对传统农业就业的影响更加深刻。

6.3 生态类生计策略：移民搬迁对水电移民家庭低碳用能的影响研究

6.3.1 理论分析与研究假设

从农户个体来看，收入水平会直接影响家庭能源消费决策。已有研究发现，易地搬迁对于农户增收的作用机制主要集中在改善生产生活条件（刘慧等，2013）、提高公共资源的可获得性（李聪等，2013）以及风险转移（宁静等，2018）等方面，农户收入的稳定性增长对于商品能源的消费尤其是清洁能源的消费具有积极的正向影响（李宏庆等，2020）。而移民搬迁对农户家庭最大的影响是外部环境改变即约束条件改变导致的农户生产生活方式的转变（风笑天，2004），打破了农户“靠山吃山、靠水吃水”的传统生计模式。移民户生计资本的脆弱也在一定程度限上制了移民的农业收入，但是良好的基础设施建设以及外出就业机会的增多大幅提升了移民的非农收入，从而使得移民家庭总收入增加。移民户收入来源的多样化对家庭的能源消费决策也产生了较大的冲击，具体表现为非农收入的增加在一定程度上挤占了农业收入的份额，进而限制了传统能源（秸秆、薪柴等）的产生及使用，使得农户的能源消费转向商品能源（电力、天然气等）。由此可见，水电移民搬迁导致自给能源约束条件加强而家庭消费约束放宽，从而改变家庭能源消费决策。基于此，本书提出如下假设：

H3：移民搬迁通过增加农户非农收入提升清洁能源消费。

H4：移民搬迁通过减少农户农业经营活动来抑制传统能源消费。

农户对能源消费的选择与偏好取决于其对能源本身的认知程度。农户的信息素养主要指农户对于信息获取与接收的程度，具体分为数字信息素养与传统信息素养。从信息生态理论三要素（信息、信息人、信息环境）出发，本章中信息的获取以及接收对应信息和信息人两个要素，而信息环境主要为移民后安置区的信息流通状况。数字信息素养是指农户通过移动互联网等数字媒介进行信息获取和接收的能力。对于经常使用互联网等智能信息技术获取信息的农户来说，浏览和观看使用传统能源（如秸秆等）对农业生态环境系统产生的影响的图片、视频以及相关宣传（姜维军等，2021），可以使农户更加直观地认知到使用传统能源对生态环境的破坏，同时也可以使农户清晰地了解使用清洁能源可以有效降低碳排放、缓解温室效应和优化农业生态系统，有利于提高作物产量。因此，提升农户的数字信息素养有利于提升农户对于能源与环境两者关系的认知水平，从而减少对传统能源的使用而加强对清洁能源的使用。传统信息素养是指农户通过电话、短信等常规通信技术获取信息的能力。信息生态理论三要素局限于个体的社会网络之中，侧面反映了个体的社会资本对于自身决策的影响，具体的作用机制是群体作用的示范效应。而已有研究发现，社会资本越高、社会网络越深厚，新能源消费比例就越高（秦青等，2017）。水电移民搬迁后，移民安置区外部环境较好、交通便利，为移民提供了较为充分的信息环境。以互联网为基础的数字信息技术的发展以及相关通信基础设施的建设为提升安置区移民的数字信息素养提供了充分的条件。而移民户为了融入新的社会环境、构建全新的社会网络，会通过改变自身的行为决策来获得新的“村庄认同”，具体在农户能源消费决策上则表现为使用清洁能源的跟随效应。基于此，本书提出如下假设：

H5：移民搬迁通过提升数字信息素养来提升清洁能源消费、降低传统能源消费。

H6：移民搬迁通过提升传统信息素养来提升清洁能源消费。

6.3.2 模型设定与变量定义

（1）模型设定。在本研究中，农户对于生活能源消费的选择并不相同，导致样本中农村能源消费呈现出部分为 0 的断尾数据情况。如果使用 OLS 进行分析，会导致估计量的偏误，不能准确衡量水电移民搬迁对农户能源消费结构的影响，而 Tobit 模型可以有效估计这种断尾数据。因此，本章使用 Tobit 模型研究移民搬迁对传统能源消费和清洁能源消费的影响，而由于能源总消费为连续性数据且不存在 0 值，故使用 OLS 进行分析研究。具体模型表达式如下：

$$Y_i^* = \alpha + \beta_0 T_r + \beta_i X_i + \varepsilon_i \tag{6-1}$$

$$Y_i = \begin{cases} Y_i^*, & Y_i^* > 0 \\ 0, & Y_i^* \leqslant 0 \end{cases} \tag{6-2}$$

式（6－1）中，Y_i^* 代表农户能源总消费、传统能源消费以及清洁能源消费，T_r 代表环境突变即水电移民搬迁，α 为常数项，β 为待估系数，X_i 则代表个体、家庭和村庄的控制变量，ε_i 为随机误差项。

（2）变量选择与描述。因变量为农户家庭生活能源总消费以及清洁能源消费和传统能源消费。本书采用农户清洁能源消费占家庭生活能源总消费的比例来衡量农户家庭清洁能源消费状况；采用农户传统能源消费占家庭生活能源总消费的比例来衡量农户家庭传统能源消费状况。其中清洁能源主要指电力、天然气、液化气等商品能源，传统能源主要指薪柴、木材以及牛粪等生物质能源。

自变量为水电移民搬迁，根据问卷的问题“是否水电移民搬迁?”进行定义，回答是则赋值为 1，否则为 0。

借鉴何威风、秦青、王萍等（何威风等，2014；秦青等，2017；王萍等，2020）的研究基础，选取个体特征、家庭人口经济特征以及村庄环境特征等 3 类共 15 个控制变量。其中，个体特征包括年龄、年龄平方、性别、受教育水平、政治身份（党员）以及健康状况；家庭人口经济特征包括家庭人口（常住人口）规模、家庭老年人口规模、家庭周期、家庭的社会关系网络（人情参与）、年工资性收入以及年农业收入；村庄环境特征包括道路状况以及交通状况。

模型涉及的所有变量说明与描述性统计如表 6－9 所示。由表可以得知，川西高原地区库区农户家庭清洁能源消费占比大于传统能源消费占比，表明川西高原地区库区农户能源消费以清洁能源为主。样本中川西高原地区库区农户的务工年收入高于农业年收入，说明川西高原地区库区农户的生计方式从单一化走向多元化。

表 6-9　变量定义与描述性统计

变量	变量定义及赋值	均值	标准差
能源总消费	单位：元	222.40	328.77
传统能源消费占比	—	0.18	0.29
清洁能源消费占比	—	0.83	0.31
水电移民搬迁	否＝0；是＝1	0.20	0.40
年龄	受访者的年龄（单位：岁）	40.52	15.47
年龄平方	受访者年龄平方/100	18.31	13.11
性别	男＝1；女＝0	0.52	0.50
受教育水平	受访者的受教育水平：小学以下＝1；小学＝2；初中＝3；高中＝4；大学及以上＝5	2.95	1.44
党员	是＝1；否＝0	0.35	0.48
健康状况	自我评述：很不健康＝1；比较不健康＝2；一般＝3；比较健康＝4；很健康＝5	3.74	0.99
家庭人口规模	经济和生活与本户连成一体的人口规模（单位：人）	4.13	1.50
家庭老年人口规模	64 周岁及以上老人数量（单位：人）	0.55	0.75
家庭周期	家庭人员结构：1＝单身或夫妇二人；2＝夫妇与一个孩子；3＝夫妇与两个孩子；4＝夫妇与三个及以上孩子；5＝单亲与孩子；6＝三代同堂	3.95	1.73
人情参与	一年参加红白喜事的次数（单位：次）	15.05	19.57
年工资性收入	单位：元	27 297.63	43 161.56
年农业收入	单位：元	20 858.17	59 774.25
政府补助	单位：元	2 616.31	8 020.89
道路状况	入户路是否硬化：是＝1；否＝0	0.88	0.33
交通状况	到最近的金融机构距离（公里）取对数	2.11	1.36

6.3.3　实证分析

（1）基准回归结果。本书使用 OLS 模型对能源总消费进行回归分析，对传统能源消费与清洁能源消费使用 Tobit 模型进行回归估计。表 6-10 中（1）～（3）列分别是以水电移民搬迁为核心解释变量同时加入个体特征、家庭特征以及村级特征进行回归所得到的回归结果。

从表 6-10 第（1）列的回归结果中可以看出，水电移民搬迁对能源总消费的影响是显著为正的，水电移民搬迁所导致的外生环境的改变使得家庭的整体能源负担加重，相较于搬迁之前家庭的能源消费金额增加了近37.6%，主要原因为：搬迁过后农户具备更好的物质基础和条件提高自身的生活质量，例如增添家用电器等。观察第（2）列的回归结果可以得知，水电移民搬迁对传统能源消费具有显著的负向影响，水电移民搬迁后农户对于传统能源的消费大幅下降，主要是受到传统能源获得渠道的狭窄化、不便化以及村庄集体能源消费模式同化的影响。而第（3）列的回归结果则显示，水电移民搬迁对清洁能源消费具有显著的正向影响，表明在水电移民搬迁后农户增加了对清洁能源的消费，水电移民搬迁后的地区能源基础设施完善，清洁能源获得便利性大幅提升，为提高农户清洁能源消费提供了外部支持。

综上所述，水电移民搬迁导致农户自身能源负担加重，同时大幅度减少了农户的传统能源消费而提升了清洁能源消费，在一定程度上改善了农户的能源消费结构，提升了川西高原地区库区绿色能源消费的主体地位，对该地区的生态环境建设具有积极的影响。

从控制变量来看，个体特征中户主年龄增长能显著提升清洁能源消费，年龄平方与传统能源消费以及清洁能源消费之间呈现出倒“U”形关系。户主的受教育水平对于能源总消费和清洁能源消费具有显著的正向影响，表明受教育水平越高，增加能源总消费和清洁能源消费的可能性就越大。户主为党员的家庭对于能源总消费和传统能源消费具有显著的正向影响，表明政治身份的转变对农户家庭能源消费具有潜在影响。户主健康状况对能源总消费具有显著的正向影响，表明健康程度越高，对能源消费需求就越多。家庭特征中家庭人口规模与家庭老年人口规模对传统能源消费以及清洁能源消费具有显著的相反影响，其中老年人口占比较多对于清洁能源消费呈现出显著的负向影响。家庭周期对于传统能源消费具有负向影响，进一步论证了家庭人口规模越大越会减少传统能源消费。人情参与则对能源总消费具有显著的负向影响，表明社会关系网络越发达，越有利于降低农户家庭的能源负担。年工资性收入、年农业收入以及政府补助则对能源总消费具有显著的正向影响，表明随着农户家庭收入的上升，对于能源消费的需求也会大量增加。村级特征中道路状况对于能源总消费具有显著的正向影响，表明道路状况越好，农户越会增加对能源的总消费。而交通状况则对传统能源消费和清洁能源消费产生了显著的正向和负向影响，交通状况变好，反而会增加对传统能源的消费而减少对清洁能源的消费。

表 6-10　基准回归

变量	(1) OLS 能源总消费	(2) Tobit 传统能源消费	(3) Tobit 清洁能源消费
水电移民搬迁	0.376* (0.194)	−0.492*** (0.128)	0.073* (0.042)
年龄	0.007 (0.028)	0.016 (0.014)	0.016*** (0.005)
年龄平方	−0.006 (0.033)	−0.027* (0.016)	−0.010* (0.006)
性别	0.081 (0.183)	0.055 (0.086)	0.015 (0.033)
受教育水平	0.194** (0.097)	0.046 (0.043)	0.053*** (0.017)
党员	0.466*** (0.177)	0.241*** (0.085)	−0.033 (0.034)
健康状况	0.326*** (0.094)	0.013 (0.046)	0.017 (0.018)
家庭人口规模	−0.067 (0.079)	−0.071* (0.038)	0.045*** (0.015)
家庭老年人口规模	−0.053 (0.169)	0.257*** (0.069)	−0.051* (0.027)
家庭周期	0.025 (0.071)	−0.059* (0.033)	0.003 (0.012)
人情参与	−0.014*** (0.005)	0.000 (0.002)	0.000 (0.001)
年工资性收入	0.000*** (0.000)	−0.000 (0.000)	−0.000 (0.000)
年农业收入	0.000*** (0.000)	0.000 (0.000)	0.000 (0.000)
政府补助	0.000*** (0.000)	0.000** (0.000)	−0.000 (0.000)
道路状况	0.760** (0.339)	0.195 (0.155)	0.046 (0.058)

（续）

变量	(1) OLS 能源总消费	(2) Tobit 传统能源消费	(3) Tobit 清洁能源消费
交通状况	−0.095 (0.070)	0.124*** (0.037)	−0.069*** (0.014)
常数项	1.905** (0.945)	−0.666 (0.471)	0.070 (0.186)

注：*、**、*** 分别表示在10%、5%、1%水平上显著，括号内为标准误。

（2）稳健性检验。从前述分析中可以发现，水电移民搬迁有利于农户提升清洁能源消费，同时也会削弱农户的传统能源消费倾向。但是由于遗漏变量以及反向因果等可能造成分析结果的不稳定，在探究内生性问题时，本书引入 Ivtobit 进行内生性检验，选择移民后离原住地的距离作为工具变量，一方面搬迁距离与水电移民搬迁具有相关性，另一方面搬迁距离并未直接影响农户的能源消费决策。实证结果显示，第一阶段的 F 值大于 10%偏误下的临界值 16.38（Andrews et al.，2007），说明工具变量不存在弱工具变量问题，但在第二阶段的回归中 Wald 外生性检验接受了水电移民搬迁不存在内生性的原假设，这表明水电移民搬迁对传统能源消费与清洁能源消费不存在反向因果关系。因此，本书为解决因遗漏变量而导致的内生问题，使用替代变量法，将搬迁距离作为替代变量进行回归分析。稳健性检验结果如表 6－11 所示，搬迁距离对于传统能源消费和清洁能源消费的影响与基准回归结果保持一致，说明水电移民搬迁对于能源消费的确是存在影响的。

表 6－11　稳健性检验：替代变量法

变量	(1) 模型 1 传统能源消费	(2) 模型 2 清洁能源消费
搬迁距离	−0.022** (0.009)	0.004** (0.002)
控制变量	Y	Y
常数项	−0.654 (0.477)	0.709 (0.186)

上述回归中，本研究将传统能源消费和清洁能源消费视为两个方程，但是这两个决策并非独立的，且两个方程的扰动项存在密切关联。因此，本书使用似不相关回归（SUR）进行更进一步的论证。表 6－12 的结果显示，水电移民搬迁仍然在 1%和 10%的水平上负向影响传统能源消费、在 10%的水平上正向影响清洁能源消费，再次验证了基准回归结果是稳健的。

表 6－12 SUR 稳健性检验

变量	传统能源消费	清洁能源消费
水电移民搬迁	−0.151*** (0.039)	0.075* (0.040)
控制变量	Y	Y
R－squared	0.186	0.206

（3）异质性分析。为了进一步探讨在不同的个体和家庭的背景下，水电移民搬迁对农户能源消费结构的影响。本书从年龄、收入、外出务工 3 个层面对水电移民搬迁与能源消费的关系展开异质性研究。

从前述基准回归分析中可以发现，不论是个体年龄还是家庭整体的年龄状况对于传统能源消费和清洁能源消费都存在显著的影响，而已有研究也揭示了不同年龄人群的消费方式因约束条件和消费习惯的不同而不一样（李文星等，2008）。为了探究年龄对家庭能源消费决策的具体作用机制，根据样本年龄分布状况，并借鉴钱龙（缪书超等，2020）的做法，本书对被访者年龄以 45 岁为分界线，将大于 45 岁的家庭定义为老年家庭、小于 45 岁的家庭定义为中青年家庭。表 6－13 显示了基于年龄的异质性分析结果，从模型 1（中青年家庭）和模型 2（老年家庭）中可以看出，就中青年家庭而言，水电移民搬迁对于传统能源消费产生了显著的负向影响，而对于老年家庭的影响并不显著，表明中青年家庭水电移民搬迁对于传统能源消费产生了较大的抑制作用。从模型 3（中青年家庭）和模型 4（老年家庭）中可以发现，中青年家庭和老年家庭水电移民搬迁对清洁能源消费并没有产生显著的影响。综上所述，在中青年家庭中，水电移民搬迁抑制了传统能源消费，而在老年家庭中，水电移民搬迁则对传统能源消费与清洁能源消费没有明显的影响。

表 6-13　基于年龄的异质性分析

变量	(1) 模型 1	(2) 模型 2	(3) 模型 3	(4) 模型 4
	传统能源消费		清洁能源消费	
水电移民搬迁	−0.592*** (0.161)	−0.299 (0.218)	0.091 (0.056)	0.035 (0.067)
控制变量	Y	Y	Y	Y
Constant	−1.320* (0.744)	5.760** (0.636)	−0.325 (0.300)	−0.645 (0.833)

本章将总样本中家庭总收入按照低、中、高三个层级进行划分，探讨在不同的收入层级下，川西高原地区库区农户如何做出能源消费决策。从表 6-14 的前 3 列回归结果中可以发现，不论是低收入家庭、中等收入家庭还是高收入家庭，水电移民搬迁对于传统能源消费都具有显著的负向影响，其中中高收入家庭传统能源消费受到抑制的可能性相较于低收入家庭而言更高，表明收入提升有利于削弱农户对传统能源消费的依赖。表 6-14 的后 3 列回归结果显示，低收入家庭中移民搬迁对于清洁能源消费的影响并不显著，可能的原因是消费清洁能源对于低收入家庭仍然形成较大的经济负担。而就中高收入家庭而言，水电移民搬迁的清洁能源消费具有明显的提升作用，表明收入提升有利于加强农户的清洁能源消费。综上所述，收入的提升是有利于移民区农户的能源消费结构优化的。政府需要持续关注低收入家庭的状况，使用消费补贴等相关激励措施来提升低收入农户清洁能源消费。

表 6-14　基于收入等级的异质性分析

变量	(1) 模型 1 低收入	(2) 模型 2 中等收入	(3) 模型 3 高收入	(4) 模型 4 低收入	(5) 模型 5 中等收入	(6) 模型 6 高收入
	传统能源消费			清洁能源消费		
水电移民搬迁	−0.379* (0.206)	−0.517*** (0.185)	−1.050*** (0.344)	0.069 (0.075)	0.129* (0.066)	0.135* (0.069)
控制变量	Y	Y	Y	Y	Y	Y
常数项	−1.311* (0.685)	0.149 (0.822)	−0.125 (1.146)	0.295 (0.292)	−0.342 (0.337)	0.029 (0.451)

已有研究发现，进城务工对于农民的消费能力、消费水平、消费结构以及消费观念产生了较大的影响（刘程，邓蕾，黄春桥，2004）。根据已有研究可知，外出就业对于农户自身能源消费决策是具有影响的。本章将农户家庭外出就业人数进行 0－1 变量划分，大于 0 人赋值为 1，否则为 0，从样本统计中可以得知，外出就业人数占 79%，表明外出就业是农户生计决策的重要影响因素。表 6－15 前 2 列的回归结果显示，水电移民搬迁对具有外出就业人员的家庭传统能源消费具有显著的抑制作用，而对于没有外出就业人员的家庭传统能源消费则没有显著的影响。表 6－15 的后 2 列回归结果则显示，水电移民搬迁对具有外出就业人员的家庭清洁能源消费具有显著的提升作用，而对于没有外出就业人员的家庭清洁能源消费没有显著的影响。总体而言，移民区中农户家庭外出就业对于优化能源消费结构具有显著的积极作用。

表 6－15 基于外出就业的异质性分析

变量	(1) 未外出就业	(2) 外出就业	(3) 未外出就业	(4) 外出就业
	传统能源消费		清洁能源消费	
水电移民搬迁	−0.408 (0.274)	−0.489*** (0.137)	0.088 (0.083)	0.080* (0.048)
控制变量	Y	Y	Y	Y
常数项	−0.299 (1.456)	−1.223** (0.542)	0.748 (0.478)	0.077 (0.204)

（4）影响机制分析。 水电移民搬迁对于收入的影响如表 6－16 中（1）～（2）列所示。结果显示，移民搬迁对于非农收入具有显著的正向影响，即表明水电移民搬迁对于农户来说提升了非农收入。而移民搬迁对农业收入具有显著的负向影响，表明水电移民搬迁降低了农户的农业收入，减少了农户农业经营活动。第（3）～（4）列结果显示，非农收入对农户传统能源消费和清洁能源消费没有显著影响，H3 假设论证失败。同时，第（5）列结果进一步论证了，农业收入与传统能源消费具有显著的正向关系，表明农业收入的增加会促进农户对传统能源消费的增加，而上述分析表明水电移民搬迁会导致农户农业收入降低，因此可以认为水电移民搬迁能够通

过降低农业收入来抑制传统能源消费、优化农村能源消费结构，从而验证了 H4 假设。

表 6－16　机制检验

变量	(1) 非农收入	(2) 农业收入	(3) 传统能源消费	(4) 清洁能源消费	(5) 传统能源消费	(6) 清洁能源消费
水电移民搬迁	0.911* (0.542)	−3.354*** (0.628)	— —	— —	— —	— —
非农收入	— —	— —	0.011 (0.014)	−0.002 (0.005)	— —	— —
农业收入	— —	— —	— —	— —	0.056*** (0.013)	0.002 (0.004)
控制变量	Y	Y	Y	Y	Y	Y
常数项	−1.110 (2.272)	3.024 (2.299)	−0.705 (0.484)	0.085 (0.187)	−0.715 (0.474)	0.085 (0.187)
R－squared	0.097	0.154	—	—	—	—

水电移民搬迁对于农户自身的最大影响即外部环境的转变，尤其是对于从闭塞地区转移到相对开放地区的农户来讲，信息要素由稀缺转向丰富，信息获取变得多样化以及便利化，对农户家庭决策产生巨大的冲击。信息环境的改变在一定程度上缓解了农户信息不对称的现状。

为了识别数字信息素养如何对水电移民搬迁农户能源消费结构产生影响，本章在基准回归模型的基础上，加入水电移民搬迁与互联网使用的交叉项，结果如表 6－17 所示。水电移民搬迁与互联网使用的交叉项通过了显著性检验，具体为抑制了传统能源消费，提升了清洁能源消费，表明农村能源消费结构得到优化。这意味着数字信息素养提升可以改善能源消费结构，从而验证了 H5 假设。

表 6－17　数字信息素养对能源消费的调节效应

变量	(1) 传统能源消费	(2) 清洁能源消费
水电移民搬迁	−0.113 (0.281)	−0.153 (0.120)

（续）

变量	(1) 传统能源消费	(2) 清洁能源消费
互联网使用	−0.078 (0.168)	−0.099 (0.069)
水电移民搬迁×互联网使用	−0.541* (0.324)	0.256** (0.129)
控制变量	*Y*	*Y*
常数项	−0.605 (0.488)	0.143 (0.192)

本章使用农户个体的通信费用作为传统信息素养的体现。已有文献以通信费用来衡量家庭社会资本情况，并研究其对家庭能源消费决策的影响。为了进一步验证传统信息素养对能源消费结构的影响，本书将水电移民搬迁与通信费用的交互项引入基准模型之中。从表 6－18 中可以得知，交互项对于传统能源消费的影响并不显著，而对于清洁能源消费的影响则在 10%的水平上显著，由此可以得知，传统信息素养在能源消费结构改变中发生了一定作用，传统信息素养越高，家庭社会网络越深厚，在同群效应的影响下农户越倾向于增加对清洁能源的消费。因此验证了 H6 假设。

表 6－18　传统信息素养对能源消费的交互影响

变量	(1) 传统能源消费	(2) 清洁能源消费
水电移民搬迁	0.772 (0.885)	−0.546 (0.336)
通信费用	−0.046 (0.057)	−0.046** (0.022)
移民搬迁×通信费用	−0.183 (0.128)	0.086* (0.047)
常数项	−0.346 (0.567)	0.305 (0.224)
控制变量	*Y*	*Y*

6.3.4 研究结论

本节从水电移民搬迁导致农户外部环境突变的研究视角，对川西高原地区库区农户能源消费结构进行了分析探讨。采用 OLS 和 Tobit 模型实证分析了水电移民搬迁对农户能源消费结构的影响，得到以下几点结论：①水电移民搬迁所导致的外部环境改变，显著增加了农户的能源消费负担。②将能源消费结构进行细分，发现水电移民搬迁显著减少了农户家庭传统能源消费以及促进了农户家庭清洁能源消费。③异质性分析显示，②中所述效应因农户个体以及家庭年龄结构、收入水平和家庭成员外出务工状况的不同而异。④影响机制研究发现，水电移民搬迁通过降低农业收入来减少农户的传统能源消费；同时，水电移民搬迁可以通过信息素养渠道对农户能源消费产生显著影响，这种影响因数字、传统信息的使用不同而异。

6.4 生活类生计策略：移民搬迁对水电移民家庭食物消费的影响研究

6.4.1 理论分析与研究假设

农户作为生产消费的主体，符合“理性人”假设原则，即追求自身利益最大化。而在利益最大化的现实情景下，消费也要考虑效用最大化（刘鹏举等，2020）。消费经济理论中明确指出，收入的持续性增长是促进消费增长的源泉所在，且这种影响效应呈现出递减趋势（李晓楠等，2013）。已有研究从经济和个体两方面考虑居民消费结构，经济方面对消费的影响主要集中在供给水平、经济发展水平和社会发展水平以及农户家庭的收入和支出状况（姜会明，2013），个体方面对消费的影响则主要聚焦于教育、性别、年龄等因素（贾天宇等，2020）。也有研究从外出务工（余颖雅等，2018）、互联网使用（张永丽等，2019）、新冠疫情冲击（周莹等，2022）以及老龄化（李辉尚等，2020）等视角探讨其对城乡居民生活消费的影响。上述研究主要对农户家庭（食物）消费的影响因素进行了分析，而生计环境改变冲击对于个体家庭的（食物）消费的影响尚不明晰。水电移民搬迁所导致的生计资本变迁，尤其是自然资本的萎缩，使得农户传统的消费特征发生改变，农户家庭粮食消费、肉食消费以及蔬菜水果等消费都受到巨大的冲击，具体表现为耕地减少、牲畜养殖规模的缩减以及经济作物减产。农户生计策略的非农转化使家庭食物消费负担加重，同时对于家庭食物消费类型的转变具有更深层次的影响。因此，基于移民搬迁导致的外部环境变化冲击对农户家庭食物消费的持续性影响，本书提出以下假设：

H7：水电移民搬迁导致农户家庭食物消费增加，家庭食物支出负担加重。

H8：水电移民搬迁导致家庭粮食消费支出增加。

H9：水电移民搬迁导致家庭肉食消费增加。

H10：水电移民搬迁导致家庭蔬菜水果消费增加。

6.4.2 模型设定与变量定义

（1）模型设定。在本研究中，农户对于家庭食物消费的选择并不相同，导致样本中出现不同类型的食物消费为 0 的断尾数据情况。如果使用 OLS 进行分析，会导致估计量的偏误，不能准确衡量移民冲击对于农户家庭食物消费的影响，而 Tobit 模型可以有效估计这种断尾数据。因此，本书使用 Tobit 模型研究水电移民搬迁对农户家庭食物消费的影响，而由于家庭食物总消费为连续性数据，故使用 OLS 进行分析研究。具体模型表达式如下：

$$Y_i^* = \alpha + \beta_0 T_r + \beta_i X_i + \varepsilon_i \tag{6-3}$$

$$Y_i = \begin{cases} Y_i^*, & Y_i^* > 0 \\ 0, & Y_i^* \leqslant 0 \end{cases} \tag{6-4}$$

式（6-3）中，Y_i^* 代表农户家庭食物总消费、粮食消费、肉类消费以及蔬菜水果消费，T_r 代表环境突变即移民搬迁，α 为常数项，β 为待估系数，X_i 则代表个体、家庭和村庄的控制变量，ε_i 为随机误差项。

（2）变量选择与描述。因变量为农户家庭食物总消费、粮食消费、肉类消费以及蔬菜水果消费。已有对于家庭食物消费影响因素的研究中，核心自变量为除油盐之外的八类食物（谷薯类、蔬菜类、水果类、水产类、肉类、蛋类、大豆坚果类以及奶类）（贾天宇等，2020），而受限于数据结构的差异以及地域特征等，按照八类食物特征进行综合合并，以粮食消费（谷薯类、大豆坚果类）、肉食消费（水产类、肉类、蛋类以及奶类）和蔬菜水果消费（蔬菜类、水果类）作为本书的研究主体。

自变量为水电移民搬迁，根据问卷的问题“是否水电移民搬迁?”进行定义，回答是则赋值为 1，否则为 0。

控制变量。借鉴贾天宇、江金启以及刘鹏举等（贾天宇等，2020；江金启等，2018；刘鹏举等，2020）的研究，选取个体、家庭、村庄三类控制变量。

模型涉及的所有变量说明与描述性统计如表 6－19 所示。可以得知农户食物消费中粮食消费和肉类消费占据大部分比例，农户家庭食物消费结构呈现出多元化趋势。样本中农户的务工年收入高于农业年收入，说明农户的生计方式从单一化走向多元化。

表 6－19　变量定义与描述性统计

变量	变量定义及赋值	均值	标准差
家庭食物总消费	单位：元	1 103	2 824
粮食消费	单位：元	319.7	411.3
肉食消费	单位：元	306.0	399.1
蔬菜水果消费	单位：元	223.3	322.8
水电移民搬迁	否＝0；是＝1	0.20	0.40
年龄	受访者的年龄（单位：岁）	40.52	15.47
性别	男＝1；女＝0	0.52	0.50
受教育水平	受访者的受教育水平：小学以下＝1；小学＝2；初中＝3；高中＝4；大学及以上＝5	2.95	1.44
党员	是＝1；否＝0	0.35	0.48
健康状况	自我评述：很不健康＝1；比较不健康＝2；一般＝3；比较健康＝4；很健康＝5	3.74	0.99
家庭人口规模	经济和生活与本户连成一体的人口（单位：人）	4.13	1.50
家庭老年人口规模	64 周岁及以上老人数量（单位：人）	0.55	0.75
家庭周期	家庭人员结构（同表 6－9）	3.95	1.73
人情参与	一年参加红白喜事的次数（单位：次）	15.05	19.57
年工资性收入	单位：元	27 297	43 161
年农业收入	单位：元	20 858	59 774
政府补助	单位：元	2 616	8 020
道路状况	入户路是否硬化：是＝1；否＝0	0.88	0.33
交通状况	到最近的金融机构距离（单位：公里）	19.84	32.14

6.4.3 实证分析

(1) 基准回归结果。考虑到特征变量与核心解释变量之间可能有多重共线性问题，在回归之前进行了多重共线性检验，结果显示方差膨胀因子（VIF）均值小于5，可以认为模型中不存在严重的多重共线性问题。针对截面数据中存在的异方差问题，在实证中均采用稳健标准误进行估计。

本节使用OLS模型对家庭食物总消费进行回归分析，对粮食消费、肉食消费以及蔬菜水果消费使用Tobit模型进行回归估计。表6-20中（1）～（4）列分别是加入个体特征、家庭特征以及村级特征变量时，水电移民搬迁对家庭食物总消费、粮食消费、肉食消费、蔬菜水果消费的回归结果。

从表6-20中第（1）列的回归结果中可以得知，水电移民搬迁对农户家庭食物总消费的影响在5%的水平上显著为正，相较于搬迁之前农户家庭食物总消费增加了约551元，较大地加重了农户的生活负担，论证了H7假设。观察第（2）列可以得知，水电移民搬迁对于农户家庭粮食消费的影响并不显著，可能的原因是粮食的市场价格处于相对稳定状况，不论是自种粮食还是外购粮食，成本相当，证伪了H8假设。而从（3）～（4）列的结果可以得知，水电移民搬迁在5%和1%的水平上显著增加了农户对于肉食和蔬菜水果的消费，这可能是因为牲畜养殖规模以及经济作物种植规模缩减导致自给不足，农户不得不转向外购来满足家庭的日常所需，因此证实了H9、H10假设。总体而言，水电移民搬迁增加了农户家庭食物总消费，主要是增加了肉食以及蔬菜水果的消费，而对于粮食的消费并无显著影响。

从控制变量来看。在个体特征中，户主年龄对于家庭食物总消费以及蔬菜水果消费具有显著的负向影响，可能的原因是年龄越大身体机能越差，对于食物的需求亦有所下降，且由于蔬菜水果的市场价格较高，对老年农户形成较高的消费门槛。户主受教育水平对于肉食消费具有显著的正向影响，表明农户户主受教育水平越高，越会增加对于肉制品的消费，可能的原因是户主受教育水平越高，家庭收入越高，具有一定的物质条件进行较高价值的食物消费。在家庭特征中，家庭人口规模越大，越会增加对于肉类的消费，这可能是因为家庭人口越多，成员选择外出务工的可能性就越大，使得家庭收入增加，进而推动肉食消费增加。工资性收入以及农业收入对于家庭食物总消费以及肉食消费和蔬菜水果消费具有显著的正向影响，表明收入越高越会推动家庭食物消费结构的多元化。而政府补助对于肉食消费具有显著的正向影响，表明农户的肉食消费更容易受到外部因素的影响。在村庄特征中，道路状况以及交通状况对于各类食物消费整体上呈现出负向影响，表明村庄条件越好，农户食物消费的支出越小，可能的原因是川西高原地区农户居住分散，受交通状况、道路状况的影响，基础设施条件较好的村庄食物成本较低。

表 6-20　基准回归结果

变量	(1) OLS 家庭食物总消费	(2) Tobit 粮食消费	(3) Tobit 肉食消费	(4) Tobit 蔬菜水果消费
水电移民搬迁	551.264** (226.452)	68.551 (41.949)	100.381** (49.390)	102.090*** (31.728)
年龄	−20.662*** (6.045)	−1.886 (1.536)	−0.793 (1.834)	−3.883*** (1.168)
性别	−137.287 (110.231)	5.235 (32.286)	4.525 (38.638)	14.777 (24.562)
受教育水平	5.664 (70.103)	18.703 (16.166)	34.645* (19.259)	1.389 (12.277)
党员	101.165 (131.692)	13.138 (33.927)	120.245*** (40.178)	11.401 (25.721)
健康状况	−119.819 (77.641)	−0.246 (18.755)	23.303 (22.282)	−21.431 (14.261)
家庭人口规模	10.487 (51.956)	4.396 (14.341)	32.053* (17.141)	12.657 (10.868)
家庭老年人口规模	45.746 (62.505)	36.483 (24.507)	17.015 (29.384)	−9.694 (18.784)
家庭周期	−40.429 (39.516)	−0.681 (11.885)	−39.146*** (14.386)	−8.004 (9.058)
人情参与	−7.452* (4.390)	−2.103** (0.885)	−2.771*** (1.047)	−2.498*** (0.672)
年工资性收入	0.002* (0.001)	0.000 (0.000)	0.001*** (0.000)	0.001*** (0.000)

（续）

变量	(1) OLS 家庭食物总消费	(2) Tobit 粮食消费	(3) Tobit 肉食消费	(4) Tobit 蔬菜水果消费
年农业收入	0.006*** (0.002)	0.001*** (0.000)	0.001** (0.000)	0.004*** (0.000)
政府补助	−0.001 (0.006)	0.001 (0.002)	0.006** (0.002)	0.002 (0.002)
道路状况	−609.828*** (218.086)	−2.087 (51.096)	98.423 (64.343)	−68.399* (39.299)
交通状况	−3.499*** (1.335)	−0.984* (0.564)	−1.616** (0.665)	−1.235*** (0.427)
常数项	2 784.549*** (673.540)	276.018* (153.535)	−14.241 (184.498)	417.488*** (115.937)
R - squared	0.198			

（2）稳健性检验。农户家庭食物消费支出数额较大，直接进行回归分析可能会造成结果的不稳健。为了使得结果可靠，将家庭食物总消费、粮食消费、肉食消费以及蔬菜水果消费进行对数化处理再使用回归模型进行检验。具体回归结果如表 6 - 21 所示。与基准回归结果相比，家庭食物总消费、肉食消费以及蔬菜水果消费的显著程度均有所增加，达到在 1%的水平上显著。而粮食消费的回归结果与基准回归结果有差异，由不显著转为在 10%的水平上显著。因此，总体而言，稳健性检验进一步证实了水电移民搬迁增加了农户家庭食物总消费，主要是增加了肉食以及蔬菜水果的消费。

表 6 - 21 稳健性检验

变量	(1) OLS 家庭食物总消费	(2) Tobit 粮食消费	(3) Tobit 肉食消费	(4) Tobit 蔬菜水果消费
水电移民搬迁	0.454*** (0.156)	0.268* (0.147)	0.736*** (0.252)	0.537*** (0.184)
控制变量	控制	控制	控制	控制
常数项	7.044*** (0.503)	3.620*** (0.535)	−0.010 (0.932)	4.939*** (0.671)
R - squared	0.148			

（3）异质性讨论。前述理论分析揭示了农户的个体特征对于家庭食物消费具有不同程度的影响，而针对民族地区农户的个体特征对家庭食物消费影响的研究还处于相对薄弱的状态。因此本节主要从年龄以及收入两个维度进行更深层次的探讨。

为了探究年龄对家庭食物消费决策影响的具体作用机制，根据样本年龄分布状况，并借鉴已有研究的做法（缪书超等，2020），本书对被访者年龄以45岁为分界线，将大于45岁的家庭定义为老年家庭，小于45岁的家庭定义为中青年家庭，具体回归结果如表6-22所示。相较于中青年群体而言，老年群体受水电移民搬迁影响会增加对粮食的消费，可能的原因是耕地的减少以及劳动能力的下降使得老年农户对粮食的消费需求增加。老年群体和中青年群体的肉食消费均未受到显著的影响，但水电移民搬迁使得中青年以及老年群体增加了对蔬菜水果的消费。

表6-22　基于年龄的异质性讨论

变量	(1) 中青年 粮食消费	(2) 老年 粮食消费	(3) 中青年 肉食消费	(4) 老年 肉食消费	(5) 中青年 蔬菜水果消费	(6) 老年 蔬菜水果消费
水电移民搬迁	3.393 (63.774)	119.443*** (44.769)	60.302 (64.527)	127.016 (78.953)	75.262* (42.618)	81.572** (40.577)
控制变量	控制	控制	控制	控制	控制	控制
常数项	−12.961 (251.854)	413.772** (181.539)	−247.294 (260.360)	190.249 (323.660)	608.273*** (166.315)	136.621 (165.151)

已有研究发现，高收入家庭和低收入家庭面临着不同的食物价格和预算制约，收入高可选择的食物更多，收入低则只能消费有限的食品，即收入越多，消费支出可能就越多。本节将家庭总样本的收入按照低、中、高三个层级进行划分，探讨在不同的收入层级下，川西高原地区库区农户如何做出自身食物的消费决策。具体回归结果如表6-23所示。从（1）～（3）列的结果中可以得知，相较于中高收入家庭，低收入家庭在面临水电移民搬迁时，会加大对粮食的消费，水电移民搬迁对于低收入群体而言增加了主食消费负担。从（4）～（6）列的回归结果中可以发现，高收入家庭在面临水电移民搬迁时会增加对肉食的消费，而中低收入家庭肉食消费则没有明显的变化，可能的原因是，水电移民搬迁使得农户距离市场更

近，具备物质条件的家庭为满足美好生活需要会消费更多高品质的食物，而中低收入家庭受到收入等因素的限制只能消费有限的食物。从（7）～（9）列的回归结果中可以得知，低收入家庭和高收入家庭在面临水电移民搬迁时，均会增加对蔬菜水果的消费，可能的原因是，低收入家庭因为受到生产要素限制而无法通过自给满足蔬菜水果需求，不得不外购，而高收入家庭可能会更加注重营养和健康，因此在具备外部条件时会加大对这一方面的消费，高营养价值的蔬菜水果就成为其主要选择。

表 6－23　基于收入的异质性讨论

变量	(1) 低收入 粮食消费	(2) 中收入 粮食消费	(3) 高收入 粮食消费	(4) 低收入 肉食消费	(5) 中收入 肉食消费	(6) 高收入 肉食消费	(7) 低收入 蔬菜水果 消费	(8) 中收入 蔬菜水果 消费	(9) 高收入 蔬菜水果 消费
水电移民搬迁	136.201*** (51.505)	−70.219 (84.909)	156.202 (99.038)	64.998 (68.323)	50.242 (92.890)	214.126** (92.220)	112.874** (46.835)	−16.274 (37.619)	219.699** (87.079)
控制变量	控制	控制	控制	控制	控制	控制	控制	控制	控制
常数项	309.539** (151.975)	206.830 (374.724)	347.395 (607.617)	−168.548 (208.319)	1 112.720*** (407.022)	69.463 (566.351)	401.562*** (138.352)	284.970* (165.396)	442.937 (534.244)

6.4.4　研究结论

本节从水电移民搬迁导致农户外部环境突变的研究视角，对川西高原地区库区农户食物消费结构进行了分析探讨。采用 OLS 和 Tobit 模型实证分析了水电移民搬迁对农户食物消费结构的影响，得到以下几点结论：①水电移民搬迁所导致的外部环境改变，显著增加了农户家庭食物消费负担。②水电移民搬迁对于农户家庭的粮食消费并没有显著的影响，而对于肉食消费以及蔬菜水果消费具有显著的正向影响。③异质性分析显示，②中所述效应因农户个体以及家庭年龄结构、收入水平不同而异。

6.5　本章小结

外生冲击下农户的生产体系以及资本结构极易受到不可恢复的损失，而灵活变动生计策略能有效适应生计资本的变动，从而降低农户生计风险，推动农户生计的可持续发展。在地域相对封闭的川西高原地区库区，农户的生活环境、生产环境以及社会关系网络具有显著的地域特点，非自愿性的工程移民不可避免地会对移民造成持续性的影响。机遇与风险成为影响移民可持续生计的重要因素，而农户生计策略调整则是对发展机遇的把握以及对潜在风险的防范。水电移民搬迁促使川西高原地区库区农户生计策略非农转变，在一定程度上改变了他们原有的生产、生态、生活模式，为其进一步发展带来了巨大机遇。研究发现：

（1）在生产上，水电移民搬迁显著改变了川西高原地区库区农户的生计策略，工程建设虽然在一定程度上对农户原有的自然资本造成损害，使得川西高原地区库区农户的农业收入降低，但其所带来高回报的非农就业工作机会也为川西高原地区库区农户增加家庭收入提供了契机，生计策略非农化转变使得川西高原地区库区农户的收入增长，但在后期扶持中仍然需要关注其生计活动的稳定性。

（2）在生态上，水电移民搬迁改变了川西高原地区库区农户的能源消费结构，通过推动农户家庭清洁能源消费、抑制传统能源消费来实现家庭低碳用能，但仍然需要关注能源供给以及收入状况，充足的清洁能源供给以及家庭收入提升是农户家庭能源消费结构转变的关键所在。

（3）在生活上，农户面对外生环境突变时，个体消费改变也是抵御风险的重要措施。根据预防性储蓄理论可知，农户在对未来预期持消极态度时，会加大储蓄而抑制消费。

7 川西高原地区水电移民的社会融入问题研究

移民社会融入问题是移民搬迁理论研究和实践工作关注的重要问题。川西高原地区是少数民族聚居区和原深度贫困地区，区域内水电移民在文化观念、传统习俗上具有民族和区域特色，水电移民搬迁后移民的社会融入问题具有复杂性和典型性。因此，通过对川西高原地区水电移民社会融入问题的研究，评价分析移民的社会融入现状，对于全面客观掌握川西高原地区水电移民社会融入程度及存在的障碍，具有重要的参考价值。

7.1 移民家庭社会融入理论研究

水电移民搬迁使川西高原地区移民的生存环境、生计方式都发生了变迁，移民群体面临着环境、身份和社会关系的多重变化。社会融入是促进水电移民生计可持续发展的重要环节，研究这一问题显得格外迫切和重要。本章通过梳理有关移民社会融入的文献，发现现有文献主要围绕社会融入的概念及测量维度、不同研究对象的社会融入问题和移民社会融入的影响因素这三方面进行探讨。

7.1.1 社会融入的概念及测量维度分析

社会融入的研究起源于全球化和工业化后的全球移民潮时期，移民人数不断增多，随之而来的移民教育、收入、文化等方面的研究催生了社会融入理论的产生（Barbara，1992）。国外在移民社会融入的研究上形成了三种归因理论，分别是人力资本归因论、社会资本归因论、制度归因论，强调移民在流动中的人力资本、社会关系网络和制度保障对于移民的社会融入的重要性（Birgit，2007）。在《社会融入联合公报》中，社会融入被定义为：确保具有风险和受到社会排斥的群体能够获得必要的机会和资源，使其全面参与经济、社会和文化生活，享受正常的生活和在他们居住的社会享受正常的社会福利，减少不同群体间的隔阂，使不同身份背景的人享受到平等、正常的权利和福利（肖子华等，2019）；其中社会融入中的“融入”是单向的，指流动人口在经济、行为、文化和观念上都融入流入地的主流社会体系中（杨菊华，2009）。

就社会融入的测量维度来看，以往学者主要基于移民和安置社区的“二元关系”来研究移民的社会融入问题，在进行流动人口社会融入研究时，有学者将经济整合、文化接纳、行为适应、身份认同作为理论框架（杨菊华，2009），另有学者针对新生代农民工的社会融入，从经济融入、社会融入、制度融入、文化心理融入等维度来构建社会融入分析框架（王佃利等，2011）。而在生态移民社会融入研究中，则有学者将藏族生态移民社会融入划分为经济生活融入、社会行为融入、文化接纳融入三个维度展开分析（束锡红等，2017）。

7.1.2 不同研究对象的社会融入问题研究

由于国外的社会融入研究对象主要集中于国际移民，而国内的社会融入研究对象覆盖面更广，在此主要以国内的研究对象为分析重点。

首先，农民工等流动人口是国内关于社会融入研究的重要对向，在关于新生代农民工融入城市生活的研究中，强调要加强对农民工的身份认同，缩短居民生活中的社会距离（郭星华等，2004）。在分析了农民工进入城市社会面临的问题后，有学者提出要减少对农民工的排斥、加大制度创新等（杜洪梅，2004；张时玲，2006），或通过增加移民工作技能经验、扩展社会关系网、提升医疗水平等来提升移民社会融入水平（童雪敏等，2012；杨菊华等，2016；朱考金等，2007）。流动人口、农民工子女的社会融入状况受到了多方的关注，有研究从社会排斥、社会隔离的角度来分析移民“子代”的社会融入问题，并提出从经济、社会参与等方面来破解其社会融入困境（吴新慧等，2007；许传新，2009）。

其次，失地农民社会融入问题是城市化过程中的研究重点，学者们主要从生活融入、经济融入、社会心理融入等层面来展开研究（孙璐，2009），提出可以从提供就业培训、提高补偿标准、提升心理适应能力等方面来提高失地农民的社会融入水平（王慧博，2011）。易地扶贫搬迁农户的社会融入问题是开展精准扶贫以来的一个研究重点，有研究对易地扶贫搬迁后的移民进行社会治理、社会融入问题的探讨（董运来等，2021；郑娜娜等，2019）。

最后，少数民族流动人口的社会融入也是一大研究方向（刘毅，2011；王振卯，2010），已有研究主要从移民的收入水平、文化特征等方面来分析其社会融入状况。在影响藏族生态移民社会融入的因素中，最根本的是就业和收入，通过促进移民就业和社区产业转型可以提升移民的社会融入水平（束锡红等，2017）。随着社会融入研究对象的不断扩展，大学生的返乡创业社会融入行为和女性农民工的社会融入问题也被学者们纳入讨论范畴（唐芝等，2018；张翠娥等，2011；周成军，2017）。

总之，国内有关移民社会融入的研究，起于农民工的社会融入研究，并逐渐扩大到社会各领域的各类移民，研究对象不断扩展。

7.1.3 水电移民社会融入的影响因素研究

现有关于水电移民社会融入的文献主要集中于水电移民的经济融入、制度融入和文化融入、心理融入等方面。

第一，在农村水电移民的经济社会融入中，有学者建议调整移民的产业、就业结构，优化移民创业的多元保障机制，在有序推动移民人力资源开发的基础上，完善产业发展和就业扶持政策，以增加移民的收入水平来推动移民安置后的经济融入（张佐等，2015）。在农村水电移民的社会融入中，经济融入一直是重要维度，当前学者多寻求提高经济融入状况的策略，在三峡移民的社会融入研究中，有很多学者认为“逐步能致富”是移民真正融入安置后环境、实现安居乐业的重要基础（周忠伟等，2011）；有研究表明，可以通过发展生态旅游、电子商务等产业来提高移民的经济收入和社会融合水平，加快安置社会的二、三产业整合，提高水电移民的就业质量，使其实现自我发展（赵元科等，2022）。

第二，在农村水电移民的制度融入中，有学者提出可以通过推进移民养老保障与社会养老保险的并行接轨，来降低移民的安置难度，促进移民的社会融入（余琳等，2017）；不仅如此，水电移民开发更需要做好社会保障、后期扶持工作，社会保障制度的健全可以促进水电移民安置后的生活融入，增加对安置移民的“补血”，建议从最低生活保障、医疗救助、养老保险、合作医疗、职业培训五大方面来建立水电移民的社会保障制度，在激发水电移民内生动力的基础上推动移民社会融入水平提高（高忠文，2007；严登才等，2012）。

第三，在农村水电移民的文化融入、心理融入中，有学者提出通过加强对社会基础公共服务设施的建设和文化教育来提高水电移民的文化融入水平，提升移民对于安置生活的满意度（赵元科等，2022）。为进一步促进水电移民的社会融入和生活融入，安置中要强化对移民的资源倾斜，需健全绩效考核评估机制，以提升水电移民后期扶持政策满意度，增加移民社会融入、生计恢复的信心，使移民安置后的社会活动更为稳定（赵旭等，2019）。另有研究从生计恢复、公共生活参与、社会关系重建、社会适应性等维度来分析三峡移民的社会融入，研究表明水电移民在社会融入中要加强社会关系网络重建、干群关系维护，以增强身份认同，提升生活融入水平和社会适应性，真正实现“落地生根”（风笑天，2004；刘志军等，2012）。

7.2 水电移民社会融入评价

7.2.1 水电移民社会融入指标体系构建

在选取农村水电移民社会融入测量指标时，主要基于移民社会融入的人力资本归因论、社会资本归因论、制度归因论三种归因论（Birgit，2007），强调社会关系网络、制度保障等对于社会融入的重要性，借鉴已有相关研究（梁波等，2010；束锡红等，2017），兼顾环境变化、社会经济特征变化、社会政策变化及思想观念等方面的移民特殊性，川西高原地区水电移民在教育水平、文化活动、公共服务保障等方面的民族特殊性，综合构建农村水电移民的社会融入指标体系。指标体系主要从经济融入、生活融入、文化环境融入、公共服务融入 4 个维度测量移民的社会融入水平，并分别设置对应指标。

在经济融入维度的具体指标选取中，经济收入是移民经济融入的首要考虑指标（朱力，2002）。随着搬迁后农业生产、生计环境的改变，移民的收入状况得到改善，收入水平和非农就业状况相比搬迁前得到改善，但在衡量经济融入时，不仅需要考虑移民收入水平，还需考虑就业的稳定性、收入增长的可持续性。因此，经济融入维度的具体指标为家庭收入状况、就业稳定性、非农就业状况。

有学者在构建生计资本维度指标时，选择了社区活动、社交关系等社会资本指标（李练军，2015），另有学者认为移民迁入新社区后构建新的社交网络关系易于推动其社会融入。此外，还需考虑水电移民搬迁后农村环境、邻里关系、社区活动等的改变，社交网络在农村传统社会中的重要性，移民日常生活活动的状况及其生活满意度（童雪敏等，2012）。因此，生活融入维度指标选取社区活动参与度、邻里关系状况和生活满意度。

有学者就少数民族社会融入的文化维度划分情况进行分析，强调少数民族文化活动、受教育状况、文化交流等的重要性（束锡红等，2017），在社会融入文化适应维度的指标构建中，应更加注重移民文化活动的参与程度（张庆武等，2015）。因川西高原地区的农村水电移民文化思想、传统习俗等具有特殊性，更需注重其搬迁后的文化环境融入。因此，文化环境融入维度指标选取了文化水平、文化生活状况、接受教育便捷性。

在公共服务融入维度的指标选取中，过去的研究选取了医疗、保险等公共服务指标（肖子华等，2019），在构建多维测量指标时，加入了技能培训、保险保障等公共服务指标（杨帆等，2021）。公共服务制度保障作为农村水电移民后期扶持的重要内容，可以帮助移民更好地开展生产生活活动，使移民享受到基本公共服务。因此，公共服务融入维度指标选取了农村公共基础设施、医疗服务保障、农业技能培训 3 个指标。

具体指标设置见表 7－1。

表 7－1　农村水电移民社会融入评价指标体系

维度	指标	指标内容
经济融入	家庭收入状况	移民搬迁后移民家庭年总收入的变化情况
	就业稳定性	移民搬迁后外出务工便利性
	非农就业状况	移民搬迁后非农就业人数的变化情况

（续）

维度	指标	指标内容
生活融入	社区活动参与度	移民在村镇组织活动中的参与度
	邻里关系状况	搬迁后移民同村庄邻里社交活动的变化情况
	生活满意度	移民搬迁后的农村生活满意度评价
文化环境融入	文化水平	水电移民的文化教育水平
	文化生活状况	移民搬迁后参与文化活动及场所便捷度的变化情况
	接受教育便捷性	同搬迁前比，“移二代”接受文化教育的便捷性情况
公共服务融入	农村公共基础设施	移民搬迁后村镇交通设施的变化情况
	医疗服务保障	移民搬迁后就医看病便捷度评价
	农业技能培训	移民参与农业技能培训服务的变化情况

7.2.2 水电移民社会融入现状测算方法

本书将利用改善后的 A-F 测量法来进行水电移民社会融入现状分析（Sabina et al.，2010）。A-F 测量法在国内多用于贫困人口识别（陈辉等，2016；支俊立等，2017）和区域发展状况监测（郭建宇，2012；杨龙等，2015）等相关研究，在完成脱贫攻坚任务后，A-F 测量法被用于防范返贫（张鹏等，2022）、相对贫困（张承等，2021）等研究。另外，A-F 多维测量法逐渐被用于发展现状的测量，有学者利用多维测量法来评价农村的发展现状（吕新博等，2021），在现状基础上构建起了共同富裕的指标体系；通过构建多维测量指标，研究农村与城镇社会养老保险对于老年人福利的影响（解垩，2017）；基于农民工社会融入的视角，利用多维测量法来探究进城农民工在社会融合中的不平等问题（王青等，2020）。可以看出，随着 A-F 多维测量法应用的不断拓展，该方法已不再局限于对贫困状况的测量，而开始运用于非贫困领域的研究，如社会不平等、社会融入等领域。

川西高原地区的农村水电移民搬迁至农村安置区，当地生态脆弱、生计匮乏，移民因自然人文环境改变，面临社会网络重建、生计环境改变、收入结构变更等问题，甚至易返贫（王湛晨等，2021）。需从多维度来测量川西高原地区库区水电移民社会融入现状。因此，本书利用多维测量法来进行川西高原地区库区水电移民的社会融入发展现状测量，并将多维测量法的内容与社会融入相结合，构建多维融入障碍指数（Multidimensional Integration Index，简称 MII），为研究川西高原地区库区水电移民的融入状况提供科学客观的依据。

多维测量法作为一种衡量发展水平的方法，在计算和测量的过程中具有灵活多变、客观公正的特点，测量过程包括 5 个步骤，即设定社会融入维度、界定融入障碍临界值、确定权重、维度加总、维度分解，具体方法如下：

(1) 设定社会融入维度。利用多维测量法对样本数据进行定量分析，设置经济融入、生活融入、文化环境融入、公共服务融入等 4 个维度，并在各个维度下设置相应的指标。对拟定的维度进行取值，假设有 n 个不同的个体样本，对应有 m 个个人行为的指标，由此形成一个 $n \times m$ 维矩阵，由 $y^{n,m}$表示，y 是矩阵中的任一元素；其中，y 中任一元素 y_{ij}（$i=1$，2，…，n；$j=1$，2，…，m），表示个体 i 在维度 j 上的取值。

(2) 界定融入障碍临界值。临界值是判断个体社会融入状况的标准，假设 z_j（$z_j>0$）为 j 维度上融入障碍的临界值，即融入标准。例如在社区组织参与度中，将移民搬迁后参与村镇组织活动的评价为 1～3 分定义为融入障碍，赋值为 1，否则为 0。在以上基础上，即可判定水电移民是否有 k 个维度的融入障碍。具体维度融入障碍值见表 7-2。

表 7-2 维度、指标、融入障碍临界值的设定情况及权重设定

维度	指标	融入障碍临界值
经济融入 (1/4)	家庭收入状况 (1/12)	将搬迁后移民年总收入减少或不变的定义为融入障碍，赋值为 1，否则为 0
	就业稳定性 (1/12)	将移民搬迁后务工便利性评价为 1～3 分的定义为融入障碍，赋值为 1，否则为 0
	非农就业状况 (1/12)	将移民非农就业人数减少或不变的定义为融入障碍，赋值为 1，否则为 0
生活融入 (1/4)	社区活动参与度 (1/12)	将移民参加村镇组织活动评分 1～3 分的定义为融入障碍，赋值为 1，否则为 0
	邻里关系状况 (1/12)	将搬迁后移民同村庄邻里关系评价变差或不变的定义为融入障碍，赋值为 1，否则为 0
	生活满意度 (1/12)	将移民搬迁安置区的卫生环境影响生活满意度的评价为 1～3 分的定义为融入障碍，赋值为 1，否则为 0

（续）

维度	指标	融入障碍临界值
文化环境融入（1/4）	文化水平（1/12）	以非移民的平均文化水平为界，将移民文化水平在初中及以下的定义为融入障碍，赋值为 1，否则为 0
	文化生活状况（1/12）	将搬迁后参与文化活动便捷度减少或不变的定义为融入障碍，赋值为 1，否则为 0
	接受教育便捷性（1/12）	移民搬迁后“移二代”接受教育便捷性评价为 1～3 分的定义为融入障碍，赋值为 1，否则为 0
公共服务融入（1/4）	农村公共基础设施（1/12）	将移民搬迁后村镇交通设施情况评分为 1～3 分的定义为融入障碍，赋值为 1，否则为 0
	医疗服务保障（1/12）	将移民搬迁后就医看病便捷度评分为 1～3 分的定义为融入障碍，赋值为 1，否则为 0
	农业技能培训（1/12）	将搬迁后移民参与的农业技能培训服务减少或不变的定义为融入障碍，赋值为 1，否则为 0

（3）确定权重。权重的确定是维度加总、社会融入指数计算的重要内容，根据现有研究，本书采用维度等权重法进行权重划分，具体原则按照维度划分标准进行确定。

（4）维度加总。维度加总即是对已识别的各维度的指标进行加总，并求得多维融入发展指数，计算公式如下：

$$H=\frac{q}{n} \qquad A=\sum_{i=1}^{n}\frac{C_i(k)}{qd}$$
$$M_o=H\times A=\sum_{i=1}^{n}\frac{C_i(k)}{nd} \tag{7-1}$$

（5）维度分解。多维社会融入障碍指数按照不同维度或区域进行分解，计算公式如下：

$$M_j=\frac{q_j\times w_j}{n\times M_o} \tag{7-2}$$

式（7-1）与式（7-2）中，H 表示多维融入障碍发生率，q 为融入维度线上的融入障碍数量，n 为移民总人数，A 表示平均融入障碍额，$C_i(k)$ 是 k 维度下第 i 个个体融入障碍维度，d 是社会融入总指标数，M_o 表示多维融入障碍指数，M_j 为第 j 项指标对总融入障碍的贡献率，q_j 表示在不同的融入障碍临界值下每个维度处于融入障碍状态的移民个数，w_j

表示指标权重，n 为总人数。

7.2.3 水电移民社会融入测算结果分析

按照多维测量法，根据式（7-1），计算得到川西高原农村地区不同 k 值的社会融入度和多维融入障碍指数（表 7-3）。结果显示，随着维度的不断增加，移民融入障碍发生率（H）和多维融入障碍指数（MII）持续下降。由表 7-3 可知，当 k 为 0.1 时，任一维度的融入障碍占比高达 99.2%，A=0.486、MII=0.482，随着 k 值的增加，移民融入障碍发生率和多维融入障碍指数不断下降。

表 7-3 农村水电移民不同 k 值的移民融入障碍发生率、障碍份额和多维融入障碍指数

k	0.1	0.2	0.3	0.4	0.5	0.6	0.7	0.8	0.9
移民融入障碍发生率（H）	0.992	0.985	0.947	0.917	0.742	0.485	0.311	0.205	0.136
障碍份额（A）	0.486	0.483	0.502	0.510	0.412	0.630	0.703	0.537	0.806
多维融入障碍指数（MII）	0.482	0.475	0.475	0.468	0.306	0.306	0.218	0.110	0.110

对多维社会融入状况的测量结果进行分析，当 k=0.2 时，多维融入障碍指数为 0.475，当 k 值不断增大，移民融入障碍发生率和多维融入障碍指数不断减少。计算结果表明，在社会融入的研究样本中不存在 10 个以上维度融入障碍的状况。同时，在衡量用哪一个 k 值进行社会融入现状评价时，以往文献主要考虑多维融入测量时指标的客观性，以及计算结果的科学性，本书考虑社会融入构建了 12 个指标，测量指标较多，为客观分析，临界值 k 的取值应靠近中间值，在比较计算结果后，本书取 k=0.7 来分析多维融入障碍指数对应的不同指标贡献率。结果显示，当 k=0.7 时，移民融入障碍发生率为 31.1%，多维融入障碍指数为 0.218。综上所述，川西高原地区农村水电移民存在不同维度的社会融入障碍，移民的发展问题存在交叉性、多样性，本书将以 k=0.7 进行多维融入障碍指标的不同指标贡献率评价，以分析移民社会融入的总体现状，为移民后续发展的改善提出依据。

表 7-4 是 k=0.7 时，各个指标对多维融入障碍指数的贡献率，对川

西高原地区水电移民社会融入不同指标对多维融入障碍指数的贡献进行分解，计算结果中的多维融入障碍指数贡献率越高，代表水电移民在某一维度或某一指标上的融入现状越差。结果表明，总体上社会融入四维度中的经济融入、生活融入现状较好，社会融入总体现状较差，有待进一步提升。在4个维度的社会融入状况比较中，通过加总各指标融入状况取得每个维度的总值，然后得到维度贡献率平均值24.9%，将平均值与4个维度的贡献率进行比较，维度贡献率高于平均值的融入状况较差，反之则相反。比较结果显示，4个维度中经济融入、生活融入总体状况较好，公共服务融入虽然接近总体融入水平，但还需进一步提高，文化环境融入总体状况较差，水平需大力提升。总之，从总体上来看，在农村移民搬迁后，还需要提高移民的公共服务水平，改善移民搬迁后的文化生活状况，从而使他们的生活满意度、社区认同感得到提升；另外，注重移民搬迁后的经济融入、生活融入，才能让移民感受到增产增收、生活融洽、社会网络重建，提升移民的总体社会融入水平。

表7-4　$k=0.7$时多维融入障碍指数对应的不同指标贡献率

维度	指标	贡献率（%）
经济融入（24.19）	家庭收入状况	7.05
	就业稳定性	9.45
	非农就业状况	7.69
生活融入（24.19）	社区活动参与度	8.57
	邻里关系状况	7.93
	生活满意度	7.69
文化环境融入（26.84）	文化水平	9.16
	文化生活状况	9.99
	接受教育便捷性	7.69
公共服务融入（24.78）	农村公共基础设施	6.17
	医疗服务保障	9.16
	农业技能培训服务	9.45

通过进一步比较$k=0.7$时多维融入障碍指数对应的不同指标贡献率，可以发现移民社会融入中农村公共基础设施、家庭收入状况等融入现状较好，而文化生活状况、就业稳定性等融入现状较差。结果显示，在不同指标中，多维融入障碍指数贡献率最大的指标是文化生活状况，为9.99%，

其次为就业稳定性和农业技能培训服务，贡献率为 9.45%。而文化环境融入维度中除文化生活状况、文化水平两个指标贡献程度较高外，其余指标贡献较少，总体上该维度的融入状况较差。另外，在移民安置过程中，随着移民社区基础设施的逐渐覆盖，政策扶持下生计方式的增加及生活环境的改善，移民在农村公共基础设施、家庭收入状况、生活满意度上的现状较好，指标贡献率分别是 6.17%、7.05%、7.69%，这些指标的良好状况利于移民搬迁后的社会融入。因此，在具体指标的融入现状测量中，移民在就业稳定性、文化生活状况等方面融入较差，在农村公共基础设施、生活满意度等方面的融入状况较好，为使移民更好地实现社会融入，还需要不断增加对移民的农业技能培训、丰富乡村文化活动、提升其就业稳定性等。

本书通过社会融入多维测量法，构建了经济融入、生活融入、文化环境融入、公共服务融入 4 个社会融入维度，并客观设置了对应维度的具体指标，以求全面分析农村水电移民的社会融入现状。测量结果显示，经济融入、生活融入的总体状况较好，而文化环境融入、公共服务融入的总体状况有待进一步提升，促进水电移民社会融入需更多关注移民的公共服务、文化生活等状况。在具体的指标测量结果中，社会融入现状较差的是文化生活状况、就业稳定性、农业技能培训服务等，社会融入现状较好的是农村公共基础设施、家庭收入状况、生活满意度。农村移民搬迁至新的发展环境中后，将面临生计能力、生活环境、社会服务等方面的变化，这些会影响移民的社会融入进程。通过计算多维融入障碍指数，可以清晰地看到移民搬迁环境的变化，对移民社会融入现状的分析，可以帮助本书进一步探究农村水电移民在社会融入中面临的问题。

7.3 水电移民社会融入困境及原因分析

川西高原地区农村水电移民在搬迁后，因农业生产、生计能力、生活环境、社交网络等发生变化，社会融入面临诸多挑战。本部分将从川西高原地区农村水电移民的经济融入、生活融入、文化环境融入、公共服务融入四大维度来剖析移民在社会融入和搬迁安置中遇到的障碍，以找到影响农村水电移民社会融入和搬迁安置的关键因素，促进移民实现经济生活、生计能力的可持续发展。

7.3.1 经济融入质量有待提高

在社会融入现状分析中，虽然经济融入维度对多维融入障碍指数的贡献率低于平均值，总体融入状况较好，但是在具体指标中非农就业状况、就业稳定性的融入状况还有待提高，移民的生计活动形式也有待进一步丰富。移民在社会融入过程中，因为就业形式单一、文化水平低下等，在经济融入层面存在就业面受限、收入稳定性差、就业质量不高等问题。同时，移民在搬迁后，因为家庭生活各项需求增大，消费水平会不断提高，进而偏向于散工、"日结工"的就业形式，不利于移民的就业稳定。

（1）文化程度低与就业扶持弱双重制约工资性收入增加。农村水电移民的文化水平总体偏低，移民收入水平低于调研区域普通农户收入水平，低文化水平影响收入的提高。同时，搬迁后耕地等农业生产资料的减少，使移民农业生计活动减少，投身到非农工作之中，但是由于就业质量相对较低，影响了工资性收入的增加。

通过对调研问卷数据的整理，发现农村水电移民的文化水平总体较低，在社会融入现状评价中，文化水平也是移民融入障碍指数的重要影响指标。其中，表 7－5 显示受访移民文化水平小学以下的占总人数的 24.24%，文化水平为小学的人数占总人数的 25.00%，可以看出，近一半的受访农村水电移民的文化水平都在小学及以下；30.30%的农村水电移民文化程度为初中，这就意味着近 80%的受访移民的文化水平仅限于义务教育阶段；受访移民文化水平达到大学及以上的只有 7.58%。另外，移民家庭平均工资性收入分布情况如表 7－6 所示，收入低于 5 000 元的移民占总人数的比例为 55.30%，大部分移民的平均工资性收入都低于 5 000 元，故我们将 5 000 元作为衡量不同文化水平下个人平均工资性收入的最低标准。再者，仅有 21.97%的移民个人平均工资性收入高于 15 000 元，故我们将 15 000 元作为衡量不同文化水平下个人平均工资性收入的最高标准。基于此划分标准，本研究对被调查移民个人的教育与收入情况进行交叉分析，结果如表 7－6 所示。小学及小学以下和初中学历的移民，收入从低于 5 000 元到高于 15 000 元的占比逐渐下降，而高中和大学学历的移民，他们的收入从低于 5 000 元到高于 15 000 元的占比逐渐上升，移民的学历越高，越有可能获得更高的工资性收入，大学学历收入高于 15 000 元的人数占大学学历总人数的一半。表 7－5 和表 7－6 的结果表明，移民的文化程度会影响家庭的平均工资性收入水平，文化程度和平均工资性收入状况同方向变化。

表 7－5　被调查移民户主的文化水平情况

文化水平	频数（份）	百分比（%）	累计百分比（%）
小学以下	30	24.24	24.24
小学	31	25.00	49.24
初中	38	30.30	79.54
高中	16	12.88	92.42
大学及以上	10	7.58	100
总计	125	100	

表 7－6　被调查移民户主文化水平与家庭收入情况的交叉分析

文化水平	收入低于 5 000 元	收入 5 000～15 000 元	收入高于 15 000 元
小学及以下	34.09%	9.09%	6.06%
初中	15.90%	7.58%	6.82%
高中	3.79%	3.79%	5.30%
大学	1.52%	2.27%	3.79%
总计	55.30%	22.73%	21.97%

注：表中百分比为对应收入段不同学历的移民户主占被调查移民户主整体的比例。

移民的文化程度总体较低，这很大程度上限制了农村水电移民进行就业选择，增加了他们在移民安置后的生计风险。移民在搬迁前，因自身文化水平限制，更多依靠农业生产活动维持生计，对农业依赖度较高；搬迁安置后，随着农业生产资料减少、生计状况改变，他们将更多地参与到非农行业中，在政府的就业补贴、就业指导等政策帮扶下，移民主要是自主就业。个人工作技能强、就业信息获得能力强可增加移民的就业机会，个人的受教育水平往往是就业质量的决定性因素之一，是开展生计活动的基础，也是移民经济融入中的重要内容。移民的教育水平低下，不仅局限了其就业面，更直接阻碍了家庭经济收入的增加和生活质量的提升，不利于移民开展相应的生产活动。在调研的过程中，当谈及移民工作状况的时候，移民总是会给予“还是多读点书好”“我们没文化只能去种地、干工地啊”“像你们这些读书的，工作就好找了”的反馈，他们对于自己当下的工作和发展机会不是很满意，并且很大程度上归因于自己的文化水平。事实上，农村水电移民的文化水平确实在很大程度上限制了他们的就业选择、就业机会和就业质量，文化水平较低是他们就业质量较低的主要原因，移民搬迁后的经济融入水平高低与文化水平有着直接的关系。

另外，在调研过程中，发现农村水电移民获取就业信息主要局限于自主寻找、亲朋好友介绍等内部渠道，从外部的媒体、互联网等渠道获取的就业信息较少。在入户调研的过程中，发现大部分移民都没有电脑，手机和电视也只用于休闲娱乐，通过互联网和媒体来获取就业信息的积极主动性较差。当询问移民就业信息来源时，回复是“亲戚那边介绍的”“亲戚干得好，就跟着过去干了”。对比不同的就业信息渠道，传统的自主寻求就业信息局限多、渠道少、信息质量较差，新媒体、互联网等渠道具有获取信息多、可比性强、质量较高等优势，所以农村水电移民获取就业信息渠道少，就业质量相对较低，直接影响到移民的经济收入，阻碍其经济融入水平提升。同时，移民得到的就业培训、就业指导等较少，存在就业指导不匹配的问题，缺乏就业咨询服务，缺少就业专业机构、人才中介市场的指导。

（2）商业经营发展缓慢制约经营性收入增长。 移民经营性收入低，一方面因为商业经营发展缓慢，涉及行业呈现规模小、范围小等特征，限制了商业经营的发展速度，另一方面因为经营性收入增长缓慢，搬迁后的经营性活动并没有得到快速提升，影响了经济收入整体水平的提高。

从移民从事非农家庭经营的行业分布状况来看（表 7－7），移民主要经营的是餐饮业、批发零售业、建筑业，占比分别为 34.29％、22.86％、20.00％，主要是开办一些小餐馆、小超市等，经营范围集中于村镇、安置社区，规模和服务范围都较小。另外，通过移民家庭农业经营性收入和非农经营性收入比较（表 7－8），可以看出移民家庭以非农经营性收入为主要收入来源。在经营性收入中，非农经营性收入高于农业经营性收入。根据甘孜州 2020 年统计数据显示，2020 年甘孜州人均经营性收入为 7 993 元，而据估计，被访问移民家庭人均经营性收入仅有 4 980 元，农村水电移民经营性收入低于所在区域的平均水平。

表 7-7 被调查移民家庭从事非农经营的行业分布

选项	批发零售业	餐饮业	服务业	建筑业	其他
家庭非农经营行业分布	22.86%	34.29%	17.14%	20.00%	5.71%

表 7-8 被调查移民家庭工资性收入和经营性收入比较

选项	非农经营性收入（元）	农业经营性收入（元）
家庭平均收入水平	27 714	5 041

7.3.2 生活融入状况有待改善

在社会融入现状分析中，生活融入现状对多维融入障碍指数的贡献率高于平均值，该维度总体融入状况有待改善，其中社区活动参与度和邻里关系状况的融入水平还有待提高。在移民实际的生活融入过程中，搬迁后社交关系网改变、基层组织建设不健全等，使农村水电移民在生活融入中存在社区活动参与度低、基层满意度较低、邻里互动少、社交网络扩展受限等问题，这些问题都不利于提升移民的生活融入水平和生活满意度，可能会阻碍移民安置后的生活幸福感、满足感的提升。

（1）邻里支持减少制约社会网络重建。搬迁前和搬迁后，水电移民的社交都出现了减少或"断裂"的情况，不利于邻里支持度的提升，降低了移民的生活融入水平。

在移民的社会融入现状评价部分，移民生活融入中的邻里关系满意度评价水平不高，有碍搬迁后的邻里支持提升。图 7-1 显示，比较移民搬迁前后的邻居联系情况，移民同搬迁前的邻居联系大幅度下降，联系减少和不变的占比达 75%以上，与原居住地邻居的联系减弱，旧的社交关系网可能"断裂"；移民搬迁后同新邻居的联系状况中，联系减少的比例大于联系增加的比例，没有变化占了最大的比例，而没有变化也有很大可能表示邻里关系处于"温和""陌生"状态，偏向于社交网络"不温不火"，总体上搬迁后移民的邻里社交网络呈现为不紧密、较为生疏的状态，这种不稳定的社交网络结构影响移民深度社会融入，邻里支持、邻里关系有待进一步提升。

移民同搬迁前邻居社交关系网的"断裂"，同搬迁后新邻居关系的不

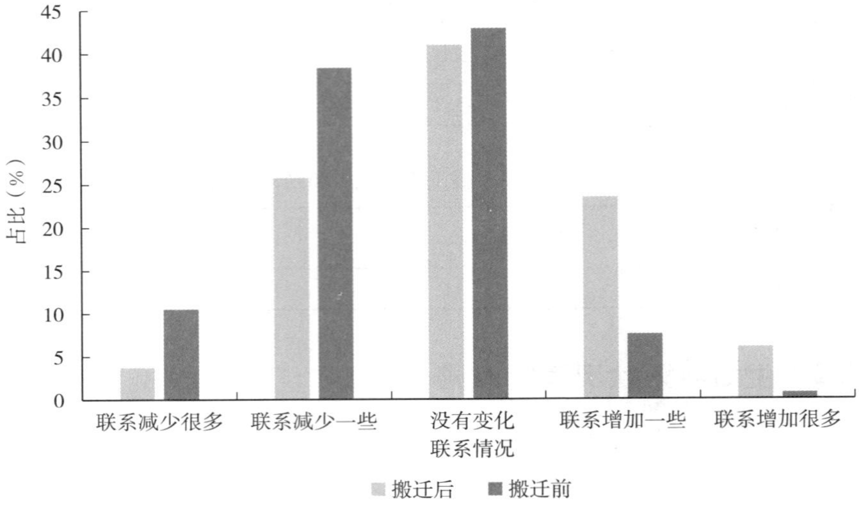

图 7－1　被调查移民搬迁前后邻居联系情况变化状况

紧密，都说明了农村水电移民搬迁后的邻里支持度不高，邻里日常生活联系不紧密，影响移民的生活融入水平提高。在调研中发现，安置社区住房为统一修建，移民个人的活动更倾向于看电视、干家务等，缺乏与周围邻居的社交。邻里关系的不稳定和水平低下，不利于移民打破邻里关系壁垒，降低了农村水电移民在心理层面对安置社区的归属感和认同感，弱化了移民自身的主人翁意识和社区责任感，使移民在生活中的互动融合得不到提升。而社会网络的不稳定性，同时会影响移民的就业，弱社会网络可能代表信息共享、就业选择的减少，移民就业渠道受到一定程度的限制。

（2）社区活动场所较少制约移民参与度提升。水电移民的社区组织参与率和社区活动满意率较低。一方面，调研中近一半的安置社区只拥有一种社区活动场所，不利于移民社会活动的开展，降低了移民社会活动满意率；另一方面，新的安置社区管理机制、组织协调不到位，导致水电移民参与活动积极性不高，不利于移民的生活融入。

表 7－9 显示，安置社区拥有一种活动场所的比例接近一半，而拥有三种及以上活动场所的比例仅有 31.82%，可以看出移民社区内的活动场所种类较少。通过比较移民的社区组织参与率和社会活动满意率（图 7－2）可以看出，参与率和满意率的中立占比是最高的，而且比较不认同也占据

较高的比例。移民搬入安置社区后，后期扶持、社区管理、社区组织协同等工作建设还不够完善，从而降低了移民对社区组织和社会活动的参与积极性，不利于移民搬迁后的社会融入。后续需加强社区组织工作、提高政策宣传力度，提高移民的社区组织参与率和社会活动满意率。

表 7-9 安置社区被调查移民活动场所情况

选项	频数（份）	百分比（%）	累计百分比（%）
社区拥有 1 种活动场所	57	45.45	45.45
社区拥有 2 种活动场所	28	22.73	68.18
社区拥有 3 种及以上活动场所	40	31.82	100
总计	125	100	

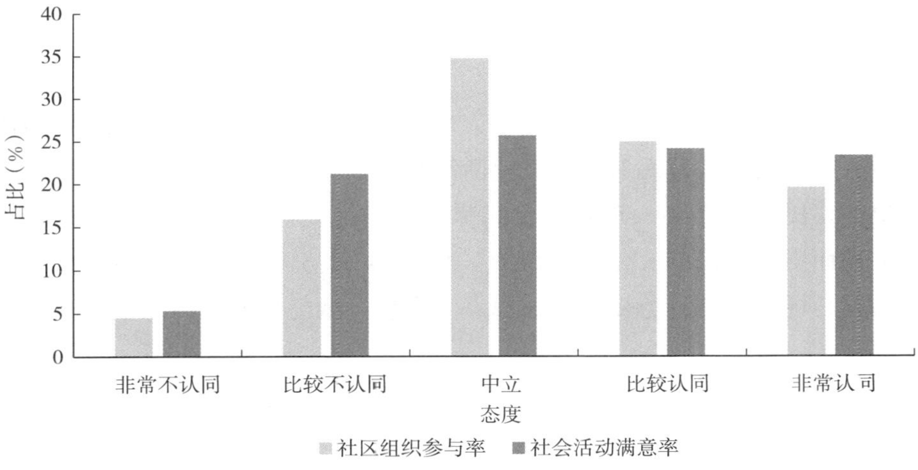

图 7-2 被调查移民社区组织参与率和社会活动满意率

移民搬迁后，社交网络发生改变，参与社区活动成为移民重建安置生活、丰富日常生活的主要渠道，但是在移民融入现状中，社区活动参与度的评价不高，有碍移民的社会融入，移民在社区活动中的参与度和参与次数等方面都存在不足。虽然大部分移民搬入新社区已有几年，但是他们在组织活动参与中多是被动参与，对社区工作的重视度不高。同时，移民文化水平较低、经济发展相对滞后，可能抑制了他们参与社区活动的积极性和主动性，一些移民会选择缺席基层活动。此外，新的安置社区还没有形成成熟、群众信任度高的基层组织，移民的社区工作满意度有待进一步提升。

7.3.3 文化环境融入有待提高

比较文化环境融入维度的多维融入障碍指数贡献率与平均值，可知文化环境融入现状较差，尤其是文化生活状况融入较差，有待进一步提高。关注川西高原地区农村水电移民文化思想、习俗传统等的民族特殊性，加大区域内优秀民族文化的传承力度，可以帮助移民提升幸福感，促进社会融入。此外，区域内文化教育资源的倾斜力度不足，也会阻碍移民、“移二代”后续人力资本水平的提升，影响移民的生计可持续发展，不利于移民搬迁安置后的生活生产稳定性。

（1）文化活动场所有限降低移民参与便捷性。川西高原地区库区的农村水电移民具有文化思想、传统习俗、易地远迁等特殊性。调研数据显示，移民搬迁后参与文化活动和活动场所都存在减少的趋势，不利于后续的文化环境融入。

在移民群体中少数民族占比最大，移民的文化活动对于其搬迁后的社会融入影响较大，移民对应的文化活动参与和活动场所情况是很好的研究对象。移民的社会融入现状评价结果显示，文化生活状况的融入障碍较高，进而影响移民的文化环境融入。根据图 7－3 具体分析，移民参与活动和参与场所呈同趋势变动，移民参与活动、参与场所总体上存在减少的趋势。

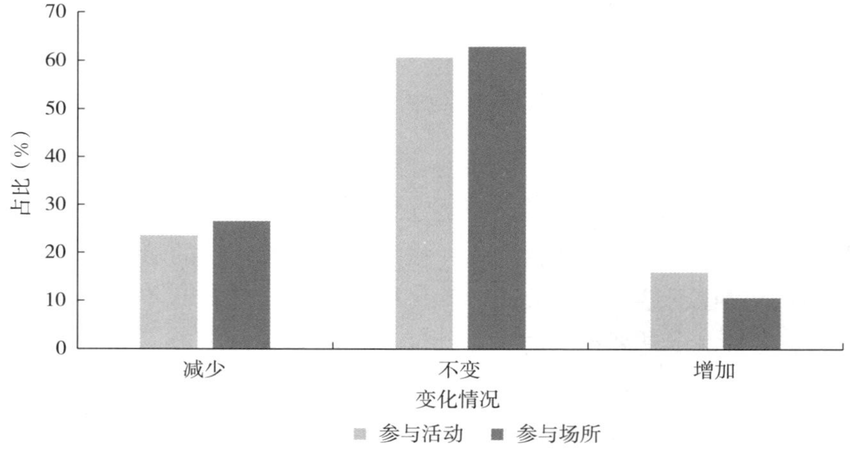

图 7－3　被调查移民搬迁后参与文化活动及场所变化情况

对于川西高原地区农村水电移民来说，文化活动和传统习俗具有重要的意义，川西高原地区具有雪顿节、祈祷节、藏历新年等文化节日，这些节日活动可以促进居民互动交流，提升居民的幸福感。但搬迁后，由于新建安置社区配套文化活动设施不够健全、文化活动形式不够丰富，水电移民参与文化活动的便捷性降低，难以融入新环境，生活满意度降低，影响了移民搬迁后的稳定发展。

（2）教育资源倾斜力度有限。在表 7－5 和表 7－6 中，可以看到移民的文化水平总体较低，文化水平较低的移民所获得收入也较低。文化水平、教育资源投入较低影响了移民个人能力的提高，减少了移民就业机会。地区之间发展不平衡，导致文化教育在区域间不协调和不平衡，安置区教育资源倾斜力度不足，教育质量有待进一步提升。

在调研中，移民的父辈普遍希望子辈能依靠教育“走出去”和获得更好的发展机会，而“移二代”主要在乡镇、县城接受教育，虽然搬迁后他们上学相比以前更为便利，但川西高原地区本身就存在自然条件、地理位置等方面的限制，教育水平与四川省中东部有着较大的差距。经济社会发展不平衡、城乡二元结构问题的存在，使得当地教育资源和教育质量得不到很好的保障，加之地理限制，不能吸引教育人才投身当地，教育基础设施不能及时更新换代，最终使得当地教育质量得不到改善，移民人力资本提升乏力。

7.3.4 公共服务融入有待完善

在社会融入现状分析中，公共服务融入状况接近总体融入水平，但是农业技能培训服务、医疗服务保障的水平有待进一步提升。公共服务是农村水电移民开展生产生活的基础，移民的公共服务融入水平影响政策满意度、生产生活满意度，但川西高原地区农村水电移民公共服务存在社会保障意识欠缺、技能培训较少、后期扶持力度不够等问题，这些缺位会降低移民在就业、生活方面的便捷度，制约移民人力资本的提升。

（1）技能培训缺乏制约移民人力资本提升。移民的人力资本提升支撑有限，不利于搬迁后的生产活动开展。一方面，水电移民搬迁后大多没有参与技能培训；另一方面，移民对技能培训认可度较高，又希望获得相关的培训。可见，技能培训的需求与供给之间存在较大缺口。

在125份移民调研问卷中，没有参与过易地搬迁后技能培训的移民占被访问移民人数的72%，参与过技能培训的移民仅占总人数的28%（表7-10），移民搬迁后参与技能培训的水平较低。另外，在移民对于农技培训在增收和能力提升方面的认可度调查中（表7-11），63%的移民认为农技培训是一个对个人发展、经济增收有益的项目，这与表7-10中移民接受培训的情况存在极大的反差，说明移民认可技能培训的作用，但是因多重限制而不能接受到技能培训，人力资本提升受限。

表7-10 被调查移民搬迁后技能培训参与情况

选项	频数（份）	百分比（%）
参与过	35	28
没参与过	90	72
总计	125	100

表7-11 被调查移民对农技培训在增收和能力提升方面的认可度情况

选项	频数（份）	百分比（%）
有帮助	79	63
没帮助	46	37
总计	125	100

教育水平、技能培训都是人力资本的重要影响因素。技能培训影响农村水电移民的个人能力、经济收入情况，移民搬迁后的经济融入水平与其呈正相关关系。农村水电移民受到自身教育水平、家庭状况、所处环境等影响，在搬迁前的生计状况较差，自身的技能水平也较为低下。在劳动力市场中，低技能的劳动者大部分只能参与低技能劳动力市场，劳动报酬低、可替代性强，低技能移民个人的职业稳定性不足、经济收入水平易产生较大波动，这成为移民搬迁后实现经济融入的重要影响因素。当然，也有部分移民自身参与培训的积极性不高，他们在寻求就业增收的过程中，偏向于选择散工的工作形式，对于技能培训的态度为“浪费时间”“自己做零工不需要这些技能”，不愿花费更多的时间用于个人投资和提升就业能力。虽然多数移民认可技能培训在经济增收、经济融入中的积极作用，

但受到个人观念、政策引导等影响，部分移民实际上很少参与搬迁后的技能培训。今后需要思考在农村移民技能培训具体培训内容、培训方式等上做出改变，提供更契合移民需求和工作、生活特点的培训。

（2）风险保障意识较弱影响移民公共服务保障。移民受保障意识传统和低文化水平限制，主动购买商业保险或养老保险的人数少，遇到风险时的求助对象有限，自身的风险保障意识不足，削弱了自身的社会融入水平。

表 7－12 显示，农村水电移民家庭购买新型农村社会养老保险的平均人数为 2.83 人，而家庭购买商业医疗保险或养老保险的平均人数为 0.7 人。农村社会养老保险相比于商业保险领取金额较少，对于移民来说社会保障作用有限，而商业保险的参保人数较少，一定程度上反映出移民的保障意识欠缺。此外，移民遇到困难时向谁求助也是评价其风险保障的一个重要参考。在表 7－13 中，移民遇到困难时求助对象为政府相关部门的只占 14.40%，寻找亲戚朋友扶持的占 59.09%，说明移民遇事的求助对象更多是民间的、非正式的。

表 7－12　被调查移民家庭参与保险情况

选项	商业医疗保险或养老保险	新型农村社会养老保险
家庭平均购买人数	0.7	2.83

表 7－13　被调查移民遇到困难或大事的寻求帮助对象情况

选项	频数（份）	占比（%）	累计百分比（%）
政府相关部门	18	14.40	14.40
亲戚好友	74	59.09	73.49
自行解决	30	24.24	73.73
其他解决途径	3	2.27	100
总计	125	100	

川西高原地区农村水电移民在后期就业过程中，受到经济发展水平、文化程度等影响，加之大多选择“散工”就业形式，缺乏稳定的就业保障支持，诸如就业合同保障、失业社会保障等，就业稳定性偏低。调研发

现，移民大部分购买的是农村基本养老保险，同城市居民养老保险和商业保险的领取额度相差较大，仅能满足基本的生活支出，得不到很好的养老保障。另外，政府组织的就业培训因为培训方式单一、移民参与热情低、培训安排不当等，没有发挥促进农户增收、增加就业选择的作用，抑制了移民的社会融入水平提升。

7.4 本章小结

本章基于川西高原地区水电移民在教育水平、文化活动、公共服务保障等方面的民族特殊性，从经济融入、生活融入、文化环境融入、公共服务融入 4 个维度综合构建农村水电移民的社会融入指标体系，并利用多维测量法来综合评价川西高原地区水电移民的社会融入状况，通过分析得出以下结论：

（1）川西高原地区水电移民的社会融入程度整体较好，且融入水平随观察维度的不断增加而上升，当只关注农村水电移民一项社会融入问题时，移民的融入障碍发生率、多维融入障碍指数较高，移民的社会融入状况不好。

（2）从各构成维度看，川西高原地区水电移民社会融入四维度中的经济融入、生活融入现状较好，公共服务融入虽然接近总体融入水平，但还需进一步提高，文化环境融入总体状况较差，融入水平需大力提升。在具体的指标测量结果中，可以发现移民社会融入中农村公共基础设施、家庭收入状况等融入现状较好，而文化生活、就业稳定性等融入现状较差；另外，在移民安置过程中，随着移民社区基础设施的逐渐覆盖，政策扶持下生计方式的增加及生活环境的改善，移民在农村公共基础设施、家庭收入状况、生活满意度上的融入现状已达到较好水平。

（3）具体分析，从经济融入的维度看，受就业形式单一、文化水平低下、就业扶持弱、商业经营性活动发展迟缓等因素的影响，农村水电移民在经济融入层面存在就业面受限、收入稳定性差、就业质量不高等问题。从生活融入的维度看，移民的社会组织参与度和邻里关系满意度的融入评价较差，这主要是因为移民搬迁后社交关系网改变，加之基层组织建设不健全，故农村水电移民在生活融入中存在社区活动参与度低、基层满意度较低、邻里互动少、社交网络扩展受限等问题。从文化环境融入的维度看，文化活动场所有限降低了移民参与活动的便捷性。从公共服务融入的维度看，存在移民社会保障意识欠缺、技能培训较少等问题，公共服务的部分缺位会降低移民在就业、生活方面的便捷度，制约移民人力资本提升。

8 移民搬迁对水电移民生计结果影响分析

生计结果是生计策略或生计目标的最终成果，主要包含收入增加、脆弱性降低、福利改善等。其中收入的增加是对农户生计结果的直接展示，能有效评价农户生计结果状况。生计脆弱性是反映移民户在遭受外部风险冲击后，恢复和持续发展能力的重要指标。因此，在本章中，从家庭收入增加和生计脆弱性两个维度探讨水电移民搬迁对川西高原地区库区农户生计结果的影响。

8.1 移民搬迁对水电移民家庭收入影响研究

水电移民问题是我国调整能源结构、构建和谐社会需要解决的重要社会经济问题。在水电开发中，移民问题是关键，移民稳则建设顺，移民富则水电兴。但由于搬迁造成的地理位置和社会环境的变化，移民在恢复和提高生计水平方面存在着诸多难题，发展难有持续性。一旦移民生计不能持续，极易陷入贫困，进而引发社会矛盾。川西高原地区是我国重要的水电基地，发展水电为川西高原地区库区带来了前所未有的机遇，但也面临着一些特殊挑战。一方面，当地少数民族众多，农村居民有农业、牧业、副业（如挖虫草）等独特的生产生活方式，生计活动对自然环境依赖大。水电开发导致当地居民自然资源可利用范围缩小，可能会加剧对自然资源的索取，从而对川西高原地区的长江上游生态屏障造成难以估计的破坏。另一方面，当地耕地资源不足，移民难以实现“有土安置”，移民如何调整其仅有的生产要素，恢复搬迁前的生计水平，达到“搬得出、稳得住、逐步能致富”的发展目标，是事关民族地区社会和谐稳定的一项重要挑战。水电移民搬迁导致农户原有的生计结构破碎，家庭收入受到持续影响，以农业收入为主的传统生计模式陷入脆弱性状况，但工程建设所带来的发展机遇，为农户拓展生计模式提供了条件，使得农户家庭收入来源多样，极大地增强了农户可持续生计能力。因此，本章实证分析水电移民搬迁对农户家庭收入的影响，探讨影响效应以及传导机制，以期把握川西高原地区库区农户家庭的收入状况，为地方政府以及相关部门完善和补充后期扶持政策提供有效支撑。

8.1.1 理论分析

根据可持续生计分析框架，农户生计资本包括人力资本、自然资本、金融资本、物质资本和社会资本，而已有研究表明，水电移民户由于水电开发以及搬迁，生计资本禀赋较弱，尤其是自然资本、金融资本和社会资本等。具体表现为耕地、林地占有面积较少（王湛晨等，2021），移民补偿标准与市场水平之间有一定差距，移民补偿资金较少且要优先用于房屋建设等物质资本水平恢复（赵旭等，2018）。根据“小农理性”这一农户追求经济收入的原则，水电移民户会在权衡生计资本配置和长、短期利益的基础上，为追求利润最大化而做出相应的生计选择。首先，水电移民户耕地占有面积较少，出于经济理性，为适应耕地面积减少，可能会将原先在农业生产方面的劳动力配置到非农就业方面，导致农业收入减少。其次，西南地区林下资源丰富，采挖松茸和虫草等林下特色资源亦是农户农业收入的主要来源之一（冯雪红，2019），林下特色资源采挖具有季节性特点，且属劳动密集型产业，水电移民户为适应库区开发引起的林下资源可采挖面积的减少，可能会加大采挖季节劳动力投入数量或劳动强度，以保障该部分采挖收入不会减少。并且，水电开发区多处于高山峡谷之中，因此水电移民涉及的牧户较少，但仍有少量从事养殖业，由于库区开发搬迁导致自然资本、物质资本减少，移民户养殖规模可能缩小，因此移民户养殖收入减少。从耕地经营、林下特色资源采挖和家禽养殖等方面对农业生产经营进行分析，水电移民会导致农户农业收入减少。

家庭生产理论认为，要把劳动者放在家庭背景下去分析其决策行为（陈纪平，2008），水电移民户农业收入减少，导致家庭可能将更多的劳动力配置到非农部门，获得更多的工资性收入以规避家庭收入风险。此外，水电移民户还能获得移民补偿，我国现行的水电移民后扶持补偿标准为每人每年 600 元，扶持期限为 20 年，旨在帮助水电移民在搬迁后恢复生计水平，并提高其生产生活水平，保障水电移民能够“搬得出、稳得住、逐步能致富”。

综上所述，水电移民搬迁对家庭收入影响的效应取决于农业收入减少、工资性收入增加以及政府转移性收入增加的总体大小，而农业收入和工资性收入又是农户家庭收入的主要来源，二者收入变化的方向和强度取决水电移民为适应生计环境和生计资本变化而做出的生计适应行为。

8.1.2 模型设定与变量定义

（1）模型设定。为研究水电移民搬迁对农户家庭收入的影响，构建以下回归模型：

$$Y_i = \alpha_O + \beta_1 HR_i + \gamma CONTROLS_i + \varepsilon_i$$

模型中 i 为农户家庭，Y 是被解释变量农户家庭人均收入，在问卷中询问获得——农户过去 12 个月的农业经营收入、非农经营收入、工资性收入、转移性收入和财产性收入，通过加总的方式获得农户过去一年的家庭总收入，并将家庭总收入除以家庭常住人口数获得农户家庭人均收入。HR 是核心解释变量水电移民搬迁，在问卷中通过题项“您家是否因水电开发而移民搬迁?”进行定义，是赋值为 1，否赋值为 0。$CONTROLS$ 是控制变量，包括户主个体和家庭两个层面的相关变量，户主个体层面包含户主年龄、民族、教育水平、自评健康水平 4 个变量，家庭层面包含家庭人口特征（家庭常住人口、老人占比、儿童占比、非农就业占比）和经济特征（耕地面积、住房面积、互联网使用、交通条件）共 8 个变量。α、β、γ 为估计参数，ε 为随机扰动项。

（2）变量定义与描述。表 8-1 显示了各变量的定义、赋值与统计特征。从表 8-1 中可以看出，农户家庭人均收入均值为 18 161.251，略高于 2020 年全国农村居民人均收入（17 131 元）。但从较大的标准差来看，虽然样本中的家庭人均收入均值较大，但内部收入差异较大且分布不均，最小值为 3 875 元，最大值为 180 000 元。核心解释变量水电移民搬迁均值为 0.289，说明样本中水电移民户占比为 28.90%，普通农户占比为

71.10%。控制变量户主民族均值为0.787，说明样本中少数民族占比为78.70%，样本具有典型的民族地区特征且代表性较好。

表 8-1 变量说明与描述性统计分析

变量	变量定义与赋值	均值	标准差	极小值	极大值
家庭人均收入	家庭总收入/家庭常住人口（单位：元）	18 161.251	19 514.386	3 875	180 000
水电移民搬迁	是=1；否=0	0.289	0.462	0	1
户主年龄	单位：岁	41.926	16.034	15	91
户主民族	少数民族=1；非少数民族=0	0.787	0.409	1	2
户主文化水平	1=小学以下；2=小学；3=初中/中专；4=高中/职高；5=大学及以上	2.891	1.560	1	5
户主健康水平	自我评价身体健康状况：1=很不健康；2=比较不健康；3=一般；4=比较健康；5=很健康	3.572	1.088	1	5
家庭常住人口	经济和生活与家庭连成一体的总人口数（单位：人）	4.236	1.724	1	12
老人占比	家庭64周岁以上人数/家庭常住人数	0.133	0.210	0	1
儿童占比	家庭16周岁以下人数/家庭常住人数	0.121	0.181	0	1
非农就业比例	非农就业人数/家庭常住人口	0.314	0.301	0	1
耕地面积	家庭承包耕地面积（单位：亩）	6.782	9.512	0	65
住房面积	家庭住房面积（单位：平方米）	185.594	159.967	0	1 500
互联网使用	家庭是否使用互联网：是=1；否=0	0.849	0.357	0	1
交通便利程度	与村主干道距离（单位：公里）	1.526	2.773	0	15

8.1.3 实证分析

8.1.3.1 基准回归

表8-2是水电移民搬迁对农户家庭人均收入影响的基准回归结果。第(1)列仅放入核心解释变量水电移民搬迁，系数为正且显著；第(2)～(4)列依次加入户主个体特征、家庭人口特征和家庭经济特征方面的控制变量，核心解释变量水电移民搬迁系数变动较小且均显著；为减少农户之间收入差异性较大而对估计结果造成的影响，第(5)列将家庭人均收入取对数后放入回归模型，水电移民搬迁变量仍显著。(1)～(5)列回归

结果表明在控制其他变量的条件下，移民户相较于非移民户而言家庭收入更高。该结果与已有一些研究结论相似（马明等，2021），但与谭秋成（2017）、王湛晨等（2018）的结果相反。谭秋成的研究采用河南的样本数据主要关注土地资本、劳动力先验种植知识对农业经营收入的影响，而川西高原地区库区移民生计具有民族特殊性，可能是造成二者结果不一致的原因。王湛晨等的研究认为移民对于农户家庭收入存在显著的负效应，但同样也认为选择非农生计策略的家庭应对水电开发导致的生计环境变化的能力更强。一方面，后文将从劳动力配置视角出发，检验水电移民对农业收入和工资性收入的影响；另一方面，现有研究对民族地区水电移民关注较少，民族地区水电移民的非农就业水平、农业生产率较低以及特色林下资源采挖生计活动等亦是造成研究结果差异的可能原因。后文将进一步对水电移民户的农业经营、特色林下资源采挖生计活动和非农就业等进行讨论。

表 8-2　水电移民搬迁对农户家庭收入的影响分析

指标	(1) 人均收入	(2) 人均收入	(3) 人均收入	(4) 人均收入	(5) 人均收入对数
水电移民搬迁	5 420.826*** (2 030.215)	6 060.256*** (2 150.134)	6 398.953*** (1 945.938)	5 170.282** (2 065.912)	0.390*** (0.081)
户主年龄		46.055 (80.769)	83.783 (74.108)	72.734 (73.528)	0.012*** (0.001)
户主民族		−1 644.753 (2 310.140)	1 860.941 (2 074.313)	2 885.524 (2 081.532)	0.125 (0.009)
户主文化水平		1 830.433** (792.927)	1 641.488** (712.963)	1 332.268* (713.674)	0.102*** (0.031)
户主健康水平		541.672 (980.861)	54.822 (877.790)	−386.256 (887.532)	0.063 (0.045)
家庭常住人口			−3 057.627*** (524.631)	−2 872.254*** (532.761)	−0.180*** (0.024)
老人占比			−1 732.664 (4 068.071)	−1 233.715 (4 049.908)	−0.003 (0.170)
儿童占比			−2 263.708 (4 724.164)	−366.485 (4 785.533)	−0.001 (0.205)

（续）

指标	(1) 人均收入	(2) 人均收入	(3) 人均收入	(4) 人均收入	(5) 人均收入对数
非农就业比例			19 344.345*** (3 004.092)	19 211.388*** (2 989.912)	0.761*** (0.163)
耕地面积				−208.360** (93.618)	−0.000 (0.000)
住房面积				11.324** (5.540)	0.000*** (0.000)
互联网使用				6 092.581** (2 607.104)	0.407*** (0.116)
交通便利程度				−268.155 (320.932)	−0.002 (0.001)
常数项	16 509.838*** (1 120.647)	8 462.759 (6 945.952)	13 624.409** (6 506.145)	9 653.661 (7 167.086)	8.351*** (0.301)

注：括号内为标准误，*、**、*** 分别表示在10%、5%和1%水平下显著。

控制变量方面，从第（4）列中可以看出，户主文化水平、非农就业比例、住房面积、互联网使用对家庭人均收入具有显著的正向影响，与预期相符。而家庭常住人口、耕地面积对家庭人均收入具有显著的负向影响，可能的原因在于：根据家庭生命周期理论，家庭常住人口越多越有可能为扩大家庭，在家庭劳动力一定的情况下，家庭人均收入更低（王家庭等，2019）；耕地面积越多，劳动力越有可能从事农业生产，而相较于非农业，农业生产的比较收益可能更低，因此对家庭人均收入具有负向影响（张海霞，2020）。

8.1.3.2 收入结构性估计结果

为进一步了解水电移民搬迁对农户家庭收入的影响路径，根据收入来源将家庭人均收入进一步划分为人均农业收入、人均工资收入、人均转移性收入和人均财产性收入，结果如表 8－3 所示。由表 8－3 可知，水电移民搬迁对农户家庭人均农业收入和财产性收入的影响并不显著，对人均工资收入和人均转移性收入具有显著的正向影响。水电移民搬迁对农户人均农业收入影响为负但不显著，而对人均工资收入的影响系数为 3 511.025 且在 5% 水平上显著，说明移民户比非移民户非农就业收入要高 3 511.025 元，可能的原因在于移民户耕地面积减少，对家庭劳动力进行了非农化配置，本章将在后续分析中进一步验证该影响机制。水电移民搬迁对家庭人均转移性收入影响的系数为 932.810 且在 5%的水平上显著，与我国现行的水电移民每人每年 600 元的补偿标准相差不大，可以认为对人均转移性收入的显著正向影响主要来源于水电开发的后扶持政策。

表 8-3 收入结构性估计结果①

指标	(1) 人均农业收入	(2) 人均工资收入	(3) 人均转移性收入	(4) 人均财产性收入
水电移民搬迁	−1 329.331 (981.874)	3 511.025** (1 632.072)	932.810** (430.147)	67.876 (74.783)
控制变量	控制	控制	控制	控制

注：括号内为标准误，*、**、*** 分别表示在 10%、5%和 1%水平下显著。

8.1.3.3 进一步讨论

（1）农户生计适应性。已有数据和研究均表明农业收入和外出务工的工资性收入是农户家庭收入的主要来源，而转移性收入和财产性收入占家庭总收入的占比较低（程名望等，2014）。同时，已有研究表明，水电开发建设造成移民家庭生计资本受损，移民户家庭难以维持原有生计，因此本部分将进一步考察水电移民家庭如何通过调整家庭劳动力配置，来适应家庭生计资本（主要是土地资源）的变化。

水电移民开发导致农户耕地和林地面积减少，移民户可能选择减少农业劳动力投入，将更多的劳动力投向非农部门，也有可能选择流转更多的土地以维持耕地经营规模。因此，在表 8-4 的（1）～（3）列分别将人均承包耕地、人均实际经营耕地、农业从业人数占比作为被解释变量，考察移民户在农业生产方面的生计活动调整。表 8-4 中，（1）～（2）列水电移民系数分别为−0.243 和−0.370 且在 1%水平上显著，说明水电移民显著减少了农户承包的耕地面积和实际经营耕地的面积；第（3）列水电移民系数为−0.086 且在 5%水平上显著，说明由于水电移民搬迁导致家庭耕地面积减少，农户通过减少农业劳动力投入调整家庭生计活动。

另外，在川西高原地区库区，采集林下资源（虫草、松茸等）也是农

① 本表控制变量与前文一致，包含户主个体层面和家庭层面共 12 个变量（后表同）。

户家庭农业收入的主要来源之一，在样本中林下资源收入占农户农业收入比例的均值为 52.61%。因此，在分析农业收入时除了考察农户农业生产方面的生计适应外，还对移民户林下资源采挖生计行为进行分析。表 8-4 第（4）～（6）列分别将林下资源采挖面积、采挖总天数对数、人均林下资源收入对数作为被解释变量，来考察水电移民面对林下采挖资源变化时的生计适应行为。第（4）列水电移民搬迁系数为−567.724 且在 10%水平上显著，说明水电移民搬迁显著减少了农户林下资源可采挖面积。第（5）列采挖总天数对数回归中水电移民搬迁系数为正且显著，第（6）列人均林下资源收入对数回归中水电移民搬迁系数为正但不显著。从第（4）～（6）列的回归中可以看出，移民户林下资源采挖面积减少，移民户为适应采挖面积减少的变化增加了家庭劳动力在林下资源采挖的天数投入，以保持家庭林下资源收入不变。

样本中甘孜州、阿坝州具有丰富林下资源的林地多是分包到村组甚至到户，每个村组或农户具有相对固定的可采挖区域，水电开发导致林地被淹或是移民户远离采挖地，导致移民户林下资源采挖面积显著减少。而移民户为维持林下资源采挖收入稳定，增加了采挖的总天数。在采挖面积减少的约束下，要维持收入不变，移民户势必要通过加强时间投入对现有资源进行进一步利用。林下资源采挖强度的增加，是对现有自然资源的过度、破坏式利用。一方面，对林下资源过度利用是一种竭泽而渔的行为，长久以往更容易引起采挖收入的急速下降，从而引发收入问题。另一方面，林下资源利用过程中的采挖、践踏、碾压行为对植被破坏较大，为增加采挖效率，移民户甚至对于采挖过程中形成的坑洞并不做修复，极易破坏本就脆弱的自然生态环境，造成难以估计的生态损失。

表 8-4 第（7）列以家庭养殖收入占总收入比例作为被解释变量，水电移民搬迁系数为−0.094 且在 5%水平上显著，说明水电移民搬迁显著减少了农户家庭养殖收入。第（8）列以非农就业人数占家庭劳动力的比例为被解释变量，水电移民搬迁变量系数为正且显著，说明水电移民搬迁使得家庭劳动力非农就业比例增加。结合表 8-3 中（1）～（2）列水电移民搬迁对农业收入和工资收入的影响结果，可以认为水电移民搬迁对农户家庭农业收入影响并不显著的原因是川西高原地区库区农户农业收入由种植养殖和林下资源采挖两类生计收入组成，水电移民对耕地面积、农业

从业人数占比、养殖收入占比具有显著的负向影响，而对林下资源收入影响并不显著。移民户农业生产资源减少使得农户调整家庭劳动力配置，增加家庭劳动力非农就业比例，从而提高了家庭工资性收入，这与陈昱等（2011）、马明等（2021）的研究结论一致。

表 8-4　水电移民搬迁对农户生计适应分析

指标	(1) 人均承包耕地	(2) 人均实际经营耕地	(3) 农业从业人数占比	(4) 林下资源采挖面积	(5) 采挖总天数对数	(6) 人均林下资源收入对数	(7) 养殖收入占比	(8) 非农就业占比
水电移民搬迁	−0.243*** (0.092)	−0.370*** (0.122)	−0.086** (0.035)	−567.724* (313.317)	0.565** (0.268)	0.614 (0.429)	−0.094** (0.003)	0.128** (0.056)
控制变量	控制	控制	控制	控制	控制	控制	控制	控制

注：农业从业人数和农业从业人数占比回归中的控制变量不含非农占比。括号内为标准误，*、**、*** 分别表示在 10%、5%和 1%水平下显著。

（2）异质性讨论。为进一步讨论水电移民搬迁及其生计适应行为对家庭收入的影响，下面将从安置方式和安置点属性两方面进行分组回归讨论。

首先，从安置方式分组回归来看，集中安置方式水电移民搬迁对家庭收入影响显著，而分散安置方式则影响不显著。可能的原因在于集中安置多是安置在新建移民村或城镇地区，因此集中安置的移民户农业生产所需的土地资本可能更少，只能改变家庭生计，让劳动力以非农就业为主，因此收入较高。

其次，从安置点属性的分组回归来看，在普通村庄安置点居住的水电移民家庭收入受影响并不显著，而产业园区安置点分组家庭收入则受到显著影响。可能的原因亦在于被安置在产业园区的农户从事非农工作的可能性更高。

从异质性分析的结果来看，产业园区安置方式的系数和显著性水平均最高，并且产业园区安置点的移民家庭均属于集中安置类，因此集中安置分样本回归中的显著特征可能来源于产业园区安置所带来的效应。无论是集中安置还是产业园区安置：一方面移民家庭农业生产资源发生改变，为适应这种变化，移民家庭将更多的劳动力配置在非农就业方面；另一方面，集中安置和产业园区安置方便各级政府集中开展就业指导和职业技能培训、提供就业岗位等，从而提高了移民户非农就业水平，进而增加其家庭收入。因此，结合表 8-4 水电移民生计适应行为和表 8-5 的水电移民异质性分析，可以认为非农就业是移民家庭收入增长的重要途径。

表 8-5 异质性检验

指标	安置方式		安置点属性	
	集中安置	分散安置	普通村庄	产业园区
水电移民搬迁	5 448.599**	4 324.326	2 735.726	6 763.599***
	(2 301.543)	(2 685.635)	(2 079.907)	(2 475.273)
控制变量	控制	控制	控制	控制

注：本表回归中被解释变量与前文一致，均为家庭人均收入。括号内为标准误，*、**、***分别表示在10%、5%和1%水平下显著。

8.1.3.4 内生性讨论

本章关注水电移民对农户家庭收入的影响，受制于截面数据的局限性，只能通过水电移民户和普通农户的对比获得估计结果。但由于移民户原居住地多处于河谷地带，此类居住地对于普通农户而言具有两类优势，是河谷地带土地更加肥沃和平坦，二是中国城镇、村落和道路等多是依河而建，移民户有可能自身家庭生计资本原本就好，家庭收入高，因此采用 OLS 回归存在着样本自选择带来的内生性问题。而倾向得分匹配（PSM）通过构造"反事实推断模型"选取和移民户特征相似的非移民户，处理移民户可能存在的样本自选择问题。前文回归中的控制变量包含了个人基本特征、家庭人口和经济特征以及家庭交通条件等，因此在倾向得分匹配过程中选取前文的控制变量作为协变量，选取非移民户和移民户进行配对。表 8-6 展示了近邻匹配、核匹配和卡尺匹配等多种匹配方式的处理效应（ATT），均表明水电移民搬迁对农户家庭收入具有显著的正向影响。

表 8-6 水电移民搬迁对农户家庭人均收入影响的 PSM 估计结果

匹配方式	*ATT*	标准误	*T* 值
近邻匹配	21 930.614**	2 605.566	1.78
核匹配	22 073.596**	3 281.721	1.97
卡尺匹配	21 930.614**	2 097.332	2.58

注：*、**、***分别表示在10%、5%和1%水平下显著。

8.1.3.5 稳健性讨论

表8-2中，第（1）～（4）列中水电移民搬迁变量系数和显著性变化程度较小，同时为减少农户之间收入差距过大对估计结果造成的影响，亦使农户人均收入数据更加符合正态分布，表8-2第（5）列采用农户人均收入对数作为被解释变量，水电移民搬迁变量系数为正且显著，说明本研究的估计结果是稳健的。为进一步检验结果的稳健性，首先，在表8-7第（1）～（2）列中分别采用稳健标准误和对农户人均收入进行上下5%的缩尾，避免部分农户人均收入极端值对估计结果造成影响，从水电移民搬迁变量的系数和显著水平可以看出与前文基准回归相比并无明显变化。其次，部分地区在水电移民搬迁时可能对农户按户籍人口进行安置补偿，在第（3）列中按户籍人口计算家庭人均收入，结果依然稳健。最后，移民搬迁时间越久，其生计活动越有可能与迁入地农户趋同，在第（4）～（5）列中分别剔除样本中搬迁时间大于10年和5年的水电移民户，水电移民系数逐渐变大且显著性不变。通过以上一系列检验，可知本书的结果是稳健可靠的。

表8-7 稳健性检验

指标	(1) 家庭人均收入	(2) 家庭人均收入	(3) 家庭人均收入	(4) 家庭人均收入	(5) 家庭人均收入
水电移民搬迁	5 170.216** (2 340.265)	4 212.986*** (1 408.144)	4 255.876** (1 992.531)	6 048.876*** (2 239.201)	8 316.954*** (2 947.085)
控制变量	控制	控制	控制	控制	控制

注：第（1）列采用稳健标准误进行估计，第（2）列对家庭人均收入进行上下5%缩尾，第（3）列家庭人数按户籍人数进行计算，第（4）列剔除搬迁大于10年的农户（26户），第（5）列剔除搬迁大于5年的农户（82户）。括号内为标准误，*、**、***分别表示在10%、5%和1%水平下显著。

8.1.4 研究结论

本节采用OLS回归分析了水电移民的生计适应行为及其对家庭收入的影响。研究结果表明：①移民户家庭人均收入相较于普通农户要高约5 170元，说明移民农户生计恢复较好，并实现了增收。②水电移民搬迁对农户不同类型收入的影响具有差异性，对家庭工资收入和转移性收入具有显著的正向影响，对农业收入和财产性收入的影响则不显著。③进一步从生计活动的视角对不同收入的影响机制进行解构发现，相较于普通农户而言，水电移民搬迁后耕地面积、农业从业人数占比和养殖收入占比显著减少，并且移民户为了适应林下资源采挖面积的减少，增加了林下资源采挖的季节性人力投入，以保持林下资源采挖收入。该方式是对自然资源的过度利用，对生态环境造成潜在威胁，且不利于林下资源的可持续利用；另外，移民户为适应土地要素和农业收入的减少，将更多的家庭劳动力配置在了非农就业方面，增加了家庭工资性收入。④从异质性分析结果来看，移民户家庭收入的增长效应主要得益于产业园区和集中安置群体。因此，从移民户的生计适应和异质性分析结果来看，非农就业是家庭收入增长的重要途径。

8.2 移民搬迁对水电移民家庭生计脆弱性影响研究

在水电开发的背景下，川西高原地区库区农户生计资产处于波动状态，移民与非移民在公共资源以及生产要素上产生激烈的内在竞争。尽管对移民户而言搬迁安置使得自身获得了现代化住房以及优质的教育和医疗服务（Brown et al.，2008），但耕地资源的缺失以及原有村庄关系网络的破裂使得移民自然资本与社会资本严重受损，更加容易陷入生计脆弱状况，从而大大增加了返贫风险。Cernea（1997）指出脆弱性风险是移民过程中的严峻挑战，例如：移民在新的安置区内因住房等而面临各种贷款风险；移民平均受教育程度低于安置区非移民（Brown et al.，2002），在竞争就业方面存在明显的劣势。川西高原地区库区生态环境脆弱，地理交通不便，农户面临潜在的生计风险，水电移民搬迁不仅对移民具有多种影响，也在一定程度上挤占了非移民的生产要素，如林下资源、草场资源、耕地资源以及务工资源等，从而使得非移民的生计也呈现出脆弱状况。水利工程本身所具备的经济价值能在一定程度上推动川西高原地区库区的发展，提高川西高原地区库区农户的收入水平，通过生计脆弱性视角来深入分析水电移民搬迁政策所产生的影响，能够为提升川西高原地区库区农户生计能力与增加收入提供新的路径。本节探究了水电移民搬迁对川西高原地区库区农户生计的潜在影响，为解决水利水电建设中的移民问题提供了新的研究思路。

8.2.1 理论分析与研究假设

8.2.1.1 水电移民搬迁与川西高原地区库区农户生计脆弱性

水电移民是指因水利水电资源开发而引起的非自愿人口迁移以及迁移人口生计活动重塑的过程，其导致移民原有的生产体系被破坏，生产性收入受到巨大冲击，需要一定的时间周期对生计资本进行重新配置并重构生计模式，如果不能有效协调，移民的生计脆弱将长期存在（风笑天，2004；李聪等，2013；赵锋等，2009）。生计资本在移民的生产生活系统恢复与重建中具有关键作用，而水电移民搬迁对移民最大的影响便是使其生计资本产生损失，如严登才（2011）在描述性统计中发现，除物质资本以外移民的其他4类资本均受到负向影响，其中自然资本损失尤为明显，具体表现为移民搬迁后失去原有的土地资源而在新的安置区域无法获得高质量的适宜土地（彭峰等，2016）。同时也有研究指出，水电移民搬迁导致移民原有的生产技能和手艺不能充分发挥，生计能力受损使得移民家庭收入陷入不稳定状态（风笑天，2004；赵锋等，2009）。

另外，水电移民搬迁政策同样为安置区经济和社会发展带来了巨大的机遇，对川西高原地区库区农户生计脆弱性产生了抑制效应。首先，中央与各级地方政府积极制定并推行水库移民后期扶持计划，并投入巨额帮扶资金（赵旭等，2021），有利于安置区农户获得相关补助以及金融支撑，为安置区农户开展生计活动以及寻求发展机会和增强生计资本提供了有力支撑。其次，安置区域在水电工程建设的辐射作用下，区域基础设施进一步完善，使得安置区农户对家庭外部资源的占有能力不断加强（李聪等，2013），在外部环境改善的基础上安置区农户获得了更多的发展机会，有利于拓宽收入渠道，改善生计资本结构，从而降低生计脆弱性。最后，政府在安置区域为农户提供相关的职业技术培训、就业支持、公共服务（医疗和教育）以及推动产业结构调整、提供产业扶持，为安置区农户的生计可持续发展提供了外在支撑（Wilmsen et al.，2015；李聪等，2013），完善的社会保障以及支持措施有利于激发安置区农户谋求发展的内生动力和降低外在风险冲击，从而降低安置区农户的生计脆弱性。综上，提出研究假设：

H11：水电移民搬迁导致移民户生计脆弱性高于非移民户。

H12：水电移民搬迁与川西高原地区库区农户生计脆弱性呈负相关，水电移民搬迁有利于降低安置区农户的生计脆弱性。

8.2.1.2 水电移民搬迁、社会网络与川西高原地区库区农户生计脆弱性

个体在遇到困难和问题时，家庭及家庭社会网络是其获取帮助和支持的重要渠道，因此，社会网络对于安置区农户生计稳定具有重要意义。社会网络具有的信息流动、传播和共享的信息传递作用能够有效地分散风险和降低不确定性（刘启超，2020；吕杰等，2021），其非正式保障功能有利于降低安置区农户的生计脆弱性。首先，社会网络能有效地促进就业，增加农户的家庭收入（Munshi et al.，2006），从而降低安置区农户的生计脆弱性。刘启超（2020）在研究中指出，社会网络通过熟人推荐可使个体获得较高收入水平的工作，同时通过同群效应产生人力资本外溢，从而间接影响社会网络中其他个体的收入；郭云南等（郭云南等，2015）研究发现，社会网络能够有效地降低农户外出务工的成本，缓解流动性约束，推动农户外出务工以及增加农户家庭收入。其次，社会网络能够有效抑制信贷约束，缓解农户融资压力以及帮助农户有效抵御风险冲击（黄露露，2022；张琳琬等，2022），有利于削弱安置区农户的生计脆弱性。由社会网络产生的非正规信贷能够有效打破信息不对称而带来的融资瓶颈，从而推动安置区农户金融资本增长。而水电移民搬迁对于安置区农户社会网络的影响具有两面性：一方面是导致移民原有的社会关系网破裂，人际关系发生巨大变化，削弱了移民的社会网络（风笑天，2004）；另一方面则是为农户丰富社交网络提供了契机，具体表现为与城镇中心距离缩短，有利于农户增大社交半径（马国璇等，2022）。综上，提出研究假设：

H13：水电移民搬迁通过调整农户社会网络来降低川西高原地区库区农户的生计脆弱性。

8.2.2 农户生计脆弱性测度

（1）指标选取。生计脆弱性是指农户在遭受外部冲击或风险时生计活动表现出低适应性和易损性的状态（赵锋，杨云彦，2009）。既有研究对于生计脆弱性的计算多采用综合评价指数法和构建函数模型法，本书借鉴

李玉山等（2020）对农户生计脆弱性的计算方法，将两种方法结合定量测算民族地区农户的生计脆弱性水平。结合已有研究的方法，基于“暴露—敏感—适应”的脆弱性框架和可持续生计框架（和月月等，2020），构建适合川西高原地区库区农户的生计脆弱性评价指标体系。

具体而言，在实际的调研中发现，川西高原地区库区农户主要受到自然风险、家庭风险和社会风险等因素的干扰，农户所受干扰即暴露度（Ep）。已有研究（李玉山等，2021）发现，农户家庭与县（镇）中心之间的距离可以表征农户遭受自然风险干扰的持续时间，子女教育费用作为家庭承担的一项重要支出增加了贫困风险，而家中发生大事则会增加家庭的不确定性支出，农业年收入比重降低代表农业在一定程度上转为弱势产业，农户面临的社会风险提升，且水电移民搬迁造成的住房问题也在一定程度上增加了农户的社会风险，因此本书选取与上述相关的5个指标衡量农户的暴露度。敏感性（St）主要指健康风险等因素对农户产生的消极影响（李玉山等，2020），一般而言农户家庭面临的健康风险越大，家庭的经济负担就越大，对风险就越具有敏感性，而考虑到川西高原地区库区农户生产生活的特殊性，为更好地反映农户风险敏感性，增加食物风险和能源风险来进行综合衡量，因而本书选用人均医疗费用支出、人均食物消费支出和传统能源支出占总能源支出比例等3个指标来反应农户的风险敏感性。适应性（Ad）是指农户面对外部冲击或风险的抵抗力、响应力与恢复力，通常使用生计资本来进行综合测量。自然资本选取人均家庭耕地面积、人均家庭林地面积、人均家庭牧草地面积和人均家庭可采林下产品面积等4个指标测度，指标值越高，农户获益的机会越大；人力资本选取受教育程度、健康状况和劳动力供养比等3个指标进行测量，指标值越高，农户人力资本数量与质量就越高；社会资本选取家庭是否有村干部、家庭公职人员数量和可寻求帮助的家庭户数等3个指标进行测量，指标值越高，越说明农户拥有丰富的社会网络和非正式保障，抵御风险能力也就越强；物质资本选用住房价值、生产性固定资产和耐用消费品数量等3个指标进行测量，指标值越高，农户投入生产生活的要素越多；金融资本选取人均农业收入、人均工资性收入和人均转移性收入等3个指标进行测量，指标值越高，表明其对于降低农户生计脆弱性的作用越大。具体指标如表8-8所示。

表 8-8 农户生计脆弱性评价指标体系及权重

一级指标	二级指标	三级指标	权重
暴露度（Ep）	自然风险	与县（镇）中心之间的距离	3.85%
	家庭风险	子女教育费用	2.93%
		家中发生大事	4.17%
	社会风险	农业收入占总收入比重	2.56%
		住房结构	5.70%
敏感性（St）	健康风险	人均医疗费用支出	4.36%
	食物风险	人均食物消费支出	2.77%
	能源风险	传统能源支出占总能源支出比例	6.08%
适应性（Ad）	自然资本	人均家庭耕地面积	3.13%
		人均家庭林地面积	8.31%
		人均家庭牧草地面积	8.56%
		人均家庭可采林下产品面积	10.58%
	人力资本	受教育程度	1.34%
		健康状况	0.49%
		劳动力供养比	0.47%
	社会资本	家庭是否有村干部	9.00%
		家庭公职人员数量	3.66%
		可寻求帮助的家庭户数	1.40%
	物质资本	住房价值	2.60%
		生产性固定资产	4.30%
		耐用消费品数量	0.22%
	金融资本	人均农业收入	4.17%
		人均工资性收入	4.12%
		人均转移性收入	5.23%

（2）测量方法。现有研究通过主观评测和客观赋权的方法来衡量农户的生计脆弱性状况，但为了避免主观评测导致的测量指标偏差，本书选择客观赋权的熵值法求得民族地区农户生计脆弱性评价指标权重系数。具体计算过程如下：

首先，为消除原始数据不同量纲而引起的差异，使用极差标准化方法对原始数据进行处理，且由于所有指标均为正向指标，所以采用以下算法进行数据的标准化处理：

$$Sd_{ij} = (R_{ij} - R_{j\min})/(R_{j\max} - R_{j\min}) \tag{8-1}$$

式中，Sd_{ij} 表示第 i 个农户第 j 项指标的标准化数据，R_{ij} 表示原始数据，$R_{j\min}$ 和 $R_{j\max}$ 分别表示第 j 项指标原始数据中的最小值和最大值。

其次，计算各项指标权重，通过标准化值 Sd_{ij}，计算第 j 项指标下第 i 个农户指标值的比重 P_{ij}：

$$P_{ij} = \frac{Sd_{ij}}{\sum_{i=1}^{n} Sd_{ij}} \tag{8-2}$$

然后，测算第 j 项指标的熵值 E_j，其中 n 为样本总数：

$$E_j = -k\sum_{i=1}^{n} P_{ij}\ln(P_{ij})；k = 1/\ln(n) \tag{8-3}$$

进一步计算第 j 项指标的信息熵冗余度 D_j：

$$D_j = 1 - E_j \tag{8-4}$$

最后计算第 j 项指标熵值的权重 W_j：

$$W_j = D_j/\sum_{i=1}^{n} D_j \tag{8-5}$$

计算出各项指标的权重之后，根据联合国政府间气候变化专门委员会（Intergovernmental Panel on Climate Change，IPCC）定义的可持续生计脆弱性指数（LVI）测算框架，采用函数模型法构建川西高原地区库区农户生计脆弱性评价方程：

$$Ep = \frac{\sum_{j=1}^{5} W_{ej}\, Sd_{ej}}{\sum_{j=1}^{5} W_{ej}}；St = \frac{\sum_{j=1}^{3} W_{sj}\, Sd_{sj}}{\sum_{j=1}^{3} W_{sj}}；Ad = \frac{\sum_{j=1}^{16} W_{aj}\, Sd_{aj}}{\sum_{j=1}^{16} W_{aj}} \tag{8-6}$$

$$LVI = (Ep - Ad) \times St \tag{8-7}$$

式中，Ep、St、Ad 分别表示使用线性加权平均计算得出的农户暴露度、敏感性和适应性的评价值；同时为了更好地呈现估计结果，对农户生计脆弱性指数（LVI）进行倍数化处理。

8.2.3 数据来源与模型设定

（1）模型设定。在杨文等（2012）、宁静等（2018）以及李玉山等

(2020) 对生计脆弱性的研究的基础上，为了验证水电移民搬迁对于川西高原地区库区农户生计脆弱性的影响，构建基准模型如下：

$$LVI_i = \alpha_0 + \beta_1 Tr_i + \beta_2 Ctr_i + \varepsilon_i \quad (8-8)$$

式中，LVI_i 表示第 i 个农户的生计脆弱性；Tr_i 表示第 i 个农户是否具有水电移民搬迁的经历；Ctr_i 表示个体、村庄特征的控制变量；α_0 为常数项，ε_i 为残差项。

由于资源禀赋及外部环境冲击，非移民具有更多的生产要素和收入来源，而移民可能在这一方面较为薄弱。普通回归只能观测到有搬迁经历的农户生计脆弱性受到的影响，而对没有搬迁经历的农户，无法观测到移民搬迁对其生计脆弱性的影响。因此，存在“自选择偏差”。本书使用倾向评分匹配方法解决这个问题，通过将非移民户与观察到的具有移民经历的农户进行对比，获得平均处理效应（ATT）。ATT 的具体计算公式如下：

$$ATT = E[LVI_{1i} \mid A_i = 1] - E[LVI_{0i} \mid A_i = 1] \quad (8-9)$$

式中：LVI_{1i}表示具有移民经历的农户的生计脆弱性状况；LVI_{0i}表示没有移民经历的农户的生计脆弱性状况，这是通过反事实框架构建得来的。A_i 为处理变量。

理论分析中指出，水电移民搬迁通过调整川西高原地区库区农户的社会网络对生计脆弱性产生影响。为了进一步论证水电移民搬迁对川西高原地区库区农户生计脆弱性的作用机制，加入中介变量社会网络，借鉴温忠麟等（2014）的中介效应模型和检验方法，构建如下模型：

$$LVI_i = \mu_0 + \mu_1 Tr_i + \mu_2 Ctr_i + \varepsilon_i \quad (8-10)$$

$$Med_i = \beta_0 + \beta_1 Tr_i + \beta_2 Ctr_i + \varepsilon_i \quad (8-11)$$

$$LVI_i = \gamma_0 + \gamma_1 Tr_i + \gamma_2 Med_i + \gamma_3 Ctr_i + \varepsilon_i \quad (8-12)$$

上式中，Med_i 表示中介变量即第 i 个农户的社会网络。

(2) 变量选取。核心自变量为水电移民搬迁，根据问卷的问题“您家是否属于水电移民搬迁?”进行定义，回答是则赋值为 1，否则为 0。本书的研究主旨是探究水电移民搬迁对农户生计脆弱性的影响，而水电移民搬迁所导致的农户自然环境、经济环境以及社会环境的重大改变，对农户生计存在潜在影响。

为了有效控制其他因素对于川西高原地区库区农户生计脆弱性的影

响，借鉴已有研究做法，将可能影响农户生计脆弱性的因素进行归纳和控制。本书选取了性别、年龄、民族、受教育程度、人均年收入、商业保险、贷款、政府信任、道路硬化以及灾害等10个控制变量。

选取社会网络作为本书的机制变量，但国内外学界对于社会网络的衡量并没有达成一致，而基于经济学视角研究农户社会网络时，社会网络的测度主要集中于对亲友数量、礼金支出、城市亲戚联系、党员干部政治关系等指标的测量（杨汝岱等，2011）。综合国内对于农户社会网络的测量，可以发现测度标准主要集中在农户个体、家庭以及村庄层面的人际关系网络，因此本书选用社会资本的3个指标（家庭是否有村干部、家庭公职人员数量以及可寻求帮助的家庭户数）表征农户的社会网络状况（边燕杰，2004），而已有研究对于农户社会网络的评测主要采用线性加权平均计算法，为了更加客观地表征农户社会网络状况，本书仍然使用较为客观的熵值法进行衡量。变量的描述性统计如表8-9所示。

表8-9 变量描述性统计

变量	变量定义	均值	标准差
生计脆弱性	由表8-8指标综合测量后×100	0.71	2.230
水电移民搬迁	1=是；0=否	0.27	0.45
社会网络	由表8-8指标综合测量后×100	2.45	3.28
性别	1=男；0=女	0.53	0.50
年龄	单位：岁	41.60	15.97
民族	1=少数民族；0=汉族	0.80	0.40
受教育程度	小学以下=1；小学=2；初中=3；高中=4；大专及以上=5	2.87	1.45
人均年收入	单位：元	18 161	19 154
商业保险	购买商业保险人数（单位：人）	0.89	2.42
贷款	1=是；0=否	0.92	0.33
政府信任	1=非常不认同；2=比较不认同；3=说不上认同不认同；4=比较认同；5=非常认同	3.65	1.02
道路硬化	1=是；0=否	0.84	0.36
灾害	1=非常强；2=较强；3=一般；4=较弱；5=很弱	2.28	1.06

8.2.4 实证分析

(1) 川西高原地区库区农户生计脆弱性分析。由表 8-10 可知，川西高原地区库区农户以及移民和非移民的生计脆弱性指数均为正数，表明农户整体面临的外部风险冲击远大于其适应能力。从移民与非移民来看，生计脆弱性指数分别为 0.390 和 0.833，非移民户的生计脆弱性最强，证伪了 H11 假设。主要原因可能是在区域生态环境的约束下，地区产出能力较弱，农户生产能力趋同，而相较于非移民户而言，移民户所享受的后期扶持以及务工优先等政策待遇增强了其家庭收入以及拓宽了其收入来源渠道。具体而言，非移民群体的暴露度和敏感性高于移民群体，表明非移民在自然、家庭和社会等方面需要承受更多的风险压力，同时在医疗费用支出、食物消费支出以及能源消费结构上具有额外负担。非移民户除自然资本以及人力资本外，其余生计资本水平均低于移民户，适应性弱于移民户，表明其应对风险的能力较弱。

表 8-10 不同类别农户的生计资本与生计脆弱性

变量	总体		移民		非移民	
	均值	标准差	均值	标准差	均值	标准差
自然资本	0.014	0.028	0.008	0.024	0.016	0.029
人力资本	0.011	0.006	0.010	0.005	0.012	0.006
社会资本	0.025	0.033	0.033	0.039	0.021	0.029
物质资本	0.004	0.004	0.005	0.005	0.004	0.004
金融资本	0.007	0.009	0.008	0.011	0.007	0.008
生计资本	0.061	0.043	0.065	0.051	0.060	0.040
暴露度	0.166	0.123	0.163	0.149	0.167	0.112
敏感性	0.094	0.121	0.066	0.085	0.105	0.130
适应性	0.091	0.064	0.095	0.075	0.089	0.059
生计脆弱性	0.712	2.230	0.390	1.739	0.833	2.379

(2) 基准回归结果。在进行模型回归之前，考虑到多重共线性等问题进行了相关检验，结果显示方差膨胀因子（VIF）均值小于 5，可以认为模型中不存在严重的多重共线性问题。而针对截面数据中常存在的异方差问题，实证中均使用稳健标准误进行估计。表 8-11 显示了模型的基

准回归结果，模型 1 列为不加入控制变量的 OLS 回归结果，可见水电移民搬迁政策对农户生计脆弱性在 5%的水平上产生显著的负向影响。模型 2 中加入了可能影响农户生计脆弱性的控制变量，结果仍然支持水电移民搬迁政策降低农户生计脆弱性这一结果的有效性。同时考虑到遗漏变量可能对估计结果产生影响，在模型 3 中加入政府信任、道路硬化以及灾害影响变量重新进行回归估计，结果进一步表明水电移民搬迁政策能显著降低农户的生计脆弱性。为了避免因变量指标恒定而可能导致的伪回归，本书借鉴已有研究（Günther et al.，2009）对脆弱性分层研究的做法，将因变量转换为二分变量，具体为农户生计脆弱性在均值以上取值为 1，否则取值为 0，并使用 Logit 模型进行检验，模型 4 的结果显示，水电移民搬迁政策在 10%的水平上显著，且系数为负，论证了 H12 假设。

表 8-11　基准回归结果

变量	模型 1	模型 2	模型 3	模型 4
水电移民搬迁	−0.442** (0.212)	−0.884*** (0.205)	−0.883*** (0.229)	−0.694* (0.378)
性别		−0.177 (0.225)	−0.224 (0.221)	−0.039 (0.253)
年龄		−0.042*** (0.009)	−0.042*** (0.009)	−0.039*** (0.012)
民族		−0.156 (0.235)	−0.203 (0.246)	−0.216 (0.316)
受教育程度		−0.429*** (0.108)	−0.454*** (0.112)	−0.342*** (0.122)
人均年收入		0.000 (0.000)	0.000 (0.000)	0.000 (0.000)
商业保险		−0.112*** (0.035)	−0.091*** (0.032)	−0.063 (0.068)
贷款		−0.354* (0.188)	−0.418** (0.200)	−0.595 (0.422)
政府信任			0.038 (0.117)	0.022 (0.142)

（续）

变量	模型 1	模型 2	模型 3	模型 4
道路硬化			0.730*** (0.251)	1.517** (0.638)
灾害			−0.079 (0.112)	−0.099 (0.136)
Constant	0.833*** (0.136)	4.416*** (0.716)	4.016*** (0.732)	0.911 (1.008)
R－squared	0.008	0.089	0.101	—
Pseudo R^2	—	—	—	0.064

注：***、**、* 分别表示在 1%、5%、10% 统计水平上显著，括号内为稳健标准误。

控制变量中，户主年龄对于生计脆弱性具有显著的负向影响，说明劳动力资源的年轻化对农户的生计具有深远影响，这与现有研究结论一致；户主的受教育程度能够显著降低农户的生计脆弱性，受教育程度越高，其所拥有的人力资本越多，寻求非农收入的机会也就越多，生计就越稳定；商业保险对农户生计脆弱性具有显著的负向影响，主要因为商业保险具有较强的风险分担能力，能够在农户遭受外部或内部重大事件影响时，维持其生计稳定，从而降低其生计脆弱性；贷款对农户生计脆弱性也具有显著的负向影响，具体表现为金融资本的补充效应，一是为农户进行生产活动提供资金支撑，二是弥补风险冲击下的生计断裂损失。

（3）内生性讨论。本书关注水电移民搬迁对川西高原地区库区农户生计脆弱性的影响，而受制于截面数据的局限性，只能通过移民和非移民的对比获得估计结果。采用 OLS 回归存在着样本自选择而带来的内生性问题，而倾向得分匹配（PSM）通过构造反事实推断模型，选取和移民特征相似的非移民，处理移民可能存在的样本自选择问题。在倾向得分匹配中选取前文的控制变量作为协变量，选取移民和非移民进行配对。表 8－12 展示了近邻匹配、核匹配和卡尺匹配 3 种匹配方式的平均处理效应（ATT），结果均表明水电移民搬迁对农户生计脆弱性具有显著的负向影响。

表 8-12　水电移民搬迁对农户生计脆弱性影响的 PSM 估计结果

匹配方式	*ATT*	标准误	*T* 值
近邻匹配（$n=4$）	−0.690***	0.242	−2.85
核匹配	−0.951***	0.285	−3.34
卡尺匹配	−0.794***	0.303	−2.62

（4）基于生计模式的分组回归。水电移民搬迁使得农户降低了参与传统农业生产的概率，外出务工成为移民主要的生计活动，家庭劳动力资源禀赋分配更加倾向非农化（李聪等，2013）。那么，生计模式的非农转变是否对农户生计脆弱性产生相关影响？本章按照非农收入占家庭总收入的比重进行生计模式的划分，小于等于10%为纯农户，10%～90%为兼业户，大于等于90%为非农户。通过分组回归比较不同类型的生计模式对于农户生计脆弱性的影响，借此阐述农户生计模式对水电移民搬迁与农户生计脆弱性关系的调节作用。表8-13中模型1的回归结果表明，水电移民搬迁对纯农户生计脆弱性的影响在10%的水平上显著为负，主要原因为传统农业生产具有天然的保障作用，农业生产活动可以确保农户的基本生活平稳运行。模型2的回归结果显示，水电移民搬迁对兼业户生计脆弱性的影响在1%的水平上显著为负，其抑制效应及显著程度均大于模型1，表明只有当农户的收入来源渠道多样化时即收入多样化时才能有效降低生计脆弱性（李玉山等，2021）。模型3的回归结果表明，水电移民搬迁对非农户生计脆弱性的影响并不显著，究其原因，外出务工容易受外部环境以及内部因素干扰，使得家庭收入不可持续，从而增加农户家庭生计风险，导致生计脆弱。

表 8-13　基于生计模式的分组回归

变量	模型1 纯农户	模型2 兼业户	模型3 非农户
水电移民搬迁	−0.838* (0.470)	−0.909*** (0.247)	−0.520 (0.534)
控制变量	Y	Y	Y
Constant	6.496*** (1.823)	3.982*** (0.955)	2.149** (1.049)
R-squared	0.099	0.096	0.216

（5）作用机制分析。表 8－14 中显示了中介效应检验结果。模型 2 的回归结果显示，水电移民搬迁对川西高原地区库区农户的社会网络影响在 1％的水平上显著为正，表明水电移民搬迁使得川西高原地区库区农户的社会网络得到提升。模型 3 中水电移民搬迁、社会网络对川西高原地区库区农户的生计脆弱性影响均在 1％的水平上显著为负，表明社会网络在水电移民搬迁对川西高原地区库区农户生计脆弱性的影响中具有部分中介效应，且中介效应值为－0.217，中介效应占比为 24.5％。主要的原因在于，水电移民搬迁使得农户与城市内家庭成员之间的距离更近，拓宽了移民的社交半径以及提升了移民的社会网络质量，有利于发挥社会网络所具备的非正式保障功能，降低川西高原地区库区农户整体的生计脆弱性。因此，水电移民搬迁通过调整农户社会网络来降低川西高原地区库区农户的生计脆弱性，论证了 H13 假设。

表 8－14　中介效应检验结果

变量	模型 1 生计脆弱性	模型 2 社会网络	模型 3 生计脆弱性
水电移民搬迁	－0.884*** (0.205)	1.561*** (0.518)	－0.667*** (0.187)
社会网络			－0.139*** (0.028)
控制变量	Y	Y	Y
Constant	4.416*** (0.716)	－0.969 (1.087)	4.281*** (0.708)
R－squared	0.089	0.070	0.126

8.2.5　研究结论

本章通过 IPCC 提出的脆弱性测度方法，构建了川西高原地区库区农户的生计脆弱性评价指标体系，并分析了水电移民搬迁对川西高原地区库区农户生计脆弱性的影响。研究发现：①移民户的生计脆弱性指数低于非移民户，具体表现为适应性高于非移民户，暴露度和敏感性低于非移民户。②通过实证检验得出水电移民搬迁能够有效降低川西高原地区库区农户的生计脆弱性。③川西高原地区库区农户生计模式的多元化即收入多样化在降低生计脆弱性中具有重要作用。④通过中介机制分析，发现川西高原地区库区农户的社会网络是水电移民搬迁降低生计脆弱性的重要作用路径，其中介效应占比为24.5%。

8.3 本章小结

生产体系的重构不可避免地对川西高原地区库区农户生计结果产生了持续影响，川西高原地区库区的特殊地理位置以及外部环境更是加大了水电移民搬迁对农户可持续生计的冲击。基于政策影响视角，本章从经济收入和生计脆弱性两个维度分析水电移民搬迁对川西高原地区库区农户生计结果的影响。从研究结论中可以得知：

（1）在经济收入方面，尽管水电移民搬迁造成了农户耕地、林地等自然资源的损失，使得家庭农业收入降低，但非农就业机会增加以及后期扶持政策支撑使得川西高原地区库区农户的务工收入以及转移性收入大幅增加，从而使家庭总收入呈上升趋势，工程建设转变了川西高原地区库区农户的收入结构，收入多样化有效降低了水电移民搬迁对川西高原地区库区农户生计结果的不良影响。

（2）在生计脆弱性方面，川西高原地区库区是典型的生态脆弱区，生产体系易遭受外部环境的冲击，农户生计结构单一且脆弱。但值得注意的是，水电移民搬迁过后移民的生计脆弱性相对非移民而言更低，表明传统生产结构的破碎并未对农户家庭的生计结果造成严重损失，相反，水电移民搬迁所带的发展机遇以及基础设施的完善，为川西高原地区库区农户的进一步发展带来契机。具体表现为农户家庭生计的非农转化以及社会网络质量的提升。一方面，生计策略的非农转化拓宽了川西高原地区库区农户的收入渠道，另一方面，社会网络质量提升后更能发挥其非正式保障功能，有效降低外在风险对农户家庭生计的冲击。综合而言，水电移民搬迁主要通过非农转化以及社会网络重构来推动川西高原地区库区农户实现可持续生计。

9 川西高原地区水电移民后期扶持政策分析评价

9.1 水电移民后期扶持主要政策

帮助搬迁后的水电移民实现生计持续发展一直以来是我国水利水电移民政策关注的重点，为了实现水电移民“搬得出、稳得住、逐步能致富”的根本目标，我国出台了一系列后期扶持政策，对促进水电移民生计可持续发展发挥了显著的作用。

9.1.1 我国水电移民后期扶持政策发展历程

我国水电移民后期扶持政策伴随我国水电开发的发展而不断变迁，总体来看，主要存在以下几方面的特征：

(1) 扶持方式由救济式向开发式转变。新中国成立初期，受到国家经济发展水平较低的影响，对水电移民的安置补偿以保障温饱为主，并且由此产生了很多移民发展的遗留问题。改革开放以后，水电移民后续生计发展及贫困问题日益凸显，对于移民的后期扶持日益得到重视，1981 年财政部协同电力工业部颁布《关于从水电站发电成本中提取库区维护基金的通知》，重点提出从当地水电项目的发电成本中提取相应资金专项用于开展水电移民的扶持工作，标志着我国对水电移民的扶持方针从救济式转变为开发式，由生活救济转变为生产扶持。此后，随着我国经济社会发展水平不断提升，水电移民后期扶持政策进一步完善发展。1991 年，国家正式颁布了关于水电移民后期扶持的文件——《大中型水利水电工程建设征地补偿和移民安置条例》（国务院第 74 号令），首次从政策层面明确了我国对于水电移民群体的扶持方式——以开发扶持为主，并采用前期现金补贴和后期生产帮扶相结合的综合性扶持政策。经过长期实践，为了改善偏远山区难以真正实现“有土安置”、移民就业困难等问题，2006 年国家进一步出台《大中型水利水电工程建设征地补偿和移民安置条例》（国务院第 471 号令）对 1991 年的后期扶持政策做了部分补充与修改，进一步明确对农村移民尽量要以农业生产安置为主，并在安置原则上提出必须遵循因地制宜与保护生态环境相结合，要以有利于移民群体生产生活为中心，我国水电移民开发式扶持的政策体系得到了进一步完善。

（2）扶持内容由经济扶持向社会扶持转变。移民搬迁造成的经济损失一直是水电移民后期扶持的关注重点，随着经济社会发展和移民发展诉求的转变，对移民发展机会等社会发展层面的扶持，日益成为后期扶持的重要内容。尤其在民族地区，民族文化的传承与保护、生态环境保护以及提升移民群体的主观幸福感等日益成为扶持关注的重要方面。1991 年出台的国务院第 74 号令中提到，对移民开展安置工作必须要和当地水电工程建设、资源开发、生产发展和生态保护相结合，促进移民生产生活水平提升。即强调在新时期要从综合发展的角度开展移民扶持工作，既要重视移民经济发展，也要将库区建设、环境保护等协同考虑，促进移民安置区的全面发展，这也标志着我国对水电移民的扶持内容正式开始由经济扶持向社会扶持转变。2006 年国务院第 471 号令出台，在环境保护上进一步明确规定，库区内工业企业的建设和生产活动必须符合国家的产业政策，对技术水平较低、产成品质量不达标、对库区生态环境造成较大影响的企业，应当依法予以取缔，即进一步对当地工矿企业的生产标准进行了规定，更加重视对库区环境的保护。对民族地区移民制定安置规划时，必须要尊重民族地区移民的生产生活方式和传统的风俗文化，这一阶段的政策变迁也代表我国对水电移民的社会扶持工作逐渐走向成熟。

（3）扶持重点由扶贫解困向共同富裕转变。贫困问题是水电移民遗留问题中最主要的问题之一，消除移民贫困是我国水电移民后期扶持政策制定和完善的重要目标。为有效缓解移民的贫困问题，1953 年国家出台的《国家建设征用土地办法》规定，按照尽最大努力保证“原有生活标准不会下降，按实际造成的损失情况来进行合理赔偿”的基本原则，对移民因水电开发造成的各种损失按公平合理的补偿标准予以赔偿。然而由于时代局限性，对移民群体的补偿往往偏低，对缓解水电移民贫困处境的作用十分有限。根据 1985 年的调查结果，截止到 20 世纪 80 年代，1 000 多万名水电移民中，出现生计发展困难的移民比例超过 1/3（孙良顺，2019a）。为了解决库区维护资金难以筹措、水电移民遗留问题多和移民生活水平长期得不到有效提高等问题，国务院办公厅于 1986 年批准并转发了水利电力部《关于抓紧处理水库移民问题报告的通知》，开始对水电移民群体开展开发式扶持，对水电移民的后期扶持从单纯的现金补助、生活帮扶转为生产扶持、就业扶持，且扶持对象也扩大到全体移民，较为有效地改善了贫困移民的生计困难状况。为了进一步提升减贫成效，1991 年国务院第 74 号令和 2006 年国务院第 471 号令，都进一步强调了对移民贫困问题解决的方式、期限，切实加快了移民扶贫目标的达成进程。十八大以来，在精准扶贫、精准脱贫方略指引下，水电移民的绝对贫困问题得到全面消除。当前，水电移民的发展已经进入实现共同富裕新征程，移民对美好生活的向往日益强烈，在巩固拓展脱贫攻坚成果同乡村振兴有效衔接的背景下，对移民的后期扶持，应转向解决相对贫困问题，扶持重点转为使水电移民真正能够共建共享经济发展成果，扎实推动移民的共同富裕。

9.1.2 四川省水电移民后期扶持政策探索创新

四川是水电开发大省，水电基地分布区与民族地区、生态脆弱区、欠发达区域重叠。为此，四川省政府在积极贯彻落实国家水电移民后期扶持政策的前提下，积极进行水电移民后期扶持政策探索创新，取得了显著成效。

（1）养老保障机制探索。规模不断扩大的四川省水电移民，不仅受到复杂的地理环境、不均衡的社会经济发展条件和特殊的民族宗教等因素的综合影响，也面临着土地资源不足、安置方式受限等现实问题，四川省开展移民安置补偿工作的难度较大。2006 年国务院 471 号令正式实施以来，一直是各级地方政府制定水电移民扶持安置政策的核心政策依据，也是评价和检验移民安置规划可行性的重要标准。由于四川耕地资源较少，“有土安置”对四川水电移民安置补偿提出了较大挑战，为了解决环境承载力较低造成的移民安置压力大以及老年移民生计水平难以提高等问题，四川省人民政府于2005年出台川府办发电〔2005〕26号文件，创新地提出一种社会保障型的移民安置方式——养老保障安置。这种新型移民安置方式较好地解决了当地库区对于老年移民的安置保障问题，有效地缓解了移民“有土安置”的压力，对四川省探索完善地方水电移民后期扶持政策发挥了积极的作用。

（2）水电移民利益共享机制探索。为了使水电移民搬迁后实现长期稳定的生计发展，四川省积极探索建立水电移民利益共享机制，以此缩小移民与迁入地居民的收入差距，保障移民的生产生活水平不断提高。

水电移民共享水电利益共有4种途径——移民安置补偿、明确企业责任、社区发展基金以及生态补偿（王湛晨等，2022）。其中，移民安置补偿是一种较低水平的利益共享形式，以现金补偿为主，其实质依旧是对移民的生活补助，对促进移民个体可持续发展和库区内部资源的公平分配作用甚微。与此相对应的，明确企业责任、社区发展基金和生态补偿都是从更全面的角度关注移民群体乃至整个社会的全面发展，如四川省于2008年发布的《四川省人民政府办公厅转发省发展改革委关于加快我省水电有序发展的建议的通知》中明确阐述：“对于目前省内因水电开发出现的移民生产生活困难的问题，要积极探索创新农村移民的安置方式，建立健全促进移民持续增收和长效补偿机制，确保移民‘生活水平不下降，长远生计能保障’”，标志着四川省开始探索稳定可持续的移民发展机制，以逐步提高移民的全面发展水平。在明确企业责任方面，四川省于2016年颁布《四川省大中型水利水电工程移民工作条例》，其中首次明确提到在水电项目建设的过程中，项目法人应在水利水电工程建设完毕后明晰自己的企业责任，从水电项目的收益中提取一定数额作为库区发展资金，将其专项用于安置区基础设施建设和移民的发展。这也标志着四川省探索水电移民利益共享机制框架已初步成型，对移民的生产、生活发展进行了全方位的科学规划。

（3）后期扶持与扶贫开发相统筹。四川水电移民主要集中在民族地区，与欠发达区域重叠，将水电移民后期扶持与扶贫开发相统筹是四川水电移民后期扶持的重要经验。由于水电移民工作任务十分艰巨，四川省早在20世纪70年代就成立了水电工程移民办公室，成立之初便将移民工作和扶贫工作协同安排，有力推进了移民规划、移民安置、移民后期扶持等方面工作。但是由于自然环境条件限制，四川省贫困地区特别是深度贫困地区的扶贫工作十分困难，再加上四川省水电移民群体具有规模大、贫困程度深等突出特点，扶贫脱贫面临巨大压力。2009 年 12 月，在机构改革中，原四川省扶贫办和四川省移民办组建成四川省扶贫和移民工作局，是四川省政府直属机构，进一步加强了移民后期扶持和扶贫开发工作统筹。2018 年 11 月 12 日，四川省扶贫和移民工作局更名为四川省扶贫开发局，下设四川省移民工程开发中心，2020 年，四川省移民工程开发中心转企改制。四川省将移民后期扶持工作与扶贫开发相统筹，有效解决了移民的次生贫困问题，为欠发达地区探索水电移民后期扶持政策提供了有益的借鉴。

9.1.3 川西高原地区水电移民扶持政策落实举措

川西高原地区拥有四川省约 50% 的水电可开发量（劳承玉等，2014），是四川最重要的水电开发基地。川西高原地区在贯彻中央和四川省政府关于水电移民后期扶持政策的基础上，结合地方实际出台了一系列具体的落实举措，主要有以下几点。

(1) 移民后期扶持与扶贫解困相结合。川西高原地区的移民多处于高寒地带，环境承载力相对较弱、发展环境较差，移民大多缺乏专业技能和知识，同时因为民族地区移民在文化习俗、宗教信仰方面具有特殊之处，故当地的移民工作难度较大。在此背景下，川西高原地区基层政府积极探索实践，一方面积极围绕精准扶贫战略，将移民后期扶持与扶贫解困相结合。如阿坝州于 2009 年颁布的《阿坝州人民政府关于进一步加强和规范我州大中型水库移民后期扶持工作的意见》，其中提到："阿坝州新老库区和安置区的水电移民在开展安置补偿之后基本上都存在不同程度上的生计可持续发展问题，对此地方各级部门要加大力度支持基础设施建设和公共服务项目建设，不断扩大对水电移民的就业技能培训和职业教育体系建设，通过贴息贷款等金融手段大力支持可以在较短时限内为水电移民带来直接收益的生产项目，以此完善移民群体在生活、生产方面的外部条件，逐步提高移民自我发展能力。"阿坝州不断加强对水电移民的后期扶持政策，通过多方面的综合扶持举措来保障移民的生存发展，提高移民群体自我发展的内生动力，变“被动接受式扶贫”为“主动发展型脱贫”。另一方面，积极推进库区资源开发与生态保护相协调。如甘孜州于 2013 年颁布了《甘孜藏族自治州人民政府关于印发甘孜州有序发展能源业实施方案的通知》，其中重点提到实施移民安置规划必须坚持以人为本、发展成果共享的基本原则，确保库区资源开发与生态保护相协调，从而实现移民群体和整个经济社会的可持续发展。

（2）新居建设与移民美丽家园建设相结合。川西高原地区移民的特殊性很大一部分体现在独特的民俗文化和藏式民居上。藏式民居具有典型的少数民族特征和鲜明的建筑特色，各式各样的藏式民居蕴含着宝贵的传统民族文化。另外，藏族居民往往将家庭大部分资产用于藏式民居的建造以及装修，个别地方还保留着兄弟不分家以便房屋能够代代相传的传统习俗，藏族居民有着独特的家居情感。

为了提升川西高原地区库区环境质量，甘孜州、阿坝州等地陆续开展藏区新居建设和移民美丽家园建设。如阿坝州于 2011 年发布《阿坝州幸福美丽家园建设工作方案》，其中主要建设内容为“四改”“两建”与“五通”。在建设过程中要始终突出以产业发展为主，以物质生活富裕为根本目标，不断加强移民精神文化建设，建立社会主义新农村。同时又要与移民美丽家园建设融合发展。即通过藏族新居和移民美丽家园建设有机结合，大力发展基础设施建设，提高公共服务质量，不断改善移民生产生活条件，切实提高川西高原地区移民的致富信心和生活幸福感。

9.2 川西高原地区水电移民后期扶持典型模式

川西高原地区因独特的地理位置、丰富的自然资源和综合性的扶持政策，逐渐形成了众多具有地方特色的典型发展模式，成为各区域内带动水电移民稳岗就业、致富增收的重要力量。以下模式为川西高原地区水电移民后期扶持的一些典型模式。

9.2.1 顺势而为的水库旅游发展“雅江天龙湖”模式

（1）发展基础。雅江县坐落于四川省西部，辖江东、江西、江南、江北 4 个片区，总人口 5.1 万人，其中藏族人口 4.8 万人，占总人口的

96.21%，农牧业人口4.3万人，非农业人口7 891人。耕地面积4.6万亩，属于典型的半农半牧县①。雅江县拥有丰富的水电资源，因水电开发项目而自然形成的天龙湖更是雅江县特色旅游的一大亮点。雅江县以天龙湖景区作为地方优势，以两河口水利工程、普巴绒高峡平湖作为线路支撑，建设了一条集运动冒险、观光游玩、度假休闲等项目于一体的旅游产业带，依托当地壮丽秀美的生态环境、历史悠久的文化环境、商旅结合的发展环境，充分利用当地优势资源要素，形成了独特的"雅江天龙湖"模式。

雅江县在推动乡村旅游方面，通过一系列举措增强了自身竞争力、创造力、生命力与吸引力。例如，在开发和保护本土乡村旅游特色文化时，因地制宜，将现代旅游发展需求与每个村的资源优势结合，开发了各具特色、与众不同的乡村旅游项目，与此同时大力实施"互联网+旅游"模式，广泛宣传旅游品牌，提升当地旅游知名度。2015年全县接待游客11.10万人次，旅游综合收入达到5 300万元以上②。

（2）主要举措。第一，大力促进旅游全域开发。按照重点区域率先发展、稳步推进全域开发的思路，优化旅游总体布局，依托"一江一线"，加快江东、江西、江南、江北四大旅游片区发展。加大支持力度打造"中国最优美的景观大道"，进一步推进以康巴汉子村、郭岗顶·白狼国风情园、德差天山牧场等为重点的江西片区开发建设。通过旅游全域开发促进水电移民群体发展非农经营，水电移民通过开办民宿、售卖特色农产品、售卖藏族特色纪念品的方式大大提高了收入水平。另外，通过旅游区建设对移民安置区进行进一步的美化修缮，提升移民的生活幸福感。

第二，积极提高旅游接待能力。突出县城、日基村旅游区综合服务功能和核心引擎作用，鼓励和吸引社会资本建设星级宾馆、购物、餐饮、娱乐等接待设施，打造中国最美景观大道中心驿站和自驾车旅游天堂，建设辐射周边地区的生态会议及休闲观光旅游目的地。结合新农村建设和扶贫

① 甘孜州第七次全国人口普查公报［EB/OL］.（2021－06－04）［2022－06－28］. http：//www.gzz.gov.cn/gzzrmzf/c100046/202106/a1d8086ac3e041e5a040da3a3935946e.shtml.

② 2015年政府工作报告［EB/OL］.（2016－03－28）［2022－06－29］. http：//www.yajiang.gov.cn/yajiang/c105133/202206/34d66f3d0628483d93e372fe7537415b.shtml.

开发，推进特色旅游村镇建设，大力发展乡村生态旅游和观光农业，加快建设乡村酒店、生态农庄，提高旅游服务接待水平和能力。为当地水电移民提供了专业的就业技能培训和大量的就业机会，大大缓解了水电移民的就业安置压力。

第三，不断加强旅游营销宣传。以天龙湖景区为特色品牌，不断强化木雅文化、康巴汉子文化、走婚文化、雅砻古渡·悬崖江城等旅游文化品牌推广，借助“中国松茸节”等节庆活动开展宣传，在有效提升大香格里拉核心旅游区中心驿站品牌形象的同时，大力推广高原特色农产品，拓宽水电移民的增收渠道。创新旅游品牌宣传推广方式，大力推进“互联网＋旅游”，加快雅江旅游网和旅游电子商务平台建设，加大传统媒体和新兴媒体广告投放力度，面向省内外知名旅行社，加强精准营销，有效地提升雅江县旅游形象和品牌，为水电移民后期扶持提供更多的可持续发展模式。

9.2.2 借势而上的电商辐射“丹巴甲居藏寨”模式

（1）发展基础。丹巴县位于四川省甘孜州与阿坝州交界地带，辖12乡3镇、181个行政村、4个社区，总人口7.02万，其中农村人口5.03万、占72.16%，藏族人口5.05万、占72%，是以嘉绒藏族为主的少数民族聚居县[①]。丹巴县境内的巴底水电站为我国规划的十三大水能基地——大渡河水电基地的项目之一，蕴含丰富的水电资源。巴底水电站主要安置区巴旺镇，紧邻丹巴重要旅游区甲居藏寨，借助甲居藏寨的旅游发展优势，是巴底水电站移民后期扶持的主要经验。甲居藏寨位于甲居镇境内，距丹巴县城8公里，是丹巴县境内最具有民族特色的旅游景区。丹巴县在区域交通不便、经济社会发展滞后的现实情况下精确瞄准了近年来发展迅速的电商网络，以电商平台为辐射带动当地综合发展之势，以当地旅游资源为特色、以当地的丰富农产品为优势，形成独特的“丹巴甲居藏寨”模式。随着丹巴县交通条件的不断改善，以及相关基础设施水平的不断提高，丹巴县旅游人数不断增长。随着互联网的兴起，丹巴县旅游

① 丹巴县简介［EB/OL］.（2022-06-26）［2022-07-09］. http://www.danba.gov.cn/danba/c102383/202206/060b33cb13bd4004a4def595fd05f862.shtml.

景点的影响力在不断增强，甲居藏寨也在 2014 年成功创建国家 AAAA 级景区。甲居一村村民桂花是当地民宿的先驱者，她家经营着两栋楼，民宿接待房间有 75 间，能够满足 150 余人的食宿需求，并且该民宿一年中有 2/3 的时间都是满员。在该民宿的影响和带动下，该村 55 户村民中有 52 户参与了旅游接待①。在移动支付和旅游电商平台大发展的时代背景下，该村村民经营的民宿均在携程、美团等主流旅游平台注册并提供相应的产品。

(2) 主要举措。甲居藏寨地理位置独特、自然资源丰富，该地区水电移民积极主动拥抱信息时代，参与电子商务的形式也丰富多样，具体实现路径如下：

第一，当地水电移民经营的民宿上线携程、美团等全国性电商平台，达到了民宿营销的目的。因地处甲居藏寨旅游大环线内，甲居一村的农户已从传统的从事农业生产向经营旅游服务业转变。移民将自家经营的民宿依托携程、美团等电商平台进行宣传，当游客通过这些平台进行目的地浏览时，便能够获得该地区民宿的相关信息。移民通过开展电子商务获得两方面的正向收益：一是增加了民宿的曝光率，提升了民宿获得客人的概率，进而直接增加了农户民宿经营性收入；二是使得已购买该民宿服务的用户有了评价产品的平台，而电商平台上积累的口碑是小规模经营者进行产品宣传的重要渠道，其他用户的评价能够直接减少潜在用户与民宿之间的信息不对称，增加潜在用户购买包括民宿在内的旅游产品和服务。

第二，水电移民户通过抖音、微信等综合社交平台以及部分地方电商平台进行农产品销售。虽然甲居藏寨大环线范围内，参与民宿等旅游服务业的移民户在逐渐增多，但有很大一部分移民户仍然从事着传统农业生产。在小巴旺村，仍有 2/3 的移民户家庭生计以种植业为主。该村两名返乡大学生以及该村村主任均经营着抖音号。通过抖音、微信让更多的人知道了当地的农特产品，越来越多的网民开始购买当地农产品。得益于当地交通设施的改善和电子商务进农村示范县工作的开展，甲居镇上的电商服

① 全域旅游［EB/OL］.（2016-08-26）［2022-07-09］. http://www.danba.gov.cn/danba/c102380/201608/58799c08819247089365baeb267902f3.shtml.

务站距村上仅约一公里路程，当移民户需要发货时，联系电商服务站就有快递员用三轮车来村上拉货。

第三，打造全域旅游，辐射水电移民后期发展。丹巴县甲居镇以“甲居藏寨”为核心品牌，打造了一条包含观光农业、特色民宿、休闲养生等项目的完整旅游产业链，大力开发本区域的优势旅游资源，打造“有特色、有内涵”的全域旅游县。丹巴县巴底水电站的安置区之一——巴旺镇与甲居镇紧邻，通过甲居镇的特色旅游产业带动辐射，可以有效地促进川西高原地区库区水电移民积极融入当地的旅游产业链中，从而保障移民群体持续增收、稳定就业。

9.2.3 聚势而强的产业升级“道孚特色农牧业”模式

（1）发展基础。道孚县坐落于四川省甘孜藏族自治州东北面，是汇聚了藏族、彝族、汉族等 16 个民族的多民族聚居地。其中，藏族人口最多，占总人口的 91%[①]。道孚县境内水能资源丰富，水能资源蕴藏量 154 万千瓦，发展清洁能源优势突出，境内有格拉基水电站等水电项目。道孚县凭借自身地理与产业优势，加强特色农牧业高质量发展，为水电移民产业转型升级提供了有力支撑。

一方面，道孚县具备地理优势。首先，道孚县的八美镇与协德乡有着四川省旅游环线和环贡嘎山两小时经济圈的区位优势；其次，道孚县以国道 G350 百公里休闲观光特色生态农业产业带建设为抓手，带动了高原生态莴笋与春油菜等主导产业的发展。与此同时，当地对大量农业园区的土地开展了流转工作，园区总产值也得到了提升。另一方面，道孚县有着各具特色的产业优势。首先，道孚县拥有春油菜、青杠黑木耳、莴笋等特色产业。为推动农牧产品的品牌建设，道孚县累计投入了 1.3 亿元资金，建成极具特色的种养园区 10 个[②]。其中，“道孚大葱”还获得了国家地理标志商标。其次，为向外界推广协德春油菜品牌、道孚鲜峡青杠椴木黑木耳品牌与高原特色有机露天蔬菜品牌，道孚县通过龙头企业引领，培育专业

① 道孚县建立非贫困村产业扶持基金［EB/OL］.（2018－03－26）［2022－07－12］. http：//www.gzdf.gov.cn/daofu/c102677/201803/468c36f7cdf44accb57f4fffc44f0a50.shtml.

② 道孚县多措并举推动四大产业布局［EB/OL］.（2017－11－21）［2022－07－12］. http：//www.gzdf.gov.cn/daofu/c102677/201711/5644a042e3664d1181043739733fe4ed.shtml.

合作社与种养大户，建设移民家庭农场，提高了各经营主体的积极性，带动了农产品品牌的发展。

（2）主要举措。道孚县区位优势独特、自然资源丰富，区域内多种特色产业的协同发展，推动着道孚县特色农牧业的升级转型，其实现路径主要有以下几点：

第一，大力强化扶持培育。道孚县全县注册登记的专业合作社有142个、家庭农场13个，创建国家级示范合作社1个、省级专业合作示范社2个，已申报发展培育1个省级专业合作示范社及5个州级示范社①。道孚县通过大力支持培育新型农业经营主体，积极吸纳当地水电移民加入合作社的发展之中，引导和带动移民发展经济效益高的、市场风险小的农牧产品，同时广泛对移民户开展技术培训，在不断优化川西高原地区库区水电移民生产安置工作的同时，也为移民带来了持续稳定的收入。

第二，积极强化组团协作。通过提升农村土地流转管理和服务，道孚县在八美镇建立美德蔬菜现代农业园区，大力发展高原三青莴笋、马铃薯、高原春油菜等各类特色农业产业上千亩，解决了大量水电移民的就业问题；引进13家企业，成功培育1家州级龙头企业和2家县级龙头企业，通过龙头企业带动使得当地的水电移民不再为“生产什么、怎么生产、农产品卖往哪里去”等问题而发愁，既充分促进了当地农业产业的发展，又切实促进了水电移民稳岗就业和增收渠道拓展②。

第三，重视技术支撑。不断加强科技人才队伍建设，围绕道孚农畜特色产业发展及技术需求，积极组织驻村农技员、产业指导员等科技人才，建立道孚县科技特派团，覆盖了所有行政村和村内移民安置点。选派专家对以水电移民群体为主的广大农牧民开展技术服务培训，协调四川省农业科学院专家，开展种植养殖等技术服务培训③。通过大力推广农业科技，使得道孚县的特色农牧业发展不断优化，并且使水电移民在日常农牧业生

① 道孚县做强做优农业产业发展［EB/OL］．（2021－08－08）［2022－07－12］．http：//www.gzdf.gov.cn/daofu/c102673/202108/55d710dfd6db463aa8f0448b116e6ee7.shtml.

② 2018年政府工作报告［EB/OL］．（2022－06－10）［2022－07－18］．http：//www.gzdf.gov.cn/daofu/c104613/202206/c0f07b692e42452fa66055f72c545a51.shtml.

③ 道孚县关于全面推进脱贫攻坚工作任务分解方案［EB/OL］．（2021－06－01）［2022－07－18］．http：//www.gzdf.gov.cn/daofu/c102768/202106/4404f1242b01410f856ec87664f95652.shtml.

产过程中遇到的技术问题及时得到解决，大大提高了水电移民增收致富的积极性。

9.3 水电移民后期扶持成效评价指标体系构建

9.3.1 研究进展

对水电移民后期扶持成效进行评价，是提高后期扶持成效的现实需要。已有关于水电移民后期扶持成效的研究是本研究的重要借鉴。在评价内容方面，一种为构建评价指标体系的综合评价，如从移民收入水平变化、移民生产生活条件变化、基础设施建设和经济发展、社会稳定、移民权益保障等方面进行评价（杨涛等，2015；刘雨等，2016；张少龙等，2022）；另一种为通过实证分析，对后期扶持与移民的收入（焦红波等，2021）、生计影响（孙海兵等，2013）、生活水平改善（郑瑞强，2012）、相对贫困（王湛晨等，2021）等的关系进行计量实证分析。在评价方法方面，以综合评价指标为基础的评价方法主要有熵值法、模糊综合评判法、层次分析法、BP 神经网络模型等（郑良等，2013；杜瑞芳等，2014；刘雨等，2016；焦红波等，2020；郑凯鑫等，2022）。已有研究对水电工程移民后期扶持成效评价提供了重要借鉴，但随着全面建成小康社会目标如期实现，我国已进入扎实推动共同富裕的新阶段，如何有效开展水电移民后期扶持成效评价工作，建立健全防止移民返贫与扎实推进移民群体持续增收致富、促进收入分配更加公平的发展机制应是移民后期扶持的关注重点。因此，本研究在充分结合共同富裕科学内涵与川西高原地区水电移民发展现状的基础上构建了评价指标体系，希望能对移民后期扶持政策的进一步完善提供有益参考。

9.3.2 评价指标体系构建

对水电移民的后期扶持，最终目的是实现移民生计的可持续发展，进而实现共同富裕。本研究从共同富裕视角出发，从“共建共享发展”“物质生活富足”“公共服务完善”“精神文化充实”以及“社会融入和谐”五大方面来分析水电移民后期扶持成效。“共建共享发展”是水电移民实现共同富裕的内在动力基础，主要通过恩格尔系数、移民人均年收入与当地人均年收入均值之比两个指标来进行衡量。恩格尔系数是水电移民后期扶持政策实施效果评价中常用的重要指标之一（郑良等，2013），是反映评价对象生活水平的重要指针，可以较好地反映移民的生活水平及其返贫风险。移民人均年收入与当地人均年收入均值之比（刘培林等，2021）用来反映家庭收入水平与当地平均水平的差距，可以较好地反映共建共享程度。“物质生活富足”是水电移民实现共同富裕的物质基础，主要通过工资性收入占比、人均住房面积两个指标衡量。工资性收入占比反映家庭的收入结构，可以较为直观地展现出水电移民群体在搬迁后收入结构是否得到了进一步优化、是否具备一定的非农就业能力以及是否拥有了能稳定增收的工作岗位，即在“稳得住”的基础上是否拥有进一步可持续增收致富的能力；人均住房面积则反映家庭物质资本，除直观反映基本的居住保障情况之外，还可以比较直观地反映家庭的经济水平。“公共服务完善”是水电移民实现共同富裕的制度保障。主要通过生活能源消费中清洁能源的占比、家庭与最近的小学之间的距离和城乡基本医疗保险参保率3个指标来衡量。川西高原水电移民处在长江上游生态屏障中，通过其生活能源中清洁能源的占比反映当地生态建设保障情况；此外，通过家庭与最近的小学之间的距离和城乡基本医疗保险参保率反映移民的教育和医疗保障情况。“精神文化充实”是水电移民实现共同富裕的文化支撑。主要通过家庭文化服务支出占比和家庭附近社区的文体娱乐设施种类两个指标来衡量，一方面可以反映出水电移民家庭在基本物质生活得到满足之后对于进一步丰富精神文化生活的重视程度，另一方面则可以展现政府对于鼓励水电移民群体广泛参与精神文化活动的基本设施保障情况。“社会融入和谐”是水电移民实现共同富裕的内在要求。主要通过户主对居住环境的满意度、对生活状况的满意度、对邻里关系的满意度三个指标来衡量。其一，可以较为直观地反映出水电移民群体对搬迁安置地的环境建设是否足够认可，对于搬迁后的生活是否满意；其二，水电移民搬迁后的邻里关系是否和谐能够在一定程度上体现移民在搬迁安置地中的融入情况，以及社会资本是否得到了持续恢复。水电移民后期扶持成效评价框架见图9-1，具体评价指标体系设置见表9-1。

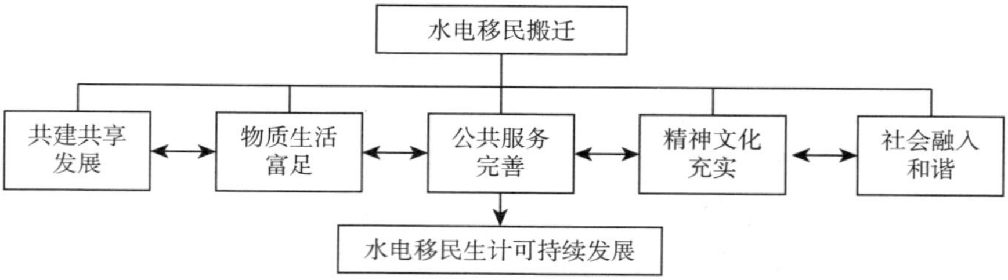

图 9-1　川西高原地区水电移民后期扶持成效评价框架

表 9-1　川西高原地区水电移民后期扶持成效评价指标体系

一级指标	二级指标	指标阐释	指标属性
共建共享发展（0.166 2）	恩格尔系数（0.020 5）	家庭食品消费支出与总消费支出之比（%）	−
	年人均收入与当地平均收入之比（0.145 7）	家庭人均年收入与当地人均年收入均值之比（%）	+
物质生活富足（0.302 2）	工资性收入占比（0.197 4）	家庭成员工资性收入占总收入的比重（元）	+
	人均住房面积（0.104 8）	家庭人均住房面积实际数值（平方米）	+
公共服务完善（0.239 2）	清洁能源使用率（0.098 0）	家庭生活能源消费中清洁能源占比（%）	+
	距学校距离（0.088 4）	家庭距最近小学的实际距离（公里）	−
	城乡基本医疗保险参保率（0.052 8）	家庭实际参加城乡基本医疗保险人数占总人数的比重（%）	+
精神文化充实（0.145 4）	文化服务支出占比（0.095 7）	家庭文化服务支出占总支出之比（%）	+
	文体娱乐设施种类（0.049 7）	家庭附近社区的文体娱乐设施种类（个）	+
社会融入和谐（0.147 0）	居住环境满意度（0.043 1）	户主对居住环境的主观分值（分）	+
	生活状况满意度（0.055 9）	户主对生活状况的主观分值（分）	+
	邻里关系和谐度（0.048 0）	户主对邻里关系的主观分值（分）	+

注：括号中的数字为该指标的权重。

9.4　川西高原地区水电移民后期扶持成效评价结果分析

9.4.1　水电移民后期扶持成效测度

本研究主要采用熵值法对川西高原地区不同区域水电移民的生产、生活水平开展综合评价。熵值是表示不确定性的一种度量值，信息量越大，其不确定性就会越弱，相应的熵也就会越小；反之则反。并且熵值法只考虑数据内部的信息量大小，对于本研究来说可以有效避免人为主观因素的影响。首先利用熵值所包含的信息进行权重计算，其次结合各项指标的变异程度，利用信息熵来计算出单项指标的权重，最终得出综合评分，可以为水电移民后期扶持成效的综合评价提供较为可靠的依据。

本研究使用熵值法分析计算的主要步骤如下：

步骤1：由于原始数据中存在不同量纲，首先就需要对不同量纲的原始数量进行标准化处理，基本公式为：

$$X=(X'-X'_{min})/(X'_{max}-X'_{min}) \tag{9-1}$$

其中，X 和 X' 分别代表数据标准化后的值以及原始数值，X'_{max} 和 X'_{min} 分别表示原始数据的最大值和最小值。

步骤2：首先，消除负值和零的影响，对数据进行整体的平移处理；其次，对标准化矩阵无量纲化处理，计算第 j 个指标下第 i 个样本的特征比重：

$$P_{ij}=\frac{X_{ij}}{\sum_{i=1}^{n}X_{ij}} \quad (j=1,2,\cdots,m) \tag{9-2}$$

步骤3：计算第 j 项指标的熵值：

$$E_j=-[\ln(n)]^{-1}\times\sum_{i=1}^{n}[P_{ij}\times\ln(P_{ij})] \tag{9-3}$$

其中，E_j 为信息熵，n 为评价指标的个数，P_{ij} 为第 i 个评价对象第 j 个指标的指标值比重。

步骤4：利用上面求得的熵值，计算第 j 个指标的指标权重：

$$W_j=(1-E_j)/\sum_{j=1}^{m}(1-E_j) \tag{9-4}$$

其中，W_j 为指标 j 的权重，E_j 为信息熵，m 为评价指标的个数。

步骤5：计算综合得分：

$$S_i=\sum_{j=1}^{m}W_j\times P_{ij} \quad (i=1,2,\cdots,n) \tag{9-5}$$

其中，S_i 为第 i 个评价对象的综合得分，W_j 为指标 j 的权重，P_{ij} 为第 i 个评价对象第 j 个指标的指标值比重。

9.4.2 测度结果及分析

9.4.2.1 川西高原地区水电移民后期扶持成效评价指标权重分析

本研究运用熵值法，对川西高原地区水电移民后期扶持成效评价指标体系中的5个一级指标、12个二级指标进行处理和计算，最终得到了各指标的权重结果，见表9-1。从结果中可以看出，一级指标中权重最高的是物质生活富足（30.22%），其后依次是公共服务完善（23.92%）、共建共享发展（16.62%）、社会融入和谐（14.70%）和精神文化充实（14.54%）。在二级指标中，综合权重较高的指标是工资性收入占比（19.74%）、年人均收入与当地平均收入之比（14.57%）以及人均住房面积（10.48%），说明经济和物质水平依然是当前影响川西高原地区水电移民后期扶持成效的重点内容。

9.4.2.2 川西高原地区水电移民后期扶持成效评价分析

水电移民和非移民的得分分布情况。本研究根据水电移民和非移民的得分情况，将得分划分为0≤Ⅰ<0.15（低水平）、0.15≤Ⅱ<0.25（中等水平）、0.25≤Ⅲ<0.35（较高水平）、Ⅳ≥0.35（高水平）共计4个区间，不同得分区间的移民和非移民样本分布情况如图9-2所示。移民和非移民的得分主要分布在Ⅱ、Ⅲ和Ⅳ区间，显示移民群体后期扶持成效总体较好。在低水平区间和高水平区间，非移民群体样本分布占比都要低于

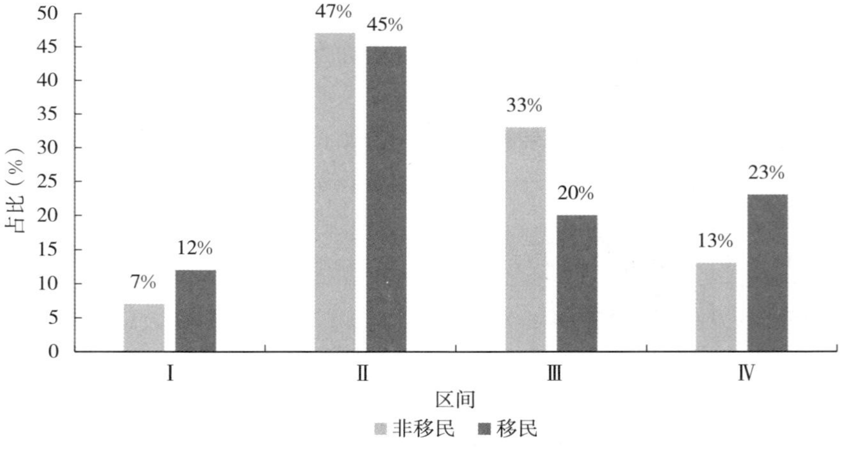

图9-2 川西高原地区水电移民和非移民后期扶持成效评价总得分分布

移民群体，说明移民的共同富裕成效与非移民群体还有一定差距。

川西高原地区水电移民的综合得分情况。从综合得分来看，水电移民综合得分的均值为 0.318 4，标准差为 0.079 7 且最大值达 0.458 8，反映出后期扶持帮助水电移民生计发展的成效较为显著，但是移民群体内部仍然存在不小的差距，应引起足够的重视。

川西高原地区水电移民的分维度得分情况。依据表 9－2 不同维度的得分情况，共建共享发展维度的得分均值为 0.053 7，在整个水电移民后期扶持成效综合评价分值中排名第三，表明水电移民群体的收入发展仍有较大的提升空间。精神文化充实的得分均值为 0.098 7，在总分值中排名第一，说明大部分水电移民在搬迁后精神文化发展较为显著，未来地方政府应进一步加大对移民群体参与精神文化活动的支持力度，积极开展各类文化活动，不断拓展相关政策的惠及面。公共服务完善的得分均值为 0.053 6，在总分值中排名第四，表明地方政府在对移民聚居地的基础设施建设、绿色环保宣传以及基础公共服务等方面还需进一步完善。社会融入和谐的得分均值为 0.064 5，位于综合指标排名的第二位，说明川西高原地区的水电移民在搬迁后社会资本有了较大程度的提高，社会网络重构也取得了一定的进展，移民群体的主观幸福感不断提升。物质生活富足得分为 0.047 9，分值排名第五，表明移民群体的自我发展能力和稳定增收能力还相对较弱，后期扶持要注重提升水电移民的内生发生动力和持续增收能力。

表 9－2 川西高原地区水电移民后期扶持成效总得分汇总

维度	均值	标准差	最小值	最大值
综合得分	0.318 4	0.079 7	0.145 8	0.455 8
共建共享发展	0.053 7	0.020 7	0.007 7	0.166 1
精神文化充实	0.098 7	0.064 1	0.003 1	0.270 2
公共服务完善	0.053 6	0.005 5	0.019 4	0.155 2
社会融入和谐	0.064 5	0.017 8	0.002 5	0.137 0
物质生活富足	0.047 9	0.048 4	0.005 6	0.272 6

9.4.2.3 川西高原地区水电移民后期扶持成效评价分区域得分分析

不同样本地区水电移民得分情况。根据表 9－3 的综合得分情况来看，川西高原地区后扶成效得分最高的地区是阿坝州，总分均值为 0.448 0，其次是甘孜州和木里县，综合得分均值分别为 0.393 9 和 0.365 4。从总体情况上来看，川西高原地区不同区域间的后扶成效差距较为明显，区域发展的不平衡不充分矛盾依然突出。具体来看，阿坝州在物质生活富足和社会融入和谐维度的得分最高，分别达到了 0.085 0 和 0.115 0，说明该地区水电移民的收入水平和社会资本在搬迁后得到了较大程度的提高，但共建共享发展维度的得分仅为 0.061 2，表明水电移民与当地居民的收入差距问题仍然较为突出。甘孜州各维度之间的得分差异较小，一定程度上说明该地区水电移民的后扶成效较为稳定，水电移民群体搬迁后生产生活各方面得到了比较均衡的发展。木里县在社会融入和谐维度的得分较高，达到了 0.109 4，说明当地水电移民搬迁后的社会融入成效较好，水电移民对于搬迁地的认同感较强，社会资本也得到了较好的恢复，但是该地区在物质生活富足、共建共享发展等方面得分相对较低，仅为 0.047 3 和 0.047 8，未来地方政府应进一步对此出台具有针对性的措施，从而有效缩小不同区域间、区域内移民之间的生计发展水平差异。

表 9-3　川西高原地区水电移民后期扶持成效得分均值汇总

地区	共建共享发展	精神文化充实	公共服务完善	社会融入和谐	物质生活富足	综合得分
阿坝州	0.061 2	0.097 6	0.089 2	0.115 0	0.085 0	0.448 0
甘孜州	0.052 4	0.095 9	0.095 2	0.092 4	0.058 1	0.393 9
木里县	0.047 8	0.088 1	0.072 6	0.109 4	0.047 3	0.365 4

9.5　本章小结

本章首先梳理了国家、四川省和川西高原地区的水电移民后期扶持政策，其次归纳了川西高原地区水电移民后期扶持典型模式，最后结合共同富裕的科学内涵构建了水电移民后期扶持成效评价指标体系，基于川西高原地区水电移民实地调研数据，测度了川西高原地区水电移民后期扶持成效，得出如下结论：

（1）我国针对水电移民的后期扶持政策主要经历了扶持方式、扶持内容和扶持重点的转变。其中，扶持方式上由过去的救济式扶持为主转为如今的开发式扶持为主，表明我国对水电移民的全面发展能力建设正在不断加强；四川省在贯彻国家对于水电移民后扶的大政方针的同时，积极探索适合本省实际情况的水电移民后扶政策，创新提出养老保障机制、利益共享机制、与扶贫开发相统筹机制。

（2）川西高原地区在探索如何促进水电移民生计全面发展的过程中形成了许多典型模式，具体包括："雅江天龙湖"模式，以特色旅游资源为发展优势，顺势而为地发展了一系列以旅游为核心的产业链，极大地促进了川西高原地区库区水电移民收入提高；"丹巴甲居藏寨"模式，以丰富的旅游资源和便捷的电商平台为优势，借势而上地发展全域旅游，通过丰富的旅游资源辐射带动库区移民的生计发展；"道孚特色农牧业"模式，以新型农业经营主体发展优势为基础，进一步发挥地理区位、生态环境和特色农牧产品的优势，以完整的旅游产业链为中介，聚势而强地推动本地特色农牧产业升级，拓宽库区移民的增收渠道，有效提升了移民生活满意度和增收致富的信心。

（3）水电移民后期扶持成效。评价结果：从总得分情况来看，川西高原地区水电移民后期扶持成效显著，但不同区域之间的得分差距较大，说明水电移民后期扶持政策在不同区域中扶持效果有差异，未来应进一步加强对扶持政策的区域适用性研究；从不同维度的得分来看，川西高原地区水电移民后扶政策在推动社会融入和精神文化建设方面成效突出，相对其他维度而言，移民的物质富裕程度还相对滞后，后期需要在巩固拓展脱贫攻坚成果和全面推进乡村振兴的进程中，加强水电移民持续增收能力和自主发展能力建设，推动其实现共同富裕。

10 水电移民后期扶持国内外经验借鉴

学习借鉴国内外水电移民后期扶持政策的成功经验，有助于提升川西高原地区水电移民的后期扶持成效，帮助大量因水电工程而搬迁的移民户得到妥善安置和获得可持续发展的内生动力，有利于移民实现“搬得出、稳得住、逐步能致富”的可持续发展目标，促进农村社会繁荣稳定，为完善水电移民后续扶持政策提供经验依据。

10.1 国内经验

10.1.1 乌东德水电移民——积极发展亲环境产业

10.1.1.1 基本概况

乌东德水电站位于云南省禄劝县与四川省会东县接壤处，拥有 1 020 万千瓦的水电站，是我国水电开发的重点项目，对于我国生产清洁能源、促进经济高质量发展具有重要意义。乌东德水电移民的搬迁，涉及四川和云南 4 州（市）的 10 个县（市、区）①，移民 32 000 人。在云南省，昆明市禄劝彝族苗族自治县、楚雄彝族自治州武定县、元谋县、永仁县等地迁移了 1.9 万人，与川西高原地区水电移民的情况较为相似，本研究以乌东德水电站武定县为例，分析其后期产业扶持政策的具体措施及对川西高原地区移民后期帮扶的借鉴意义。

① 和谐移民 共奔小康——乌东德水电站云南库区移民搬迁安置工作纪实［EB/OL］.（2020－08－13）［2022－09－07］. https://yndaily.yunnan.cn/html/2020-08/13/content_1363655.htm.

10.1.1.2 具体做法

(1) 实行农业生产方式的绿色化。 全面贯彻落实“生态优先，绿色发展”理念，始终坚持在保证移民安置区生态环境不被破坏的前提下促进当地农业的绿色发展。首先是实现农产品结构的绿色化，在保证经济和环境双重效益的前提下调整优化当地的农业产业结构，依靠金沙江河谷地区良好的自然环境、气候条件和农业发展基础并结合当地实际的供需情况，在白路镇打造“核桃之乡”，建设绿色经济走廊带，在己衣镇种植柑橘、芒果及哈密瓜等特色水果；其次是生产养殖模式的绿色化，将武定壮鸡、黑山羊等牲畜的粪便投入到农业种植中去，将其作为农产品的有机肥料，在种植基地与养殖基地之间形成循环农业模式，减轻养殖鸡羊等畜禽带来的环境污染；然后是灌溉方式的绿色化，充分利用金沙江流域干热的气候特征以及蒸发量大的特点，采用节水灌溉设施，实现喷灌和水肥一体化，以节省灌溉时的实际用水量。

(2) 推进农旅融合发展。 武定县坚持走生产、生活、生态融合发展之路，促使当地农村由以单一的农业经济为主向一二三产业融合发展的多元经济转变。武定县旅游资源丰富，发展旅游业具有三大优势：第一，当地有众多观赏价值高的自然风貌，可利用当地绿植发起环保种植活动，欢迎游客前来培育绿植；第二，可以在此地修建休闲农业园，将休闲农业园与当地滨江旅游小镇资源相结合，推进当地农业与旅游业的融合；第三，因地制宜，发展具有当地特色的农旅项目，充分结合观光游览、采摘、度假等方式，大力发展下营蓝莓、红石庄园等休闲观光农业，促进“特色小镇+农旅”“农旅+康养”等多种模式融合发展。

(3) 创新移民受益机制。 武定县东坡乡依靠“公司+合作社+基地—农户”的方式来吸引外地的企业，通过流转土地将土地资源集中起来打造蔬菜种植基地，鼓励周围的农户积极参与这种新型农业经营模式，促进乡村产业振兴；通过土地集中流转，在白马口红坪村发展无核沃柑、包茅橘柚、牛油果等优质热区水果产业，把产业优势转化为村集体经济发展优势。己衣乡以龙头企业为依托，引进砂糖橘等优质品种，对农产品进行精加工和深加工，与此同时，定期开展种植养殖技术培训会，提升农民的种植养殖水平；发展集体经济，增加移民分红。

10.1.1.3 成效评价

2021年，武定县三次产业结构比例为24.3∶34.4∶41.3，该县农林牧渔业总产值51.96亿元，第一产业增加值29.22亿元，特色林果产业稳步发展，特色林果总产值7 615.6万元，畜牧业总产值20.5亿元。农业绿色生产成效显著，农用化肥施用量（折纯）13 856吨，同比减少3.97%，农药使用量234吨，同比减少2.09%。7个品牌入选全省“绿色食品”目录，实现绿色食品制造业增加值20.4亿元（武学成等，2022）。全年共接待国内游客606.9万人次，同比下降17.5%，接待入境游客4人次，同比下降96%。实现旅游总收入65.9亿元，同比下降24.7%①。在11个乡镇建立了125家农民专业合作社，共吸收24 774户农户，共培育新型农业经营主体1 553个，新增省级、州级农业龙头企业4家，培育种植养殖大户56户②，农业龙头企业的示范与促农增收作用突出，每年向农民发放480万元的土地租金，并向农村集体资产发放租金200万元，集体经济带动成效显著。

10.1.2 白鹤滩水电站——精准帮扶移民就业

10.1.2.1 基本概况

白鹤滩水电站位于四川省凉山州宁南县、云南省昭通市巧家县交界的金沙江河道上，总装机1 600万千瓦，是世界上修建最困难的水利项目之一。白鹤滩水电站工程征地拆迁涉及巧家县白鹤滩等5个乡镇32个村庄，共完成17 154户50 178名移民的拆迁安置。其中，云南省涉及移民占移民总数的51%，其余为四川境内移民，少数民族人数众多，对川西高原地区的移民帮扶具有参考价值，下面以白鹤滩水电站移民县区宁南县的政策为例进行具体分析。

10.1.2.2 具体做法

（1）根据移民诉求，采取针对式培训。通过调查收集搬迁移民的就业

① 武定县人民政府．武定县2021年国民经济和社会发展统计公报［EB/OL］.（2022-08-08）［2022-08-11］. http：//ynwd.gov.cn/info/egovinfo/1007/overt_centent/11532329015178442p-/2022-0808003.htm.

② 武学成，张虎．武定县兴产业富乡村［EB/OL］.（2022-08-15）［2022-08-16］. http：//www.ynwd.gov.cn/info/1040/36076.htm.

情况以及他们未来的就业倾向，了解移民群体特别是就业技能不足的残疾人员的就业帮扶诉求。采取“移民点单、机构收单、政府埋单”的方式，结合移民意愿和自身实际情况进行技能培训，提升移民群体的工作能力，增强其在就业市场中的竞争力，从而增加其经济收入。利用网络平台，尝试与互联网企业合作，联合开发便于在线上安排管理移民就业的系统，达到实时动态监测移民就业情况的效果，从而有效促进移民劳动力转移就业。为进一步落实移民的就业情况，采取“培训＋就业”的一体化服务，邀请各大企业在培训结束后到现场进行人员招聘，从而提升被培训的移民群体的就业率。

（2）优化服务，促进劳务输出。当地政府积极选用人才，聘任一些擅长与人沟通、处事能力强的基层人员，专门负责管理移民就业这一板块的问题，协调安排移民就近工作或对外劳务输出。在各大移民安置区对具有劳动能力的移民进行基本职业信息调查，其中包括职业登记、家庭状况、就业培训情况、收入情况、未来的就业意愿等，在了解完移民劳动力的基本情况后为他们匹配适合的岗位，设立一些优质的人力资源服务机构，专门负责帮助当地的移民劳动力对外输出，提高移民群体的就业率，增加其经济收入。

（3）设立帮扶基地，促进移民创业。大力实施“引凤还巢”工程，增加社会福利吸引大学生、退伍军人和农民工返乡创业，为有创业意愿和领办创办新型农业经营主体的移民劳动力提供福利补贴并开展创业培训。在当地为移民群体设立创业孵化基地，聘请专业人才为有创业意愿的移民提供创业层面的技术指导及市场推广等服务，围绕农产品加工业、特色养殖业、旅游业等产业项目，结合新型电商模式对移民群体进行市场营销等创业培训，让他们对于创业有更加明晰的规划。实施创业担保贷款贴息，最大限度地为创业者提供稳定的融资支持，激励他们主动创业。为返乡创业的移民家庭成员提供创业补贴，提升返乡人员的创业热情与活力，持续推动返乡下乡人员实现创业增收。

（4）招商引资，增加就业机会。综合考虑移民技能特长、文化水平、生活习惯等因素，在当地引进一些技术操作要求低、工作时间弹性大、工作地点离家近、所得利润高、就业岗位多、吸纳能力强的企业，涉及机械制造、食品加工、餐饮服务、电子生产、新能源制造等行业以及多个工种，为移民创造了很多的就业机会，移民可根据自身需求及擅长技能进行岗位选择。

10.1.2.3 成效评价

2021年宁南县移民劳动力11 196人，已就业8 153人。开展入户调查、实地走访、电话沟通等摸底行动，为5 198户19 437名移民建立了就业创业"一户一档"线下信息台账，精准掌握每名移民群众的就业意愿[①]。在120名参加了4次创业培训的学员中，26名学员已经成功地开办了企业。创业孵化基地已经有12家企业、6家专业合作社、7家家庭农场，共带动85名员工就业[②]。认定碧窝蚕桑现代农业园区为县级创新创业示范园、桑枝食用菌种植基地为帮扶基地，共吸纳劳动力200余人，其中移民劳动力86人（张宇等，2022）。

10.1.3 三峡水电站——对口帮扶提升基本公共服务质量

10.1.3.1 基本概况

位于湖北省宜昌市的三峡水电站，拥有2240万千瓦的总装机，是世界上最大的水电站。三峡水电工程涉及15个区县，其中包括湖北省宜昌市、秭归县、兴山县、重庆市万州区等，移民人数高达113万。虽然三峡水电移民人数较多，管理难度较大，但其移民安置及后期扶持成效显著，尤其在公共服务方面，实施效果较好。根据《全国对口支援三峡库区合作规划（2014—2020年）》可知，三峡开展了全国范围内的对口支援，下面对三峡水电站在基本公共服务方面的针对性帮扶政策进行具体分析。

10.1.3.2 具体做法

（1）支持库区基础教育和职业教育。在基础教育方面，支援地帮助移民安置地的学校优化教学基础设施，支援地选派优秀教师到现场与安置地的教师进行指导示范，或是以互联网形式对移民安置地的教师进行培训，分享教学资源，以改善当地的教育理念和提升教学质量；采取奖励措施鼓励教师去移民安置地任职，将是否有移民安置地教学经历纳入教师的业绩

---

① 宁南县多举措铺好移民就业路［EB/OL］.（2022-08-08）［2022-08-11］. https://baijiahao.baidu.com/s?id=1740580904324489141&wfr=spider&for=pc.

② 宁南县教体科局．宁南县四项措施开创"引凤还巢"创业新局面［EB/OL］.（2022-04-18）［2022-07-11］. http://kjj.lsz.gov.cn/xxgks/fdgk/dtyw/xsdt/202204/t20220418_2201715.html.

考核和职位晋升标准。在职业教育方面：支援地帮助移民安置区的职业技术学校调整专业所学内容和课程体系，为移民安置地培养实用型人才；支援地派教师通过现场示范或者远程教学的方式与移民安置区的职业技术学校的教师进行互动，必要时安排优秀人才前往安置地支教，帮助当地提升职业技术教育水平。

（2）加大对移民安置地医疗卫生的支持力度。加大对移民安置地医疗基础设施、医疗人才队伍建设以及医疗服务方面的帮扶力度。支援地提供补助资金以加强移民安置地区的医疗和公共卫生服务体系建设，组织医疗卫生机构到移民安置地进行对口帮扶，选派支援地专业技术人员与管理人员到安置地医院进行公益医疗援助、巡回医疗以及技术指导；通过建立远程会诊系统组织开展医护人员交流，对移民安置地的医护人员进行培训；与移民库区的医疗卫生机构共建特色诊室，加强当地医疗人才队伍建设。

（3）加快完善移民安置地的社会保障体系。拓宽移民安置地社会保障的筹资渠道，建立以政府为主导、多方出资的社会保障筹资格局，确保城乡居民最低生活有保障。支援地在建立健全社会保障体系的过程中应重点关注扶老、助残、救孤、济困这 4 点，推动地方政府建立健全社会救助制度和养老保障制度。为确保移民库区农民工的基本养老保险权利，健全与之配套的有关手续。加大对社会福利院、社区服务中心的建设投入力度，对口培训服务中心的工作人员，完善基础设施建设，进一步优化当地的社会保障服务①。

10.1.3.3 成效评价

由于重庆市万州区是三峡库区安置移民最多的地方，移民人数占总人数的 1/5②，故这里选取万州区作为三峡水电移民后期扶持成效的研究对象。截至 2021 年 9 月，对口支援引入万州资金累计 301.92 亿元，其中无偿援助资金 16.42 亿元③。在教育方面，万州市共有 17 所学校接受对口帮

---

① 聚焦全国对口支援三峡库区合作规划（2014—2020 年）[EB/OL].（2014-08-26）[2022-07-12]. http://www.gov.cn/xinwen/2014-08/26/content_2739980.htm.

② 对口支援结出累累硕果 [EB/OL].（2019-05-05）[2022-07-12]. http://www.agri.cn/zx/nyyw/201908/t20190809_6459968.htm.

③ 重庆市万州区人民政府．山海相约，情漫平湖——全国对口支援万州综述 [EB/OL].（2021-10-14）[2022-07-12]. http://www.wz.gov.cn/zwxx_266/jdtp/202110/t20211014_9806763.html.

扶，每年除了引进支援地优秀教师、专家前来教学，还会输送 300～400 人赴支援地进行培训，通过学习支援地的教育理念与教学方式来全面提升移民库区的基础教育和职业教育水平。在医疗方面，万州医疗系统共收到了 1.2 亿元的援助。山东省在渝鲁两省的对口支持工作中，先后派遣 23 位医务人员到万州进行技术培训，为万州区的医疗技术水平提高起到了明显的促进作用，并坚持每年拨付一百万元的医疗保障经费，来支持万州区乡镇卫生院的卫生保健工作。从社会保障层面看，2021 年万州区城镇职工基本养老保险累计参保人数 47.26 万，参与城镇职工基本医疗保险 31.2 万人，建立社会福利院 70 个、社区服务中心 44 个、社区服务站 10 个①。

10.2 国际经验

国外的水电移民后期支持政策可以分为两个时期：20 世纪 80 年代之前是第一个时期，是纯粹的补偿与救济，完全依靠国家的补偿政策。20 世纪 80 年代之后是第二个时期，世界银行于 1980 年出台了“世行资金计划中的非自愿迁移者政策”，该计划旨在鼓励移民重新建立他们的生产和居住基地。为了从世行那里得到贷款，各国政府逐步按照世行的基本准则来解决移民问题。

10.2.1 美国水电移民——移民群体与水电企业合作

截至 2014 年，美国已建 8.4 万座水库大坝，总库容 1.3 万亿立方米，装机容量约为 1 亿千瓦（包括抽水蓄能 2 150 万千瓦），年发电量约 3 000 亿千瓦时。在水电移民安置过程中，美国水电企业不可避免地会面对移民安置和后期扶持的问题（Elizabeth et al.，2017）。在水电项目建设过程中，美国水电企业和移民社区主要通过签订合同、提供经济补偿、提供就业和培训、组建非营利性监督组织等方式来逐步推进水库移民后期扶持工作。

① 重庆市统计局．2021 年重庆市万州区国民经济和社会发展统计公报［EB/OL］．（2022－03－18）［2022－07－12］．http：//tjj.cq.gov.cn/zwgk_233/fdzdgknr/tjxx/sjzl_55471/tjgb_55472/202203/t20220318_10522726.html.

（1）水电企业与水电建设地区原居民建立合同关系。美国水电开发企业通常需要在水电开发过程中与当地居民建立良好的契约关系：第一，与原住民签订协议，对原来居住的区域进行大量的投资；第二，由本地的外来公司向水电公司供应产品与服务；第三，本地居民和移民团体要在水电站工地上工作；第四，为防止附近区域的水位上涨，地方政府成立了防洪委员会。只有在水利水电开发企业与移民群体就一系列阶段性协议达成一致的情况下，水电开发计划才能顺利实施，协议将有效保护本地移民群体的权利。

（2）水电企业给予库区移民协议经济补偿。美国水电企业在移民后期扶持过程中要给予移民群体经济补偿。美国的水力发电公司应与原住民订立协议，对水力发电给原住民造成的直接或间接的影响进行赔偿。大致有三种情形：第一种，对于水电工程造成的水体污染和环境变化，要对库区移民进行经济补偿；第二种，对水电工程对移民群体现在及将来的生产生活造成的影响，也要进行经济补偿；第三种，在移民搬迁和安置的过程中，如果移民个体由此产生精神方面的问题，那么水电企业也要进行经济补偿。

（3）水电企业为库区移民提供就业培训。水电企业还经常委托当地的社区学院或培训机构进行两方面的培训：一是为库区移民提供创业教育，二是对进入施工行业的移民进行知识培训。水电公司还经常开展电力工人培训、工程施工工人技能培训以及电力技术人员培训。水电企业在选聘员工时，坚持以水库移民为第一的原则。除此之外，美国的几所知名大学也会合作，共同设立奖学金，鼓励库区移民的孩子进入美国名校，并与他们签订合同，保证“移二代”在学业完成之后回到库区工作。通过这样的方式，整个移民社区的劳动力和受教育人群的发展能够形成一个良性的循环。

（4）组建非营利性机构监督移民扶持工作。为了确保补偿金的有效发放，防止出现贪污或其他方面的问题，移民区必须建立一个新的居民委员会，选出新的主席，建立一家非营利的公司，该公司可以得到所有居民的认可和授权，并且对当地的居民进行金钱补偿。每次提款时，须经原住户委员会、水电公司及开户行的监督与同意。基金仅限指定团体使用，如需更改，须经水力发电公司批准（何学民，2007）。

10.2.2 巴西水电移民多元化的后期扶持

据统计，截至2017年，巴西大型水电发电容量为8 600万千瓦，共计158座水电站在运行，9座在建以及26座计划建设，水电潜能居世界第三位，仅次于俄罗斯和中国，全国近80%的电力需求全部由大型水电站供给。巴西最大的水电站——伊泰普水电站（巴西与巴拉圭两国共有）在2014年以前都是世界上装机容量、发电量第一大的水电站。由于经济社会不断发展，巴西对电力的需求激增，巴西的水电建设开始不断扩张。一方面，充足的电力供应保障了巴西工业化和城市化进程的推进；另一方面，关于水电工程是否会对环境和社会造成影响，以及水电实际发电量的争议一直未曾停息。巴西民族众多，有不少长期生存在热带雨林中的土著居民，热带雨林地区往往是水电建设移民的重点地区。以贝卢蒙蒂水电站为例，该电站的建设造成该地区24个少数民族共计1.3万余人搬迁。因此，巴西政府和巴西水电企业在移民安置和后期扶持过程中都十分重视土著居民的权益保障以及种族发展。除了对土著原始部落的保护，政府和水电企业以及社会组织也聚焦于移民地区的农业、旅游业、弱势群体的发展。

(1) 土著部落迁移的保护和发展。巴西总人口中，黄种人和印第安人占1.6%，在这1.6%中又有近2/3是巴西的原生土著，他们大多生活在水网密布的热带雨林当中，并且受自然环境影响较大。巴西政府在建造全国最大的伊泰普水电站时，一共征用了包括伊瓜苏市、马特兰迪亚、梅地亚内拉等地区在内的100 029公顷土地，其中大部分地区是土著居民区。在移民安置和后期扶持中起主要作用的是巴西印第安国家基金会和当地财政部门。在移民安置方面，这些组织机构将大坝预算中的移民安置费用用来购买土地赔偿给迁移土著，并且会遵循移民的意愿来补偿现金或是土地。如1982年，印第安国家基金会和当地财政部门就出资购买250公顷土地用于奥科伊土著的安置和迁移部落保护工作。

在后期扶持的基础设施方面，当地市政府会投入专项资金用于道路、供电以及供水建设，保障迁移土著日后生活的基础设施权益；在保护土著原生文化方面，当地的土著协会会与印第安国家基金会签订一系列的合作协议，通过建立土著学校、成立土著社区宣传队、修建迁移博物馆、发展土著文化特色旅游等方式保护和传承土著文化，并且市政府会根据迁移土著的不同居住生活要求为他们提供习惯的生活方式；在经济发展方面，当地市政府和协会也会参与其中。从2015年的102 286雷亚尔到2017年的216 547雷亚尔，这些投资用来支持小农户的发展和移民地区的经济技术援助，并且迁移地区的农产品会专供特定的农产品公司。如2017年，巴西农业企业阿瓦迪亚曼特集团为伊泰普水电站的迁移土著提供种植技术，并且在农产品有机认证方面提供便利，让移民地区的农产品形成特色品牌，提高土著移民的收入。

（2）医疗与卫生。伊泰普水电工程为了能够让库区移民享受更好的医疗条件，联合巴西联邦、州、市政府三级力量专门设立了“伊泰普健康基金”，2017年共投入资金8 072 923雷亚尔。该基金会通过与移民签订医疗协议建立完善的移民社区医疗网络，提供高级的疾病预防、治疗以及医务护理服务。除此之外，移民社区还为医疗卫生人员提供培训和就业岗位，为移民地区提供了良好的医疗服务，减轻了政府的负担。

（3）移民社区儿童权益的保护。为了给移民群体的后代营造良好的成长环境，让其健康成长，伊泰普水电站移民地区的非政府组织（NGO）、社会团体、国际组织和私人企业等共同发起了一项“保护儿童和青少年计划”。该计划旨在通过加强宣传和教育，鼓励社会保护儿童和青少年的权利，并且加大对雇佣童工以及针对儿童的各种形式暴力和侵犯的防治；还通过对移民家庭开展一对一的走访调查，评估该户儿童是否存在心理健康问题，并及时提供精神辅导，把非自愿性移民对儿童的负面影响降到最低；劳工组织对非法雇佣童工也采取了零容忍的态度，一经发现，雇佣童工的企业就会被告上法庭，处以重罚。

（4）移民地区的农业发展。为了促进移民地区的农业发展，联合科研机构、高校、非政府组织（NGO）和当地政府，支持和加强发展家庭农业，鼓励可持续农业生产，促进农业消费和地方农业发展。首先，在伊泰普水电站开发集团的支持下，移民地区成立了有机种植研究组织（SP-DO），为当地农业有机化发展提供研究基础；其次，社区内有相关专业的学院为移民家庭农业合作社免费提供农业技术课程；最后，社会组织为农户和农业合作社捐助幼苗、种子、肥料等，提供实物帮助。

截至2017年，移民地区具有有机农产品认证的农户从100户增加到

135 户，农业生态和技术互助家庭户数增至 400 户，与农业相关的组织增至 16 个。上述举措大大促进了移民地区的农业发展，并且提高了移民群体的收入。

（5）移民地区的旅游产业。为了发展新产业、提高库区移民的收入，伊泰普水电站还大力发展旅游产业。通过成立当地私人和政府的旅游协会，对有旅游业就业意向的移民群体进行入行培训，设立旅行顾问等岗位，并且通过打造旅游区吸引世界各地的游客。这些旅游项目既有团体性的既定路线出游，也有针对背包客的雨林穿越项目，还有移民特色文化社区游等。伊泰普旅游也因此成了旅游者选择排行前列的项目。

10.3　国内外经验对川西高原地区水电移民后期扶持政策的启示

对国内水电移民安置政策，本章主要是从促进生态产业发展、精准帮扶就业以及对口帮扶提升公共服务质量这 3 个方面进行分析，运用乌东德水电站、白鹤滩水电站以及三峡水电站移民的案例分别对产业、就业和公共服务帮扶进行具体阐述，同时以美国、巴西为例分析国外水电移民政策。国内外水电移民后期扶持经验为川西高原地区水电移民后期扶持提供了有益启示。

10.3.1　着眼后期发展进行前期安置补偿

将移民后期扶持规划与前期安置搬迁相结合。不同的安置补偿模式决定了后期扶持的重点和差异。一方面，要完善现行补偿标准。我国现行的移民补偿标准是每人每年 600 元，虽然在一定程度上对移民个体和家庭有所帮助，但是随着人民生活水平的不断提高，生活成本也在不断上升，同时，随着我国经济实力的不断提高，我国在民生领域的投入也越来越多。因此，应该逐渐提高水电移民经济补偿标准，并且按照地区经济发展水平、移民家庭人口、健康状况等划定不同的补偿标准，按照中央财政、地方财政、水电开发企业三家共摊的方式，设立专项补偿资金，按照不同标准进行发放。另一方面，应在前期补偿中充分考虑生计环境变迁的长远性，引入生态环境补偿机制。水电建设过程中不可避免地会出现环境破坏问题。这时应该引入生态环境补偿机制，按照一定的破坏标准对库区移民进行赔偿。水电企业在开发建设之前就应该做好环评工作，按照评估结果，与移民进行协商讨论，最后逐户签订补偿协议，并且定期对环境进行检测。这样不仅可以体现出水电开发企业的社会责任感，也让库区移民群体多了一份所谓的“环境收入”。

10.3.2 注重发挥移民群体主体作用开展项目建设

（1）根据移民诉求为其提供职业技能培训和就业便利。在我国，水电移民一般缺乏专业技能，一旦搬离原来的居住地，往往只能放弃农业，外出打工。这在一定程度上也使得移民不能真正融入迁入地。因此，迁入地社会就业和保障部门应该与当地职业学校、水电开发企业协作成立职业技能培训中心，采取“移民点单、机构收单、政府埋单”的方式，结合移民意愿和自身实际情况开展技能培训，并且在移民顺利结业后为其颁发有分量的证书。在当地相关部门或人才市场的协助下为获得技能认证的人提供就业平台，使其能够在迁入地扎根。

（2）鼓励移民在当地水电项目就业。水电建设往往是几十个部门、单位共同长期协作，并且在后期运营过程中，除了专业技术专家，也需要许多劳动力。我国水电移民往往群体庞大，因此劳动力也相对充足。水电企业可以通过招聘、签约等方式让符合条件的移民劳动力在水电项目中就业，这不仅解决了庞大的移民群体的就业问题，同时也为水电企业提供了充足且相对廉价的劳动力。

10.3.3 聚焦移民生计可持续发展实施后期扶持

（1）大力发展生态产业。我国水电移民地区大多数都以农业生产为主，且农业生产大多采用传统的耕作方式，农业产出比不高、附加值低，对环境污染较为严重，如何平衡生态效益与经济效益是库区可持续发展的核心问题之一。因此，库区应全面贯彻落实“生态优先，绿色发展”理念，从农产品结构、生产养殖模式以及灌溉方式这三个方面实现农业生产的绿色化。迁入地的农业部门应该与知名农业院校或协会合作，根据迁入地的实际状况选择、改良作物品种，对目标农户进行专业培训、与其共享种植养殖技术，形成地区优势农产品品牌，提高农产品附加值。发展具有当地特色的农旅项目，充分结合观光游览、采摘、度假等方式，大力发展休闲观光农业，促进农文旅融合发展。创新移民受益机制，依靠“公司＋合作社＋基地＋农户”的方式发展集体经济，增加移民分红。

（2）加强医疗卫生、教育和文化扶持。通过对口帮扶提升移民安置区的公共服务能力。第一，应支持移民安置区的基础教育和职业教育。支援地帮助移民安置地的学校优化教学基础设施，选派优秀教师通过现场指导或者线上培训的方式为安置地的教师进行指导示范；采取奖励措施鼓励教师去移民安置地任职；支援地帮助移民安置区的职业技术学校调整专业所学内容和课程体系，为移民安置地培养实用型人才。第二，加大对移民安置地医疗基础设施、医疗人才队伍建设以及医疗服务方面的帮扶力度，支援地选派专业医护人员到安置地医院或是通过远程医疗会诊系统进行公益医疗援助、巡回医疗以及技术指导。第三，支援地在建立健全社会保障体系的过程中应重点关注扶老、助残、救孤、济困这四点，推动地方政府建立健全社会救助制度和养老保障制度。

（3）关注“移二代”的发展。移民子女的权益保障是一个永恒的话题。移民子女“移二代”在身份认同、社会融入、自身成长等方面有着许多问题需要解决。他们往往对新环境的适应能力较弱，对于外界的伤害，自身抵御能力也不足。因此，首先应该对移民子女开展心理疏导，及时甄别心理适应障碍个体并对其进行相关治疗；其次，当地关心下一代工作委员会和社会组织应该加大对针对儿童的性侵犯、暴力等恶劣事件的防治力度，定期组织走访有子女移民家庭、了解情况。除此之外，还应该对家庭困难的“移二代”提供生活上的帮助，解决他们的后顾之忧。

10.4 本章小结

本章分析了国内外水电移民后期扶持政策，以期为川西高原地区水电移民后期扶持政策的完善提供经验借鉴。国内部分运用乌东德水电站、白鹤滩水电站以及三峡水电站移民这3个典型案例分别就产业、就业和公共服务方面的后期扶持具体做法及成效进行分析和阐述。国外部分分析了美国和巴西水电移民后期帮扶的成功做法。主要结论如下：

（1）就国内经验来看，国内水电移民安置政策主要在促进亲环境产业发展、精准帮扶就业以及对口帮扶提升公共服务质量这 3 个方面扶持成效显著。为支持和引导生态产业发展，应推行农业生产方式的绿色化、推进农旅融合发展以及创新移民受益机制。为精准帮扶就业：第一应根据移民诉求，采取针对式培训；第二应优化人力资源服务，促进劳务输出；第三应设立帮扶基地，促进移民创业；第四应招商引资，增加就业机会。为提升基本公共服务质量，应当扶持库区基础教育和职业教育、加大对移民安置地医疗卫生的支持力度，完善移民安置地的社会保障体系。

（2）就国外经验来看，将美国和巴西的成功经验总结为以下几点：第一，引入生态环境补偿机制，按照一定的标准对库区移民进行赔偿，增加移民的“环境收入”；第二，鼓励移民在当地水电项目就业，这不仅可解决庞大的移民群体的就业问题，同时也可为水电企业提供充足且相对廉价的劳动力；第三，重点关注移民子女“移二代”在身份认同、社会融入、自身成长上是否存在问题，对家庭困难的“移二代”提供生活上的帮助，解决他们的后顾之忧。

11 研究结论与政策建议

11.1 主要研究结论

研究聚焦水电移民生计可持续发展目标，基于川西高原地区水电移民特殊的宏观生计发展基础，围绕川西高原地区水电移民家庭可持续生计发展这一核心问题，遵循“理论研究—现状刻画—实证检验—模式分析”和“宏观分析—微观考察—个案解析”的研究思路，厘清水电移民可持续生计的概念内涵，总结分析川西高原地区水电移民生计发展基础，量化评价川西高原地区水电移民生计发展现状，深入解析川西高原地区水电移民生计发展影响机制，分析测度川西高原地区水电移民后期扶持政策实施成效，参考借鉴水电移民后期扶持的国内外典型经验模式，提出川西高原地区水电移民生计可持续发展的扶持政策优化完善建议。主要研究结论如下：

（1）川西高原地区水电移民生计发展具有复杂性和特殊性。川西高原地区水能资源丰富，是四川重要的水电基地，水电开发带来了大量的移民人口；同时也是我国第二大藏族聚居区、生态脆弱区和原深度贫困地区，是国家和四川省乡村振兴重点帮扶地区，水电移民后续生计发展面临生态、经济、文化等多重制约，生态环境、民族宗教、经济地理等对移民生计发展影响深远，推进水电移民生计发展具有复杂性和特殊性。

（2）川西高原地区水电移民户生计资本发展不均衡，生计稳定性处于中下水平，生计耦合度为初级协调状态。基于量化测算发现，一是川西高原地区库区农户整体生计资本由高到低分别为金融资本、人力资本、物质资本、社会资本以及自然资本，对应的资本水平分别是 0.700、0.583、

0.452、0.416、0.153，移民户除物质资本外，其余生计资本水平均低于非移民户，其中两者都是金融资本水平最高，自然资本水平最低。二是移民户生计稳定性处于中下水平，非移民户生计稳定性高于移民户。具体表现为移民户收入多样性指数值低于非移民户，虽然移民户在非农收入的来源以及收入差距情况上优于非移民户，但其对于工资性收入依赖度高，生计稳定性较弱。三是川西高原地区水电移民安置区农户生计耦合度为中级协调状态，其中移民户生计耦合度为初级协调状态，非移民户生计耦合度为中级协调状态。移民户生计资本不均衡、收入来源单一以及依赖性强是导致移民户生计稳定性不足的主要因素。

（3）水电移民搬迁显著影响了移民户生计策略，电商发展、信息素养等对水电移民搬迁的影响效应具有异质性。在生产类生计策略方面，移民户生计策略非农化明显，水电移民搬迁对于农户家庭从事农业的人数具有显著的负向影响，具有互联网使用经历的库区农户，水电移民搬迁对其家庭农业就业具有显著的负向影响。在生态类生计策略方面，水电移民搬迁显著促进了移民户家庭清洁能源消费，提升数字信息素养抑制了传统能源消费、提升了清洁能源消费。在生活类生计策略方面，水电移民搬迁显著促进了移民户食物消费质量提升。同时，水电移民搬迁显著增加了移民户能源消费和食物消费支出，对移民户的生计影响还因家庭禀赋特征等不同而具有异质性。

（4）水电移民搬迁对移民户生计可持续具有促进作用，显著促进了移民户收入增加和脆弱性降低。一是水电移民搬迁显著正向影响移民户家庭人均收入，促进了移民户收入增加。水电移民搬迁对移民户不同类型收入的影响具有差异性，对移民户工资性收入和转移性收入具有显著的正向影响，对农业收入和财产性收入的影响则不显著。二是水电移民搬迁显著负向影响移民户家庭生计脆弱性。水电移民搬迁对农户生计脆弱性的抑制效应主要是在社会网络的非正式保障作用下产生的。

（5）川西高原地区水电移民的社会融入程度整体较好，经济融入、生活融入程度较好，公共服务融入和文化环境融入相对较弱。从经济融入、生活融入、文化环境融入、公共服务融入4个维度构建水电移民的社会融入综合评价指标体系，利用改善后的A-F测量法进行了水电移民社会融入现状评价分析，研究结果显示：水电移民户经济融入、生活融入程度较好，公共服务融入和文化环境融入相对较弱。其中，文化活动场所有限、教育资源的倾斜力度不足、就业技能培训较少等是造成公共服务和文化环境融入相对较弱的主要原因。

（6）伴随国家水电移民后期扶持政策演变，川西高原地区水电移民后期扶持政策进行了一系列探索创新。我国水电移民后期扶持政策经历了扶持方式由救济式向开发式转变、扶持内容由经济扶持向社会扶持转变、扶持目标由扶贫解困到共同富裕转变。四川省水电移民后期扶持政策在贯彻落实国家相关政策基础上，进行了后期扶持与养老保障相结合、后期扶持与移民水电发展利益共享相补充、后期扶持与扶贫开发相统筹的主要探索。川西高原地区结合地方实际情况，探索出了后期扶持与扶贫解困相结合、藏区新居建设与移民美丽家园建设相结合的特色路径，形成了顺势而为的水库旅游发展“雅江天龙湖”模式、借势而上的电商辐射“丹巴甲居藏寨”模式、聚势而强的产业升级“道孚特色农牧业”模式等川西高原地区水电移民后期扶持典型模式。

（7）基于共同富裕视域对川西高原地区水电移民后期扶持成效进行了评价，发现川西高原地区库区扶持成效具有区域差异。基于共同富裕的科学内涵构建水电移民后期扶持成效评价指标体系，通过熵值法测度川西高原地区库区的后期扶持成效，研究结论显示：阿坝藏族羌族自治州库区后期扶持成效得分较高，甘孜藏族自治州库区后期扶持成效得分较低。

（8）总结了国内外水电移民后期扶持的典型经验和模式，提出了川西高原地区水电移民后期扶持的政策建议。总结提炼了国内的乌东德水电站积极发展亲环境产业、白鹤滩水电站精准帮扶移民就业、三峡水电站对口帮扶提升基本公共服务质量的典型模式，以及美国移民群体与水电企业合作、巴西水电移民多元化的后期扶持等国际经验，提出着眼后期发展进行前期安置补偿、鼓励移民在当地水电项目就业关注“移二代”发展等促进水电移民生计可持续发展的政策建议。

11.2 政策建议

11.2.1 注重县域产业培育，持续提升水电移民生计环境韧性

一是结合国家重大战略导向，加强后期扶持项目与县域产业培育融合

发展。县域产业壮大是移民就近就业、稳定就业、致富增收的重要基础。要紧密结合新时代以来深入实施的乡村振兴、以人为核心的新型城镇化建设以及县域融合发展等一系列国家战略举措，融入国家现代化建设新格局。支持迁入地县域融合以及区域协调发展，特别是注重特色产业的壮大发展。如川西高原地区要积极融入成渝双城经济圈建设，抓住新一轮西部大开发的机遇，在水电移民后期扶持项目中，结合县域产业发展优势和特色，发展特色文旅、特色农牧、生态产业等，打造具有竞争力的产业集群。

二是提高产业发展就业带动能力，促进水电移民生计转型升级。安置区农户生计资本总体水平较低且发展失衡，在水电移民搬迁后期扶持政策保障的基础上，要加大产业发展扶持力度，强化非农就业对水电移民搬迁农户增收的作用。不断促进农业标准化、特色化和品牌化发展；支持农户结合当地特色资源加快发展林药、林菌等特色林下经济，提高水电移民搬迁农户林业收入；提高安置区产业的就业带动能力，加强水电移民搬迁劳动力的职业技能培训和就业指导，通过引进符合安置区产业规划的劳动密集型企业和鼓励移民家庭劳动力外出就业等“引进来、走出去”两大手段，提高水电移民家庭非农就业水平，推动搬迁农户从农业到非农业的职业转换升级。

三是建立和完善移民后期扶持项目利益联结长效机制，实现水电移民、政府、市场共建共治共享。多元主体共建共治共享的方式，不仅有利于破解资源供需失衡、移民主体缺位等导致的发展困境，还能够让全体移民平等地享有项目发展成果。重视多元主体间的合作，加强政府、市场、企业和社会组织等外部帮扶力量与内部力量的对接，建立移民主体、政府引导、市场主导的后期扶持项目利益联结机制，通过内外动力互动提升移民自我发展内生动力。积极探索利益共享、风险共担机制，使企业和移民村组织在产业链上优势互补、分工合作，强化移民市场意识，激发移民内生动力，让移民与产业共成长。

11.2.2 加强就业创业帮扶，持续推动水电移民增收共富

要实现“能发展、可致富”的目标，关键是要提升移民的自我发展能力。应以提升水库移民就业创业能力为中心，围绕产业发展和美丽家园建设需要，开展多层次、多渠道、多形式的技能培训、创新创业带头人培

训、移民综合素质培训等，助推移民生计发展。

一是加强就业创业帮扶。做实“建好一座电站、带动一方经济、改善一片环境、造福一批移民”，依托水电建设等带来的新产业，拓宽移民就业创业渠道。对于获得安置补偿且用安置补偿创业的移民，及时给予相应的规划和技术指导及帮扶，防止移民因缺乏创业经验而使安置补偿金亏损进而致贫返贫。完善对移民户的外出务工就业帮扶，通过开通“移民一用工企业”对口就业渠道，促进移民非农就业。

二是加强就业技能培训。立足市场需求和移民能力、意愿，重视对移民可行能力的培育，提高搬迁移民市场参与能力，不断提升移民职业技能水平。加强教育培训，提升水电移民发展能力，推动搬迁农牧户以一技之长实现增收致富。一方面，要提高培训的精准度。针对移民农业生产技能、二三产业创业就业技能、劳动力转移等方面存在的问题和发展需要，摸清库区农户技能培训需求，精准制定技能培训方案，采取“手把手”“面对面”和“一对一”“一帮一”等培训模式，充分利用职业学校、农广校、远程教育等资源，有针对性地提升库区农户就业创业技能。另一方面，要加强数字信息等新技术技能培训，加强电子商务技能培训，有效利用数字信息技术进步带来的新发展机遇，挖掘数字经济等新经济在库区移民生计发展中的潜力，提升移民的数字经济就业创业能力，增强移民生计的多元性和稳定性。

三是重视水电移民搬迁后期扶持政策的差异化。在集中安置和产业园区安置区域，面对人多地少的突出矛盾，要千方百计创造就业岗位，更要为移民家庭做好就业帮扶和职业技能培训，加强其非农就业能力，发挥好非农就业对家庭收入增长的带动作用。对于分散安置的搬迁移民而言，需要积极探索推动移民农户生计多元化发展，发挥好水电移民后期扶持措施与乡村振兴发展政策的叠加效应，以地区特色资源为基础发展农旅融合体验、森林旅游、民族与民俗特色旅游、林下特色产业、现代农业等，拓宽移民农户增收渠道。通过助力移民生计模式与生产结构重塑，缓解生计资本变迁对其可持续生计的不利影响。

11.2.3 铸牢民族共同体意识，持续推进水电移民社会融入

一是铸牢中华民族共同体意识，逐步实现移民身份转型与生计转型融

合发展。由于川西高原地区也是民族聚居区，在水电移民社会融入过程中，要加强教育引导，依托社会工作站等阵地开展社会主义核心价值观教育、民族团结进步教育、中华传统美德教育、汉语教学工作等，加强民族团结，实现移民身份转型、认同感构建、生计可持续及融合发展。在2026年现行水库移民后期扶持政策即将收官的背景下，急需聚焦共同富裕目标，重构水库移民社区治理共同体及相应的体制机制和政策体系，实现从传统经济导向扶持到社会公共政策完善及移民主体性重塑的转向。

二是健全社区治理机制，畅通农户利益表达渠道。依托不同民族传统节庆活动，形成不同民族交流融合的空间，推动社区融合治理中不同民族的多维互嵌。通过丰富的社区文化活动等增进社区邻里间交流，促进搬迁农户矛盾纠纷调解、邻里相识相熟与生活习惯转变，增强移民对新社区的归属感和认同感。不断满足移民文化活动需求，增加安置社区内的文化活动场所，提升移民文化活动的参与度和参与便捷性。搭建文化交流平台，加大地方特色文化传承发展力度，发展区域特色文旅产业，既能促进区域特色文化的发展，又能促进农村水电移民增收，提高移民的社会融入水平。

三是加强库区公共服务体系建设。提升库区基本公共服务质量，是不断增强库区移民社会融入的重要途径。统筹各部门资源，加强库区教育、医疗、就业、养老等公共服务和基础设施建设，有效提升移民户就业就学质量。提高库区公共服务质量，促进公共服务资源下沉，增加优质公共服务资源供给，提高库区公共服务的可及性、便利性。

参考文献

REFERENCES

包广静，吴兆录，2009. 西南少数民族地区大型水电工程移民人口影响研究——以怒江为例［J］. 水力发电学报，28（6）：162－165.

边燕杰，2004. 城市居民社会资本的来源及作用：网络观点与调查发现［J］. 中国社会科学（3）：136－146.

卜诗洁，卓玛措，2021. 可持续生计方法与生计恢复力分析方法的比较［J］. 地球科学进展，36（11）：1127－1136.

陈阿江，冯燕，2016. 返库移民的“黑户”岁月——以陆山水库伊北村返迁移民为例［J］. 西北农林科技大学学报（社会科学版），16（4）：23－29.

陈阿江，2006. 非自愿移民的自愿安置——市场经济条件下农村水库移民安置策略研究［J］. 学海（1）：107－114.

陈艾，李雪萍，2015. 脆弱性——抗逆力：连片特困地区的可持续生计分析［J］. 社会主义研究（2）：92－99.

陈辉，张全红，2016. 基于多维贫困测度的贫困精准识别及精准扶贫对策——以粤北山区为例［J］. 广东财经大学学报，31（3）：64－71.

陈纪平，2008. 家庭农场抑或企业化——中国农业生产组织的理论与实证分析［J］. 经济学家（3）：43－48.

陈绍军，缑杰，田鹏，2022. 水库移民后期扶持政策的非预期后果及其转向［J］. 河海大学学报（哲学社会科学版），24（3）：77－82.

陈绍军，施国庆，2003. 中国非自愿移民的贫困分析［J］. 甘肃社会科学（5）：114－117.

陈晓楠，施国庆，余庆年，2009. 水库移民的历史变迁及实施后期扶持政策研究［J］. 人民黄河，31（4）：9－10.

陈银蓉，白昊男，甘臣林，等，2017. 水库移民安置对不同年龄阶段移民的福利影响研究［J］. 资源开发与市场，33（11）：1378－1383.

陈昱，陈银蓉，马文博，2011. 基于 Logistic 模型的水库移民安置区居民土地流转意愿分析——四川、湖南、湖北移民安置区的调查［J］. 资源科学，33（6）：1178－1185.

程广帅，庞会，戢琨，2013. 强制性社会变迁、人力资本失灵与收入分层［J］. 浙江社会科学（12）：44－52.

程广帅，田艳平，石智雷，2011. 强制性社会变迁中的社会资本及其经济效应——基于三峡工程移民的调查分析［J］. 中南财经政法大学学报（3）：3-8.

程名望，史清华，Jin Yanhong，2014. 农户收入水平、结构及其影响因素——基于全国农村固定观察点微观数据的实证分析［J］. 数量经济技术经济研究，31（5）：3-19.

董鹤亭，许桂生，苑鹏飞，等，2023. 大中型水库移民生产生活水平指标体系与实证评价研究［J］. 中国农村水利水电：1-12.

董维娜，2019. 生态文明建设背景下水资源可持续发展研究——评《中国水资源与可持续发展》［J］. 人民黄河，41（11）：173.

董运来，王艳华，2021. 易地扶贫搬迁后续社区治理与社会融入［J］. 宏观经济管理（9）：81-86.

杜春林，程莉祺，2021. 从强制性到诱致性：水库移民政策演进与创新路径——以湖南省水库移民政策为例［J］. 湖南农业大学学报（社会科学版），22（6）：73-81.

杜洪梅，2004. 城市化进程中城郊农民融入城市社会问题研究［J］. 社会科学（7）：73-78.

杜瑞芳，姚凯文，2014. 基于 BP 神经网络模型的水库移民后期扶持效果风险评价［J］. 水电能源科学，32（1）：153-156.

段进军，玄泽源，2021. 长三角一体化背景下江苏省县域经济韧性与乡村振兴耦合关系分析［J］. 苏州大学学报（哲学社会科学版），42（3）：32-43.

段伟，任艳梅，冯冀，等，2015. 基于生计资本的农户自然资源依赖研究——以湖北省保护区为例［J］. 农业经济问题，36（8）：74-82.

段小红，杨岩岩，2022. 不同生计模式下六盘山易地扶贫搬迁移民生计资本耦合协调研究——以甘肃省古浪县为例［J］. 中国农业资源与区划：1-9.

段跃芳，2006. 日本水库移民安置经验及其启示［J］. 三峡大学学报（人文社会科学版）（6）：79-83.

鄂施璇，2021. 韧性视角下农村人居环境整治绩效评估［J］. 资源开发与市场，37（9）：1053-1058.

范乔希，万青，2021. 生计资本对农户可持续生计活动的影响分析［J］. 统计与决策，37（10）：65-69.

风笑天，2004. “落地生根”？——三峡农村移民的社会适应［J］. 社会学研究（5）：19-27.

冯伟林，李树茁，2016. 人力资本还是社会资本？——移民社会适应的影响因素研究［J］. 人口与发展，22（4）：2-9.

冯雪红，2019. 藏族生态移民的生计差异与社会适应——来自玉树查拉沟社区的田野考察［J］. 北方民族大学学报（哲学社会科学版）（3）：50-58.

冯应斌，韩佩松，胡梅，2020. 搬迁农户耕地利用状况及其影响因素分析——基于贵州省

201 户集镇安置型易地扶贫搬迁农户的实证［J］．西南师范大学学报（自然科学版），45（5）：64－71.
付少平，赵晓峰，2015. 精准扶贫视角下的移民生计空间再塑造研究［J］．南京农业大学学报（社会科学版），15（6）：8－16.
高博发，李聪，李树茁，2022. 后续扶持政策、资源禀赋与易地搬迁农户生计风险——来自陕西省的经验证据［J］．经济地理，42（4）：168－177.
高华云，皮蕾，陶丽娜，2013. 强制性社会变迁中的非自愿移民能力发展研究［J］．统计与决策（1）：115－118.
高忠文，2007. 水电工程农村移民基本社会保障模式研究［J］．水力发电（7）：23－26.
葛智超，张贵军，杨皓，等，2014. 环首都退耕区土地利用与农户生计耦合关系研究——以涞水县为例［J］．林业经济问题，34（1）.
耿言虎，陈阿江，2015. 少数民族地区水利水电工程移民问题探讨［J］．河海大学学报（哲学社会科学版），17（1）：42－47.
古安琪，施国庆，2019. 非自愿移民的社会分层研究——以丹江口库区 LRC 移民村为例［J］．南京农业大学学报（社会科学版），19（2）：91－101.
管永昊，吴佳敏，贺伊琦，2020. 企业创新类型、非农就业与农民收入［J］．财经问题研究（1）：121－129.
郭华，黎洁，2019. 城镇安置模式对陕南移民搬迁农户生计活动影响研究——基于广义精确匹配模型［J］．中国人口·资源与环境，29（7）：149－156.
郭建宇，2012. 农户多维贫困程度与特征分析——基于山西农村贫困监测数据［J］．农村经济（3）：19－22.
郭星华，储卉娟，2004. 从乡村到都市：融入与隔离——关于民工与城市居民社会距离的实证研究［J］．江海学刊（3）：91－98.
郭云南，张晋华，黄夏岚，2015. 社会网络的概念、测度及其影响：一个文献综述［J］．浙江社会科学（2）：122－132.
韩冬，赵增海，严秉忠，等，2022. 2021 年中国常规水电发展现状与展望［J］．水力发电，48（6）：1－5，72.
何家军，朱乾宇，2016. 三峡农村移民相对贫困影响因素的实证分析——基于湖北库区的调查［J］．调研世界（10）：23－27.
何思妤，崔丹蕾，陈相伸，2018. 库区农村移民对后期扶持满意度实证分析——基于长江上游大型库区 1575 个农村移民的调查数据［J］．农村经济（7）：108－113.
何思妤，黄婉婷，曾维忠，2019. 场域视角下水库移民人力资本、社会资本的重建［J］．农村经济（10）：47－54.
何威风，阎建忠，花晓波，2014. 不同类型农户家庭能源消费差异及其影响因素——以重庆市“两翼”地区为例［J］．地理研究，33（11）：2043－2055.

何学民，2007. 我所看到的美国水电（之十三）——美国密苏里河水电梯级开发及移民补偿［J］. 四川水力发电（6）：129－133.

何正燕，张艳荣，2022. 甘肃省农业农村现代化发展水平测度及障碍因子研究［J］. 中国农机化学报，43（2）：229－236.

和月月，周常春，2020. 贫困地区农户生计脆弱性评价及影响因素分析［J］. 统计与决策，36（19）：70－74.

侯力，解柠羽，2010. 城市农民工二代移民社会融入的障碍研究［J］. 人口学刊（6）：55－59.

胡斌锋，张春艳，项燕，2017. 新形势下开展后期扶持资金绩效评价工作的思考［J］. 人民长江，48（10）：103－106.

胡晗，司亚飞，王立剑，2018. 产业扶贫政策对贫困户生计策略和收入的影响——来自陕西省的经验证据［J］. 中国农村经济（1）：78－89.

胡继然，姚娟，2019. 生计资本对牧户生计策略的影响分析［J］. 林业经济问题，39（6）：665－672.

胡江霞，文传浩，范云峰，2018. 生计资本、生计风险评估与民族地区农村移民可持续生计——基于三峡库区石柱县的数据［J］. 经济与管理，32（5）：30－37.

胡江霞，文传浩，2019. 深度贫困区少数民族农村移民生计水平的代际差异分析［J］. 统计与决策，35（11）：81－86.

胡江霞，文传浩，2021. 生计资本、风险治理能力与农村移民的可持续生计——基于三峡库区的调研数据［J］. 南方人口，36（5）：52－67.

胡静，杨云彦，2009. 大型工程非自愿移民的人力资本失灵——对南水北调中线工程的实证分析［J］. 经济评论（4）：74－80.

胡静，2010. 大型工程非自愿移民的贫困特征分析——基于能力视角的研究［J］. 江汉论坛（2）：15－20.

黄邦炜，李波，冯秋生，2021. 湖北省水库移民后期扶持产业转型升级方向探讨［J］. 人民长江，52（S2）：269－273.

黄海燕，王永平，2018. 城镇安置生态移民可持续发展能力评价研究——基于贵州生态移民家庭的调研［J］. 农业现代化研究，39（4）：643－653.

黄露露，2022. 社会网络、风险分担与家庭储蓄率——来自中国城镇居民的证据［J］. 经济学（季刊），22（1）：87－108.

贾天宇，陈娆，2020. 农村居民膳食消费影响因素研究——基于对北京市密云区的调查研究［J］. 调研世界（9）：49－54.

江金启，T. Edward Yu，黄琬真，等，2018. 中国家庭食物浪费的规模估算及决定因素分析［J］. 农业技术经济（9）：88－99.

姜会明，2013. 粮食安全 资源配置 城乡统筹——2011年农业经济管理研究热点问题

[J]. 吉林农业大学学报，35 (1)：1-7.
姜维军，颜廷武，张俊飚，2021. 互联网使用能否促进农户主动采纳秸秆还田技术——基于内生转换 Probit 模型的实证分析 [J]. 农业技术经济 (3)：50-62.
蒋建东，2013. 民族地区大中型水利工程移民安置特点与对策 [J]. 人民长江，44 (2)：68-71.
焦红波，牛茵茵，2021. 基于面板数据的水库移民后期扶持增收效果评估模型构建 [J]. 华北水利水电大学学报 (自然科学版)，42 (5)：46-51.
焦红波，张浩，牛茵茵，2020. 基于 BSC 和云模型的水库移民后期扶持绩效评价 [J]. 人民黄河，42 (4)：128-134.
焦红波，牛茵茵，2021. 基于面板数据的水库移民后期扶持增收效果评估模型构建 [J]. 华北水利水电大学学报 (自然科学版)，42 (5)：46-51.
焦红波，张浩，牛茵茵，2020. 基于 BSC 和云模型的水库移民后期扶持绩效评价 [J]. 人民黄河，42 (4)：128-134.
金莲，王永平，马赞甫，等，2015. 国内外关于生态移民的生计资本、生计模式与生计风险的研究综述 [J]. 世界农业 (9)：9-14.
金莲，王永平，2020. 生态移民生计风险与生计策略选择研究——基于城镇集中安置移民家庭生计资本的视角 [J]. 贵州财经大学学报 (1)：94-102.
靳春玲，李燕，贡力，等，2022. 基于 UMT 模型的幸福河绩效评价及障碍因子诊断 [J]. 中国环境科学，42 (3)：1466-1476.
孔凡斌，陈胜东，廖文梅，2017. 基于双重差分模型的搬迁移民减贫效应分析 [J]. 江西社会科学，37 (4)：52-59.
劳承玉，张序，2014. 四川藏区水电移民安置的特殊性及政策路径探索 [J]. 中共四川省委省级机关党校学报 (1)：96-100.
黎爱华，刘辉，2016. 水库移民生产发展扶持受益机制研究 [J]. 人民长江，47 (10)：104-108.
李聪，柳玮，冯伟林，等，2013. 移民搬迁对农户生计策略的影响——基于陕南安康地区的调查 [J]. 中国农村观察 (6)：31-44.
李聪，柳玮，黄谦，2014. 陕南移民搬迁背景下农户生计资本的现状与影响因素分析 [J]. 当代经济科学，36 (6)：106-112.
李聪，王磊，李明来，2020. 鱼和熊掌不可兼得？易地搬迁，家庭贫困与收入分异 [J]. 中国人口·资源与环境，30 (7)：140-150.
李聪，王磊，王金天，等，2022. 跨越贫困陷阱：易地搬迁农户的收入流动及其影响因素 [J]. 统计与信息论坛，37 (5)：102-114.
李聪，王颖文，刘杰，等，2020. 易地扶贫搬迁家庭劳动力外出务工对多维贫困的影响 [J]. 当代经济科学，42 (2)：32-44.

李丹，周昱帆，2015. 西南地区少数民族工程移民的经济融合与社会融合 [J]. 四川大学学报（哲学社会科学版）(4)：127-134.

李宏庆，邢冉，姜璐，等，2020. 青藏高原东北部土族家庭能源消费特征 [J]. 自然资源学报，35 (11)：2793-2802.

李辉尚，胡晨沛，邓婷鹤，等，2020. 人口老龄化对城市居民食物消费的影响——基于北京市微观调查的实证研究 [J]. 调研世界 (2)：58-65.

李健瑜，陈晓楠，2018. 可持续生计视域下生态移民工程效果探析——基于陕南599份农户问卷的实证分析 [J]. 干旱区资源与环境，32 (12)：41-48.

李练军，2015. 新生代农民工融入中小城镇的市民化能力研究——基于人力资本、社会资本与制度因素的考察 [J]. 农业经济问题，36 (9)：46-53.

李文星，徐长生，艾春荣，2008. 中国人口年龄结构和居民消费：1989—2004 [J]. 经济研究 (7)：118-129.

李小云，林晓莉，徐进，2022. 小农的韧性：个体、社会与国家交织的建构性特征——云南省勐腊县河边村疫情下的生计 [J]. 农业经济问题 (1)：52-64.

李晓明，2017. "断裂"与"重构"：资本转换视角下水库移民的精准脱贫 [J]. 河海大学学报（哲学社会科学版），19 (5)：13-19.

李晓楠，李锐，2013. 我国四大经济地区农户的消费结构及其影响因素分析 [J]. 数量经济技术经济研究，30 (9)：89-105.

李晓涛，张佳佳，2021. 促进水利工程农村移民非农就业与增收的因素研究——以南水北调中线工程农村移民为例 [J]. 人民长江，52 (12)：214-219.

李雪萍，魏爱春，2020. 摆动型生计：生计能力视域下的生存策略选择——以重庆市M镇易地扶贫搬迁安置点为例 [J]. 吉首大学学报（社会科学版），41 (4)：65-74.

李玉山，卢敏，朱冰洁，2021. 多元精准扶贫政策实施与脱贫农户生计脆弱性——基于湘鄂渝黔毗邻民族地区的经验分析 [J]. 中国农村经济 (5)：60-82.

李玉山，陆远权，2020. 产业扶贫政策能降低脱贫农户生计脆弱性吗？——政策效应评估与作用机制分析 [J]. 财政研究 (5)：63-77.

梁波，王海英，2010. 国外移民社会融入研究综述 [J]. 甘肃行政学院学报 (2)：18-27.

刘朝晖，2005. 民族文化对生态移民的影响与因应策略 [J]. 广西民族学院学报（哲学社会科学版）(6)：67-72.

刘程，邓蕾，黄春桥，2004. 农民进城务工经历对其家庭生活消费方式的影响——来自湖北、四川、江西三省的调查 [J]. 青年研究 (7)：1-8.

刘春艳，李秀霞，刘雁，2012. 吉林省乡村人居环境满意度评价与优化 [J]. 天津师范大学学报（自然科学版），32 (3)：54-59.

刘富华，梁牧，王毅铭，2021. 水利水电工程移民农户的收入分化效应——基于云龙水库移民建设的实证研究 [J]. 科学决策 (9)：73-83.

刘慧，叶尔肯·吾扎提，2013. 中国西部地区生态扶贫策略研究 [J]. 中国人口·资源与环境，23（10）：52-58.

刘进，杜金平，龙世红，等，2012. 藏族地区水电工程建设征地移民安置探讨 [J]. 人民长江，43（S1）：157-159.

刘培林，钱滔，黄先海，等，2021. 共同富裕的内涵、实现路径与测度方法 [J]. 管理世界，37（8）：117-129.

刘鹏举，马云倩，郭燕枝，2020. 基于LASSO方法的四川农村居民食物消费支出影响因素探究 [J]. 中国农业资源与区划，41（8）：213-219.

刘启超，2020. 家庭社会网络质量对农民工收入的影响 [J]. 城市问题（8）：56-64.

刘伟，徐洁，黎洁，2019. 连片特困地区易地扶贫搬迁对农户多维贫困的影响研究 [J]. 干旱区资源与环境，33（3）：13-20.

刘毅，2011. 城市少数民族流动人口社会融入与社会管理创新 [J]. 中央社会主义学院学报（5）：103-107.

刘雨，张丹，姚凯文，2016. 基于多层次灰色综合评价方法的水库移民后期扶持效果评价研究 [J]. 水力发电，42（5）：4-6.

刘志军，孙泽建，2012. 外迁三峡移民的社会融入——基于浙江嘉善H村13户移民的研究 [J]. 广西民族大学学报（哲学社会科学版），34（5）：70-77.

卢纯，2021. 开启我国能源体系重大变革和清洁可再生能源创新发展新时代——深刻理解碳达峰、碳中和目标的重大历史意义 [J]. 人民论坛·学术前沿（14）：28-41.

卢义桦，陈绍军，李晓明，2018. 关系贫困：移民社会关系网络的断裂与重建——以丹江口水库移民S村为例 [J]. 中国农业大学学报（社会科学版），35（2）：114-122.

陆远权，2002. 浅析三峡库区移民过渡期的贫困问题 [J]. 人口与经济（1）：44-48.

罗永仕，2021. 从祛群体化到内卷化：分散后靠水库移民贫困的社会逻辑 [J]. 安徽师范大学学报（人文社会科学版），49（3）：94-102.

吕杰，刘浩，薛莹，等，2021. 风险规避、社会网络与农户化肥过量施用行为——来自东北三省玉米种植农户的调研数据 [J]. 农业技术经济（7）：4-17.

吕新博，赵伟，2021. 基于多维测度的共同富裕评价指标体系研究 [J]. 科学决策（12）：119-132.

马国璇，周忠发，朱昌丽，等，2022. 改进可持续生计框架下易地扶贫搬迁前后农户生计对比分析——以贵州省贞丰县者相镇安置点为例 [J]. 中国农业资源与区划，43（5）：207-217.

马国璇，周忠发，朱昌丽，等，2020. 石漠化地区农户生计资本与生计策略的关系——以贵州省关岭贞丰花江石漠化综合示范区为例 [J]. 水土保持通报，40（2）：299-307.

马明，陈绍军，陶思吉，等，2021. 易地扶贫搬迁移民生计策略、生计资本与家庭收入影响研究——以云南少数民族深度贫困地区为例 [J]. 干旱区资源与环境，35（8）：1-10.

马明，陈绍军，陶思吉，2021. 少数民族地区易地扶贫搬迁减贫效应与生计发展研究——以三区三州怒江州地区为例 [J]. 干旱区资源与环境，35 (10)：16-23.
孟越，陈文宽，2019. 抗逆力视域下生态脆弱区农户生计发展研究——以四川藏区为例 [J]. 科技促进发展，15 (10)：1164-1171.
缪书超，钱龙，宋亮，2020. 农业补贴与农村家庭非农创业——基于中国家庭金融调查 (CHFS) 数据的实证分析 [J]. 农业技术经济：1-15.
宁静，殷浩栋，汪三贵，等，2018. 易地扶贫搬迁减少了贫困脆弱性吗？——基于8省16县易地扶贫搬迁准实验研究的 PSM-DID 分析 [J]. 中国人口·资源与环境，28 (11)：20-28.
彭超，张琛，2019. 农村人居环境质量及其影响因素研究 [J]. 宏观质量研究，7 (3)：66-78.
彭峰，周银珍，李燕萍，2016. 水库移民生计风险的影响因素研究 [J]. 统计与决策 (6)：60-62.
秦红增，银河欢，2011. 乡村生计转型视野下的返乡农民工再就业——以广西石丰村为例 [J]. 云南民族大学学报（哲学社会科学版），28 (2)：77-83.
秦青，马奔，贺超，等，2017. 基于生计资本的农户能源消费结构差异性研究——以陕、川、滇3省农户为例 [J]. 经济问题 (8)：78-82.
商艳光，施国庆，2017. 基于五大发展理念的水利水电工程移民政策评价——以《大中型水利水电工程建设征地补偿和移民安置条例》为例 [J]. 西部论坛，27 (2)：63-71.
邵佳杨，姚凯文，2023. 基于 DEA 模型的水库移民后期扶持绩效研究 [J]. 中国农村水利水电，(7)：277-284.
申云，尹业兴，钟鑫，2022. 共同富裕视域下我国农村居民生活质量测度及其时空演变 [J]. 西南民族大学学报（人文社会科学版），43 (2)：103-114.
沈际勇，强茂山，曾睿杰，2008. 农村水库移民安置与后期扶持调查的思考 [J]. 人民黄河 (8)：8-9.
盛济川，施国庆，2008. 水库移民贫困原因的经济分析 [J]. 农业经济问题 (12)：43-46.
施国庆，古安琪，2018. 非自愿移民社会分层研究：一个分析框架 [J]. 南京社会科学 (8)：80-89.
施国庆，严登才，2011. "场域—惯习"视角下的水电移民长期补偿安置方式 [J]. 南京社会科学 (11)：58-63.
施国庆，高原，严登才，2023. 基于 SEM 模型的水库移民满意度影响因素实证分析 [J]. 人民长江，54 (7)：239-244.
石智雷，杨云彦，程广帅，2009. 非自愿移民、搬迁方式与能力损失 [J]. 南方人口，24 (2)：40-48.

石智雷，杨云彦，田艳平，2011. 非自愿移民经济再发展：基于人力资本的分析 [J]. 中国软科学（3）：115－127.
石智雷，杨云彦，2009. 非自愿移民经济恢复的影响因素分析——三峡库区与丹江口库区移民比较研究 [J]. 人口研究，33（1）：72－80.
石智雷，邹蔚然，2013. 库区农户的多维贫困及致贫机理分析 [J]. 农业经济问题，34（6）：61－69.
束锡红，聂君，樊晔，2017. 三江源藏族生态移民社会融入实证研究——以青海省泽库县和日村为个案 [J]. 中南民族大学学报（人文社会科学版），37（4）：38－43.
苏芳，蒲欣冬，徐中民，等，2009. 生计资本与生计策略关系研究——以张掖市甘州区为例 [J]. 中国人口·资源与环境，19（6）：119－125.
苏芳，徐中民，尚海洋，2009. 可持续生计分析研究综述 [J]. 地球科学进展，24（1）：61－69.
孙海兵，段跃芳，2013. 后期扶持对水库移民生计影响的研究 [J]. 水力发电，39（9）：9－12.
孙海兵，赵旭，2016. 水利水电工程征地对水库移民幸福感影响研究 [J]. 水力发电，42（11）：12－15.
孙良顺，2017. 非农业户口水库移民贫困问题研究 [J]. 南通大学学报（社会科学版），33（5）：134－139.
孙良顺，2019b. 水库移民后期扶持项目供给何以“失准”？——基于基层治理逻辑的讨论 [J]. 湖南科技大学学报（社会科学版），22（3）：152－158.
孙良顺，2018a. 水库移民后期扶持项目运作中的政策执行失准 [J]. 湖湘论坛，31（6）：123－132.
孙良顺，2019a. 水库移民后期扶持政策的演进过程与扶贫取向 [J]. 求索（3）：97－103.
孙良顺，2020. 水库移民后期扶持政策执行偏差及其优化——基于“关系”视角的讨论 [J]. 南通大学学报（社会科学版），36（3）：110－115.
孙良顺，2016. 水库移民贫困成因与反贫困策略：基于文献的讨论 [J]. 河海大学学报（哲学社会科学版），18（4）：77－83.
孙良顺，2018b. 水库移民社区后期扶持项目争取中的“关系”策略应用 [J]. 南通大学学报（社会科学版），34（6）：116－123.
孙良顺，2019c. 项目供给偏差、社区发展幻象与贫困移民脱贫 [J]. 西北农林科技大学学报（社会科学版），19（3）：54－62.
孙璐，2009. 失地农民的社区融入和社区支持研究 [J]. 广西社会科学（2）：83－87.
孙梦鑫，张岳，辛宇，等，2022. 川西高原近 20a 植被物候变化及其对气候变化的响应 [J]. 生态环境学报，31（7）：1326－1339.
邰秀军，杨慧珍，2017. 民族文化视角下黄土高原生态移民的生计重建 [J]. 农业现代化研究，38（6）：1009-1015.
谭秋成，2017. 相同劳动力和资本投入是否带来相同收入：来自丹江口库区河南移民的证据［J］. 中国农村经济（10）：49-63.
汤青，2015. 可持续生计的研究现状及未来重点趋向［J］. 地球科学进展，30（7）：823-833.
唐芝，熊欢，2018. 体育促进新生代女性农民工城市社会融入的质性研究［J］. 体育学刊，25（2）：34-38.
滕祥河，卿赟，文传浩，2020. 非自愿搬迁对移民职业代际流动性的影响研究——基于三峡库区调查数据的实证分析［J］. 中国农村经济（3）：97-117.
滕祥河，杨先明，2021. 非自愿搬迁经历与移民相对多维资产贫困——兼论正式社会支持与非正式社会支持的交互效应［J］. 农林经济管理学报，20（2）：238-248.
田双清，陈磊，谢皖东，等，2017. 川西高原农牧业与生态环境耦合协调度量化研究［J］. 中国农业资源与区划，38（4）：126-134.
童雪敏，晋洪涛，史清华，2012. 农民工城市融入：人力资本和社会资本视角的实证研究［J］. 经济经纬（5）：33-37.
万金红，王静爱，刘珍，等，2008. 从收入多样性的视角看农户的旱灾恢复力——以内蒙古兴和县为例［J］. 自然灾害学报（1）：122-126.
汪洋，冯怡宁，刘晶，2018. 重大建设工程非自愿性移民贫困与治理研究评述［J］. 工程管理学报 32（2）：103-107.
汪洋，黄颖，程霖，2017. 重大建设项目工程移民贫困驱动机理［J］. 土木工程与管理学报，34（6）：29-35.
王昌海，刘新波，2021. 自然保护、环境收入与农户生计提升［J］. 上海经济研究（4）：28-42.
王佃利，刘保军，楼苏萍，2011. 新生代农民工的城市融入——框架建构与调研分析［J］. 中国行政管理（2）：111-115.
王海飞，2016. 空间转换与社会记忆——河西走廊一个藏族库区移民社区的构建之痛［J］. 北方民族大学学报（哲学社会科学版）（2）：70-73.
王慧博，2011. 失地农民市民化社会融入研究［J］. 江西社会科学，31（6）：234-240.
王家庭，李和煦，2019. 家庭特征、区域性差异与信息消费——基于分层线性模型的研究［J］. 西安交通大学学报（社会科学版），39（4）：9-18.
王蒙，2019. 后搬迁时代易地扶贫搬迁如何实现长效减贫？——基于社区营造视角［J］. 西北农林科技大学学报（社会科学版），19（6）：44-51.
王沛沛，许佳君，2013. 生计资本对水库移民创业的影响分析［J］. 中国人口·资源与环境，23（2）：150-156.
王沛沛，2015. 后期扶持对水库移民生计资本的影响［J］. 生态经济，31（5）：170-174.

王萍，张亚欣，张金锁，2020. 非农就业对农户生活能源转型的影响路径［J］. 人口与经济（6）：121－132.

王倩，邱俊杰，余劲，2019. 移民搬迁是否加剧了山区耕地撂荒？——基于陕南三市 1578 户农户面板数据［J］. 自然资源学报，34（7）：1376－1390.

王青，刘烁，2020. 进城农民工多维贫困测度及不平等程度分析——基于社会融合视角［J］. 数量经济技术经济研究，37（1）：83－101.

王琼雯，2009. “移民为何贫困”——非自愿移民补偿制度的法规范分析［J］. 云南行政学院学报，11（2）：147－151.

王三秀，张蔓蔓，郝桐，2013. 可持续生计理念下农村低保制度功能优化——基于武汉市农村低保政策及个案研究［J］. 湖北社会科学（9）：66－68.

王韬，胡勇，2018. 大中型水库移民后期扶持方式的实践与探索——以重庆市长寿区为例［J］. 人民长江，49（12）：107－110.

王娅，刘洋，周立华，2022. 祁连山北麓生态移民的生计风险与应对策略选择——以武威市为例［J］. 自然资源学报，37（2）：521－537.

王湛晨，李国平，刘富华，2021. 水电工程移民相对贫困特征与致贫因素识别［J］. 华中农业大学学报（社会科学版）（2）：23－31.

王湛晨，李国平，2022. 利益共享机制下水电移民相对贫困治理研究［J］. 河南大学学报（社会科学版），62（2）：24－33.

王湛晨，刘富华，2018. 后靠式移民对收入影响的研究：基于断点回归的估计［J］. 贵州财经大学学报（6）：91－100.

王振卯，2010. 少数民族流动人口社会融入影响因素研究——对江苏省的实证分析［J］. 内蒙古社会科学（汉文版），31（5）：72－77.

王振振，王立剑，2019. 精准扶贫可以提升农村贫困户可持续生计吗？——基于陕西省 70 个县（区）的调查［J］. 农业经济问题（4）：71－87.

魏爱春，李雪萍，2020. 类型比较与抗逆力建设的内部差异性研究——以渝东 M 镇 105 户易地扶贫搬迁移民为例［J］. 中南大学学报（社会科学版），26（5）：177－189.

魏珊，余江，2009. 非自愿性移民的可持续安置——基于移民安置控制权分配的规范分析［J］. 中国人口·资源与环境，19（5）：76－81.

温忠麟，叶宝娟，2014. 中介效应分析：方法和模型发展［J］. 心理科学进展，22（5）：731－745.

吴孔森，杨新军，尹莎，2016. 环境变化影响下农户生计选择与可持续性研究——以民勤绿洲社区为例［J］. 经济地理，36（9）：141－149.

吴新慧，刘成斌，2007. 接纳？排斥？——农民工子女融入城市的社会空间［J］. 中国青年研究（7）：13－16.

伍良旭，王晗，邵怀勇，等，2021. 川西高原植被时空格局及其对气候变化的响应［J］.

水土保持研究，28（1）：171－178.
伍艳，2016. 贫困山区农户生计资本对生计策略的影响研究——基于四川省平武县和南江县的调查数据［J］. 农业经济问题，37（3）：88－94.
武学成，李绍德，2022. 策马扬鞭再出发［N］. 楚雄日报（汉）（3）.
向常春，2007. 三峡农村老年移民妇女贫困原因分析［J］. 中国老年学杂志（14）：1427－1429.
肖子华，徐水源，刘金伟，2019. 中国城市流动人口社会融合评估——以50个主要人口流入地城市为对象［J］. 人口研究，43（5）：96－112.
解垩，2017. 养老金与老年人口多维贫困和不平等研究——基于非强制养老保险城乡比较的视角［J］. 中国人口科学（5）：62－73.
徐波波，2020. 社会网络视角下的非自愿移民生计分化研究——基于浙江临海两个村庄的调查［J］. 江汉大学学报（社会科学版），37（5）：14－23.
徐静，郭万侦，2012. 多指标综合评价法在水电移民生产生活水平评价中的应用［J］. 四川水利发电（31）：180－184.
徐爽，胡业翠，2018. 农户生计资本与生计稳定性耦合协调分析——以广西金桥村移民安置区为例［J］. 经济地理，38（3）：142－148.
徐孝昶，刘永飞，许佳君，2013. 工程移民弱势群体的社会工作干预：赋权视角的应用［J］. 华东理工大学学报（社会科学版），28（6）：10－17.
许传新，2009. 融入还是隔离？——公立学校流动人口子女与城市学生社会距离实证研究［J］. 教育学报，5（3）：68－75.
许桂生，苑鹏飞，冯湘萍，等，2021. 水库移民生产生活水平综合评价方法研究［J］. 人民长江，52（6）：206－211.
严登才，施国庆，伊庆山，2012. 水电开发与少数民族移民发展——以广西红水河岩滩库区为例［J］. 广西民族研究（2）：162－167.
严登才，2011. 搬迁前后水库移民生计资本的实证对比分析［J］. 现代经济探讨（6）：59－63.
严登才，2013a. 非自愿迁移对老年移民生活的影响——以河南YW村为例［J］. 南京人口管理干部学院学报，29（1）：41－45.
严登才，2013b. 广西岩滩库区移民贫困成因与可持续生计路径分析［J］. 广西民族研究（2）：142－147.
阎建忠，喻鸥，吴莹莹，等，2011. 青藏高原东部样带农牧民生计脆弱性评估［J］. 地理科学，31（7）：858－867.
杨琛，姚凯文，2016. 基于突变理论的水库移民后期扶持实施效果评价［J］. 水力发电，42（6）：10－13.
杨帆，庄天慧，2021. 可行能力视域下新生代农民工多维相对贫困识别指标体系构建与实

证测度 [J]. 中国西部 (6): 1－14.

杨菊华，张娇娇，2016. 人力资本与流动人口的社会融入 [J]. 人口研究，40 (4): 3－20.

杨菊华，2009. 从隔离、选择融入到融合：流动人口社会融入问题的理论思考 [J]. 人口研究，33 (1): 17－29.

杨昆，2022. 关于西南水电开发最权威最全面的解读 [EB/OL]. (04－01). https: //news. bjx. com. cn/html/20180122/875603. shtml.

杨龙，汪三贵，2015. 贫困地区农户的多维贫困测量与分解——基于 2010 年中国农村贫困监测的农户数据 [J]. 人口学刊，37 (2): 15－25.

杨晴青，高岩辉，杨新军，等，2020. 黄土高原半干旱区微尺度乡村人居环境系统脆弱性测度及时空分异——以陕西省佳县为例 [J]. 干旱区地理，43 (5): 1371－1381.

杨汝岱，陈斌开，朱诗娥，2011. 基于社会网络视角的农户民间借贷需求行为研究 [J]. 经济研究，46 (11): 116－129.

杨烁晨，余劲，2020. 陕南地区移民搬迁与家庭脆弱性解析 [J]. 调研世界 (2): 24－29.

杨涛，左萍，常全利，2015. 水库移民后期扶持政策效果监测评估 [J]. 人民黄河，37 (12): 118－121.

杨文，孙蚌珠，王学龙，2012. 中国农村家庭脆弱性的测量与分解 [J]. 经济研究，47 (4): 40－51.

杨孝良，王崇举，熊遥，2015. 三峡库区移民创业决策的影响因素研究 [J]. 农村经济 (9): 120－124.

杨永江，张晨笛，2021. 中国水电发展热点综述 [J]. 水电与新能源，35 (9): 1－7.

杨云彦，徐映梅，胡静，等，2008. 社会变迁、介入型贫困与能力再造——基于南水北调库区移民的研究 [J]. 管理世界 (11): 89－98.

杨子儒，李诚康，周兴波，2022. 2021 年全球水电发展现状与开发潜力分析 [J]. 水利水电科技进展，42 (3): 39－44.

姚玉琴，2020. 水利水电工程征地移民 70 年 [J]. 水力发电，46 (5): 8－12.

余琳，郭万侦，陈彦，2017. 四川省水利水电工程移民养老保障与社会养老保险并轨初探 [J]. 水力发电，43 (10): 9－13.

余颖雅，聂凤英，董海军，等，2018. 外出务工对农户食物消费的影响研究——基于中国西部 6 县的调查 [J]. 中国农业资源与区划，39 (9): 214－223.

喻树龙，袁玉江，魏文寿，等，2012. 川西高原 6—7 月最低气温场重建研究 [J]. 中国沙漠，32 (4): 1010－1016.

喻忠磊，杨新军，杨涛，2013. 乡村农户适应旅游发展的模式及影响机制——以秦岭金丝峡景区为例 [J]. 地理学报，68 (8): 1143－1156.

袁红，易桂花，张廷斌，等，2023. 基于遥感数据川西高原光伏开发适宜性研究［J］. 自然资源遥感：1－11.

张成虎，廖南燕，刘菊，等，2021. 少数民族地区自然保护区社区农户可持续生计分析——以广西防城金花茶国家级自然保护区为例［J］. 林业经济，43（10）：37－51.

张承，彭新万，陈华脉，2021. 我国多维相对贫困的识别及其驱动效应研究［J］. 经济问题探索（11）：15－29.

张春美，施国庆，2007. 对水库移民后期扶持范围问题的探讨［J］. 江西社会科学（9）：249－252.

张翠娥，付敏，2011. 社会性别视角下移民社区农村女性城市融入研究［J］. 中州学刊（5）：122－125.

张海霞，2020. 电子商务发展、非农就业转移与农民收入增长［J］. 贵州社会科学（10）：126－134.

张健，赵宁，杜为公，2021. 水库移民相对贫困治理和就业纾困机制研究［J］. 社会保障研究（4）：97－104.

张琳琬，苏慧媛，尹志超，2022. 社会网络对家庭信贷约束的影响——基于 CHFS 数据的实证研究［J］. 学习与实践（1）：34－44.

张鹏，吴明朗，张翔，2022. 家庭财政转移支付如何有效阻止脱贫家庭重返贫困——基于多维返贫测量视角［J］. 农业技术经济（6）：61－76.

张庆武，廉思，冯丹，2015. 新生代农民工经济融入状况研究——以北京为例［J］. 学习与实践（12）：103－112.

张少龙，周叮波，2022. 水库移民后期扶持政策效果对生计影响研究——基于左右江革命老区的实证［J］. 中国农村水利水电（7）：208－213.

张时玲，2006. 农民工融入城市社会的制约因素与路径分析［J］. 特区经济（6）：136－137.

张耀文，郭晓鸣，2019. 中国反贫困成效可持续性的隐忧与长效机制构建——基于可持续生计框架的考察［J］. 湖南农业大学学报（社会科学版），20（1）：62－69.

张永丽，徐腊梅，2019. 互联网使用对西部贫困地区农户家庭生活消费的影响——基于甘肃省 1735 个农户的调查［J］. 中国农村经济（2）：42－59.

张宇，张昀，2022. 宁南构建水电移民和谐安定新家园［N］. 凉山日报（汉）（2）.

张佐，陈建成，2015. 云南水电开发库区移民产业发展与扶持就业机制研究［J］. 云南师范大学学报（哲学社会科学版），47（2）：100－109.

赵锋，杨云彦，2009. 外力冲击下水库移民生计脆弱性及其解决机制——以南水北调中线工程库区为例［J］. 人口与经济（4）：1－7.

赵旭，陈寅岚，2021. 水库移民多维介入型贫困的动态测度与致贫因素研究［J］. 华中农业大学学报（社会科学版）（3）：128－137.

赵旭，田野，段跃芳，2018. 二重社会变迁视角下的库区移民介入型贫困问题研究 [J]. 农业经济问题（3）：108－118.

赵旭，肖佳奇，段跃芳，等，2019. 生计方式变迁、后期扶持政策与政策满意度突变——基于江西省农村水库移民的非线性实证分析 [J]. 农业技术经济（9）：114－128.

赵元科，杨涛，2022. 产业发展、社会融合与农村搬迁移民就业质量——基于对河南省农村搬迁移民的实证调查 [J]. 中国农村水利水电（6）：195－201.

郑凯鑫，许桂生，2021. 基于非对称贴近度的水库移民后期扶持效果评价模型研究 [J]. 中国水利水电科学研究院学报（中英文），20（3）：270－276.

郑良，胡丹，陈晓超，等，2013. 恩格尔系数在水库移民后期扶持政策实施效果评价中的应用及改进 [J]. 中国农村水利水电（10）：158－161.

郑娜娜，许佳君，2019. 易地搬迁移民社区的空间再造与社会融入——基于陕西省西乡县的田野考察 [J]. 南京农业大学学报（社会科学版），19（1）：58－68.

郑瑞强，张锦文，徐元刚，2013. 水库移民后期扶持资源整合：理论解析与框架优化 [J]. 河海大学学报（哲学社会科学版），15（1）：43－46.

郑瑞强，2012. 大中型水库移民后期扶持政策绩效及影响因素分析 [J]. 水电能源科学，30（11）：141－145.

郑瑞强，2013. 水库移民后期扶持政策实施满意度评价及影响因素分析 [J]. 水力发电，39（10）：1－4.

郑勇，杨武年，刘冲，等，2020. 川西高原近 20 a 植被覆盖变化遥感动态监测及驱动力分析 [J]. 遥感技术与应用，35（6）：1447－1456.

支俊立，姚宇驰，曹晶，2017. 精准扶贫背景下中国农村多维贫困分析 [J]. 现代财经（天津财经大学学报），37（1）：14－26.

周成军，2017. 农村籍大学生返乡创业社会融入研究 [J]. 教育评论（2）：79－83.

周建平，杜效鹄，周兴波，2021. “十四五”水电开发形势分析、预测与对策措施 [J]. 水电与抽水蓄能，7（1）：1－5.

周建平，杜效鹄，周兴波，2021. “十四五”水电开发形势分析、预测与对策措施 [J]. 水电与抽水蓄能，7（1）：1－5.

周建新，张勇华，2008. 新农村建设背景下的乡村生计模式转型探析——以客家古村三僚文化生态旅游为例 [J]. 广西民族大学学报（哲学社会科学版），30（6）：68－72.

周丽，黎红梅，李培，2020. 易地扶贫搬迁农户生计资本对生计策略选择的影响——基于湖南搬迁农户的调查 [J]. 经济地理，40（11）：167－175

周莺，2007. 工程移民中的妇女发展困境 [J]. 人民长江（11）：29－31.

周莹，谢清心，张林秀，等，2022. 新冠肺炎疫情对农村居民食物消费的影响——基于江苏省调查数据的实证分析 [J]. 农业技术经济（7）：34－47.

周忠伟，祝昌鸿，2011. 从三峡移民到江西居民——江西三峡移民社会融入状况调查

[J]. 农业考古 (6): 140-143.

朱东恺，施国庆，张彬，2005. 水利水电工程移民问题的经济学研究现状与展望 [J]. 中国软科学 (3): 55-60.

朱华友，吉盼，陈泽侠，等，2021. 异质性视角下浙江省农村韧性问题及影响因素 [J]. 经济地理，41 (8): 160-166.

朱考金，刘瑞清，2007. 青年农民工的社会支持网与城市融入研究——以南京市为例 [J]. 青年研究 (8): 9-13.

朱力，2002. 论农民工阶层的城市适应 [J]. 江海学刊 (6): 82-88.

庄万禄，张友，贾兴元，2007. 藏区水电工程移民安置工作调查与思考——以四川甘孜州两河口电站为例 [J]. 西南民族大学学报 (人文社科版) (1): 30-33.

邹海霞，张兆军，2019. 工程移民生产方式转换的选择行为——以桂西北新村 G75 移民为例 [J]. 广西民族大学学报 (哲学社会科学版)，41 (6): 137-144.

Michael M，1996. Cernea. 移民与发展 [M]: 河海大学出版社.

Amartya Sen，1981. Famines and Poverty [M]. London: Oxford University Press.

Andrews D W K，Moreira M J，Stock J H，2007. Performance of Conditional Wald Tests in IV Regression with Weak Instruments [J]. Journal of Econometrics，139 (1): 116-132.

Barbara S H，1992. The Future of Immigrant Incorporation: Which Models? Which Concepts? [J]. International Migration Review，26 (2).

Birgit J，2007. Migrant Integration in Rural and Urban Areas of New Settlement Countries: Thematic Introduction [J]. International Journal of Multicultural Societies，9 (1).

Brown P H，Magee D，Xu Y，2008. Socioeconomic Vulnerability in China's Hydropower Development [J]. China Economic Review，19 (4): 614-627.

Brown P H，Park A，2002. Education and Poverty in Rural China [J]. Economics of Education Review，21 (6): 523-541.

Cernea M，1997. The Risks and Reconstruction Model for Resettling Displaced Populations [J]. World Development，25 (10): 1569-1587.

Chambers R C G，1991. Sustainable Rural Livelihoods Practical Concepts for the 21St Century [R]. Institute of Development Studies.

Elizabeth，Ingram，2017. Hydropower Market Report [J]. Hydro Review.

Günther I，Harttgen K，2009. Estimating Households Vulnerability to Idiosyncratic and Covariate Shocks: A Novel Method Applied in Madagascar [J]. World Development，37 (7): 1222-1234.

Hahn M B，Riederer A M，Foster S O，2009. The Livelihood Vulnerability Index: A Pragmatic Approach to Assessing Risks From Climate Variability and Change—a Case

Study in Mozambique [J]. Global Environmental Change, 19 (1): 74 - 88.

Holling C S, 1973. Resilience and Stability of Ecological Systems [J]. Annual Review of Ecology and Systematics.

Holtz G, Brugnach M, Pahl - Wostl C, 2008. Specifying "Regime" — a Framework for Defining and Describing Regimes in Transition Research [J]. Technological Forecasting and Social Change, 75 (5): 623 - 643.

Hosseini S, Barker K, Ramirez - Marquez J E, 2016. A Review of Definitions and Measures of System Resilience [J]. Reliability Engineering & System Safety, 145: 47 - 61.

Huang X, Li H, Zhang X, et al., 2018. Land Use Policy as an Instrument of Rural Resilience—The Case of Land Withdrawal Mechanism for Rural Homesteads in China [J]. Ecological Indicators, 87: 47 - 55.

Li X, Xu S, Hu Y, 2020. Understanding the Rural Livelihood Stability System: The Eco - Migration in Huanjiang County, China [J]. Sustainability, 12 (16): 6374.

Liu Z, Chen Q, Xie H, 2018. Influence of the Farmer's Livelihood Assets On Livelihood Strategies in the Western Mountainous Area, China [J]. Sustainability, 10 (3): 875.

Munshi K, Rosenzweig M, 2006. Traditional Institutions Meet the Modern World: Caste, Gender, and Schooling Choice in a Globalizing Economy [J]. American Economic Review, 96 (4): 1225 - 1252.

Quandt A, 2018. Measuring Livelihood Resilience: The Household Livelihood Resilience Approach (HLRA) [J]. World Development, 107: 253 - 263.

Sabina A, James F, 2010. Counting and Multidimensional Poverty Measurement [J]. Journal of Public Economics, 95 (7).

Scoones I, 1998. Sustainable Rural Livelihoods: A Framework for Analysis [J]. Subsidy or Self.

Wilmsen B, Wang M, 2015. Voluntary and Involuntary Resettlement in China: A False Dichotomy? [J]. Development in Practice, 25 (5): 612 - 627.

Wilson G A, Hu Z, Rahman S, 2018. Community Resilience in Rural China: The Case of Hu Village, Sichuan Province [J]. Journal of Rural Studies, 60: 130 - 140.

后记

POSTSCRIPT

本书系在我主持的国家社会科学基金项目“四川涉藏地区水电移民可持续生计调查及扶持政策研究”（项目批准号：17CMZ035）研究报告基础上拓展而成的专著。在此，感谢全国哲学社会科学规划办的资助和四川省社科规划办的大力支持，感谢四川省“天府青城计划”天府社科菁英项目的资助。

随着经济全球化、城市化和工业化进程的加快，基于生态环境保护、灾害防治和公共安全保障等方面的需要，大规模移民活动频繁出现。研究和解决移民问题，不仅是现代化建设的重大战略任务，也是维护国家稳定、保障国计民生的客观要求。党的二十大报告指出，中国式现代化是全体人民共同富裕的现代化。川西高原地区水电移民位于我国第二大藏族聚居区、重要生态功能区、原深度贫困地区，是扎实推动共同富裕不可忽略的重要群体，其生计发展对于我国实现共同富裕具有重要意义。在我国扎实推动共同富裕、巩固拓展脱贫攻坚成果同乡村振兴有效衔接之际，期待本研究成果的出版，能为推动水电移民实现共同富裕贡献绵薄之力。

从项目批准立项、实地调研、数据整理，到完成研究报告形成书稿，项目组全体人员召开了多次研讨会，对研究思路、技术路线、研究难点、调研提纲、问卷设计、理论框架、章节大纲等进行了深入讨论，经历了多次修改。西部乡村振兴研究中心庄天慧教授、曾维忠教授、蓝红星教授、何思妤教授给予了深入细致的指导。本专著各章节的主要写作分工如下：张海霞负责整体框架设计和第 1 章、第 2 章、第 6 章、第 11 章；杨浩、张维泰、吴杰负责第 7 章、第 8 章；杜兴端、赵雷负责第 3 章、第 4 章；杨晨遥、冯珂负责第 9 章；杨帆、刘莉负责第 5 章；黎明艳、游彩琳、叶恒雨负责第 10 章。参与本专著调查研究的人员还有孙锦杨、张海燕等。在各章节写作基础上，张海霞最终对专著进行了稿件统筹和补充完善。

由于语言沟通障碍、交通不便等，加之研究中途受到新冠疫情影响，调查研究遇到了诸多困难，纵然如此，研究最终得到了顺利推进，取得了初步成果，这得益于众多人士和机构的悉心指导、无私帮助和倾力支持。特别感谢甘孜州乡村振兴局、雅江县乡村振兴局、道孚县乡村振兴局等机构的领导和工作人员。感谢参与调研的所有调研员，感谢课题组全体成员的全力合作和付出。

本书在撰写过程中，尽最大努力将所参考文献陈列于文后，但遗漏可能难以避免，由此造成的不当之处，敬请原作者谅解。由于学识和水平有限，疏漏和欠缺在所难免，敬请读者批评指正。本书的出版得到了中国农业出版社的大力支持，在此特别感谢潘洪洋女士为本书出版付出的辛苦工作。

移民问题是尚未很好解决的世界性难题，不仅包括大量的自然科学、工程技术科学问题，还包括社会科学问题，是一个多学科交叉的研究领域。我们将继续和各界同道并肩前行，为更好地推动移民过程中的人与自然和谐共生、实现移民生计持续发展不懈努力。谨以此书献给所有为推动移民理论与实践发展辛勤工作、默默付出的人们！

张海霞

2023年5月于成都温江